Peter Orthofer

Highlife für jedermann

Ueberreuter

CIP-Kurztitelaufnahme der Deutschen Bibliothek

Orthofer, Peter:
Highlife für jedermann / Peter Orthofer. –
Wien : Ueberreuter, 1987
ISBN 3-8000-3254-6

AU 77/1

Umschlag und Illustrationen von Rudolf Angerer

Gesamtherstellung: Carl Ueberreuter Druckerei
Ges. m. b. H., Korneuburg
Printed in Austria

INHALT

7 Das fängt ja gut an!

Noch viel schöner leben mit:

11 Rang und Klasse
27 Beruf und Karriere
43 Gabel und Messer
65 Hund und Katz
77 Lust und Laster
87 Sex und Sinnlichkeit
99 Kunst und Kultur
115 Schönheit und Jugend
123 Reisen und Renommieren
137 Virus und Vorsicht
151 Mode und Chic
157 Religion und Glauben
169 Status und Prestige
183 Medizin und Gesundheit
191 Heim und Umwelt
201 Reichtum und Macht
217 Glas und Becher
225 Sicherheit und Lebensfreude
235 Sprache und Kommunikation
243 Volant und Pferdestärken
251 Tod und Begräbnis
263 Glück und Glanz

DAS FÄNGT JA GUT AN!

Die Verfilmung ist geplatzt!
Jetzt müssen Sie doch
das Buch lesen!

Dieses Buch kann Ihr Leben verändern!
Das Betreten des vorliegenden Werkes
erfolgt auf eigene Gefahr.

Wie konnte das passieren?

Dieses Buch hat eine traurige Geschichte. Gerade als ich mich hinsetzen wollte, um eines jener Werke zu schaffen, das mich endgültig zum legitimen Nachfolger von Robert Musil und anderen unsterblichen, aber wenig benützen Autoren stempeln sollte, sagte mein Verleger: »Romane gehen nicht!« Wer könnte ihnen das verübeln?

Freiwillig geht doch heute niemand mehr. Das liegt an der Vorbildwirkung unserer Politiker.

Also warum sollten ausgerechnet Romane?

Aber Bücher, die nicht gehen, will mein Verleger nicht drucken. Das widerspricht seinen religiösen Überzeugung. (Die meisten Verleger beten bekanntlich zu Mammon.)

Womit kann ein Autor also dienen?

»Was den Leuten heute fehlt, ist Wissen!« sagte mein Verleger. Und damit hatte er zumindest sein Problem ziemlich klar definiert.

»Was verlangt der Mensch unserer Tage denn eigentlich?« stellte der Verleger die essentielle Frage in den Raum. Nun hätte man ihm darauf antworten können: Das ist sehr verschieden. Gewerkschaftsführer verlangen die Abschaffung der Arbeitszeit bei vollen Lohnausgleich. Die Bauern verlangen höhere Belohnung dafür, daß sie sich keine Kühe halten. Studenten verlangen einen garantierten Studienplatz, einen garantierten Arbeitsplatz und einen garantierten Parkplatz – wenn auch nicht unbedingt in dieser Reihenfolge. Die Frauen verlangen mehr Männer und die katholischen Geistlichen mehr Kinder. Die Militärs verlangen mehr Kriege. Und die Zahnärzte verlangen überhaupt mehr. Ich wollte so etwas andeuten, aber er ließ mich gar nicht zu Wort kommen. »Wonach die Menschen heute verlangen, das ist Information, Wissen, Erfahrung, Lebenshilfe, Bildung, Denkanstöße, Weisheit! Daran dürfen moderne Autoren nicht vorbeigehen!«

Seither heißt es in Fachkreisen: Es geht alles vorbei, nur der Orthofer nicht! Ich befolgte die guten Ratschläge meines Brotgebers und durchforschte die menschliche Psyche. Dabei stellte sich heraus: So unbescheiden, wie mein Verleger glaubt, sind die Zeitgenossen gar nicht. Im Grunde wollen alle nur eines: schön sein, reich und berühmt, gesund, glücklich, geschieden und umweltfreundlich, sexuell sensationell, unsterblich und auf Urlaub. Legitime Wünsche, die freilich manchmal unerfüllt bleiben, vor allem dann, wenn es an Information und Wissen mangelt. Aber das muß ja nicht sein! Information kommt täglich frisch vom Erzeuger, Wissen liegt tonnenweise in der Gegen herum, teilweise noch völlig ungebraucht. Wichtig ist nur, daß man die richtige Auswahl trifft – aber selbst diese Mühe haben wir Ihnen abgenommen und legen Ihnen heute die Quintessenz menschlicher Erfahrungen vor.

Mehr als zwei Millionen Jahre mußte die Menschheit auf die Fertigstellung dieses Buches warten. Aber es hat sich gelohnt.

Alle Tricks und Tips, wie man sein Leben noch lebenswerter machen kann, werden zwischen zwei Buchdeckel gepreßt. Hätten Adam und Eva schon dieses Werk gelesen, sie hätten aus dem Garten Eden ein Paradies machen können.

Aber damals standen eben noch nicht alle wichtigen Erkenntnisse zur Verfügung. Heute haben wir keine Ausrede mehr. Jeder kann sich mit Hilfe dieses Buches sein HIGHLIFE selbst zubereiten. Schön, reich und berühmt werden und als V.I.P. auf den dumpf dahinsumpernden Rest der Weltbevölkerung hinabsehen. Nach modernsten wissenschaftlichen Methoden erarbeitet, von führenden Geistlichen aller Konfessionen abgesegnet und vom Veterinärmedizinischen Institut kontrolliert, ist dieses Buch nun endlich zum menschlichen Genuß freigegeben.

Um Millionen von Menschen zu beweisen: Ein besseres Leben ist auch im Diesseits möglich!

Wer zuerst sein Exemplar erwirbt, hat natürlich einen Vorsprung gegenüber seinen zögernden Mitmenschen – aber deswegen brauchen Sie doch nicht gleich so zu drängen – bitte stellen Sie sich ruhig an, keine Panik – nicht stoßen – Sie treten mir auf die Füße ... HILFE! ... HI ...

Peter Orthofer

(Der Autor befindet sich derzeit in der Intensivstation, wo ihm von Professor Hackebeil neue Hühneraugen eingesetzt werden.)

Noch viel schöner leben mit:

RANG UND KLASSE

Ob ein Mensch
Geschmack hat, läßt sich
leicht erkennen: der
Teppich muß zu den
Augenbrauen passen.

Salvador Dalí

Der Mensch als solcher

Der Mensch als solcher ist bestens dazu geeignet, im Luxus zu leben. Die Natur hat ihn zu diesem Behuf mit fünf Sinnen ausgestattet, und da ist der Blödsinn noch gar nicht mitgerechnet.
Der Mensch ist also schon von den Anlagen her als Luxusgeschöpf zu betrachten, besonders wenn diese Anlagen über ein Schweizer Nummernkonto getätigt werden.
Da der Mensch zoologisch als höheres Lebewesen gilt, ist er geradezu verpflichtet, ein Highlife zu führen. Im allgemeinen gilt das heute auch als die angenehmste Art, um zu demonstrieren, daß man den Sinn seines Daseins begriffen hat.
Natürlich ist nicht jeder Mensch gleich gut geeignet, um ein Leben in Luxus und Laster durchzustehen. Die Natur spielt uns da manchmal einen bösen Streich, und wer schon mit ein paar Skrupeln oder einem Intelligenzquotienten belastet zur Welt kommt, wird es anfangs mit der Selbstverwirklichung nicht leicht haben. Aber solange der Mensch seine Berufung zum Luxusgeschöpf nicht aus den Augen verliert, besteht Hoffnung. Durch eiserne Selbstüberwindung oder glückliche Zufälle wie das Ableben einer Erbtante oder die Wahl zum Bundeskanzler kann man sein Leben immer noch auf den richtigen Standard bringen. Und das muß sein! Denn der Mensch als solcher ist die Krone der Schöpfung. Und die muß glänzen.

Wie bist du, Mensch?

Irgend jemand hat einmal behauptet: Alle Menschen sind gleich! Aber das stimmt nicht. Die Freundinnen der Formel-1-Piloten, die man in Monte Carlo und Brands Hatch trifft, sind viel hübscher als die Mädchen, denen man bei Dichterlesungen im Pfarrsaal begegnet. Wir Dichter haben immer darunter gelitten, und ein Großteil der Gegenwartsliteratur ist nichts anderes als ein flammender Protest gegen die Ungerechtigkeit einer Welt, die uns die leckersten und langbeinigsten Blondinen vorenthält. Was haben wir schon davon, daß die Feder mächtiger ist als das Schwert? Der Auspuff eines Williams-Honda ist die Waffe, mit der wir geschlagen werden!
Aber wir wollen hier keine persönliche Bitterkeit einfließen lassen, sondern dem Thema in allgemeingültiger Form nähertreten.

An sich ist es ja ein Glück, daß nicht alle Menschen gleich sind. Denn wer würde sich schon in die feine Schale werfen, um eine Abendgesellschaft aufzusuchen, wo lauter so Typen herumhängen, wie er selbst einer ist. Da kann man sich ja gleich zu Hause in Filzpantoffeln dem inneren Monolog ergeben und anschließend mit einem Spiegel ins Bett gehen!
Natürlich hat das Sprichwort »Gleich und gleich gesellt sich gern« eine gewisse Berechtigung.
Gesetzesbrecher suchen den Umgang mit Rechtsanwälten. Fotomodelle verkehren mit andern gern auf ihrem eigenen geistigen Niveau und fühlen sich deshalb am wohlsten in der Gesellschaft von Nerzen. Und Motorräder umgeben sich am liebsten mit jungen Männern, die schwarze Lederjacken tragen und sich ihre Vorstrafen auf den Bizeps tätowieren lassen.
Aber selbst in einer Rockerbande, deren Mitglieder man an der Kleidung oder der Gesinnung kaum voneinander unterscheiden kann, sind nicht alle Menschen gleich. Der eine beispielsweise bevorzugt stumpfe Gegenstände, der andere schwört auf Fahrradketten, und ein dritter hängt so an seinem Stilett, daß er oft tagelang deprimiert ist, wenn er es einmal in irgendeinem Rükken steckenlassen mußte. Das Wichtigste ist also geklärt: Nicht alle Menschen sind gleich. Aber was sind sie sonst noch?
Der allgemeinen Auffassung nach intelligente Lebewesen. Aber das ist noch kein Grund zum Jubeln, denn ganz doof ist das Gemüse auch nicht. Prince Charles, immerhin der englische Thronfolger, unterhält sich am liebsten mit seinen Pflanzen. Wer den englischen Hochadel kennt, kann ihm das nicht verdenken, aber andererseits ist es auch ein Zeichen dafür, daß die Flora sich nicht länger für dumm verkaufen läßt. Bald werden die ersten Rhododendren oder Spargelspitzen an einer Talk-Show teilnehmen, und dort kommen ja wirklich nur die intelligentesten Lebewesen zusammen.
Aber zählen wir den Menschen probehalber dazu. Dann braucht man sich nur noch zu fragen: Wie wird er eigentlich zu dem, was er ist?
Manche Gelehrte behaupten, durch die Erbanlagen, und beweisen das anhand von Graugänsen.
Andere Gelehrte behaupten, durch Umwelteinflüsse, und beweisen das anhand von Vietnamveteranen.
Beides ist richtig, spielt aber überhaupt keine Rolle. Denn ob man's nun von den Ahnen hat oder von den Zeitgenossen – Hauptsache, man hat.

Am besten Geld. Denn heutzutage wird Geld, sagt Maury Klein, ein bekannter Historiker der Rhode Island Universität, »zu einem Mittel, um durch das, was man hat, auszudrücken, wer man ist«. Diese wissenschaftliche Erkenntnis hat der Professor auch der Zeitschrift »Fortune« anvertraut und somit bewiesen, daß selbst das abgenudelte Sprichwort »Hast du was, so bist du was« noch zum akademischen Zentralpunkt der Zeitgeistphilosophie werden kann, wenn es in die richtigen Hände fällt.
Überhaupt hat man es ja an den Universitäten heute in der Erforschung des Menschen sehr weit gebracht. So hat Dr. Paul T. Costa mit seinem Team in Baltimore herausgefunden, daß der Mensch nach dem 25. Lebensjahr so bleibt, wie er ist.
Der Psychiater Dr. Stephen Rose meint allerdings, im Gehirn des Menschen gehen zwischen 40 und 60 Jahren entscheidende Veränderungen vor sich. Die »zweite Jugend« bringt ein optimistisches Lebensgefühl, Furcht- und Angstgefühle werden abgebaut.
An der Harvard-Universität wiederum hat man festgestellt, daß Schlanke grundsätzlich länger leben als Dicke, was ja auch wieder zu denken geben sollte.
Vor allem, wenn man diese drei Theorien in Beziehung zueinander setzt. Dann ergibt sich nämlich die Frage: Hat ein knochendürrer Mensch, der sich bis fünfundzwanzig zum Feigling entwickelt hat, wenn er mit sechzig plötzlich so viele Angstgefühle abbaut, daß er, mit dem Familienschmuck behängt, nachts durch dunkle Seitengassen schlendert, grundsätzlich eine höhere Lebenserwartung als ein Dicker, der zu Hause bleibt?
Nun, alle Fragen sind eben noch nicht gelöst. Aber es kann nicht mehr lange dauern, denn das Reservoir an Akademikern, die sich einen Namen machen müssen, ist schier unerschöpflich.
Freilich, nutzbringend anwenden kann man die Erkenntnis nur selten. Jetzt weiß man beispielsweise seit Jahrhunderten, daß der Mensch ein intelligentes Lebewesen ist, aber noch immer ist er zu schüchtern und bescheiden, um seinen Verstand zu gebrauchen. Gewiß, man hat allerlei erfunden: den Amtsweg, das alkoholfreie Bier, den wasserdichten Walkman für Sporttaucher und die Wettervorhersage. Aber wiegen diese Produkte die Schattenseiten der Intelligenz überhaupt auf? Nämlich, daß ein intelligentes Lebewesen jetzt ständig darüber nachdenken muß, ob es diese Produkte überhaupt braucht?
Aber weil wir gerade beim Denken sind: jetzt wurde zu allem Überfluß auch noch festgestellt: *Frauen sind klüger!*

Der amerikanische Gehirnforscher Dr. James Dulio behauptet: »Die kleineren Frauengehirne haben den schnelleren Stoffwechsel, dadurch ist die Lernfähigkeit erhöht und auch die Speicherfähigkeit für Wissen besser.«
Gut, daß die Frauen schneller die Stoffe wechseln, ist aus einem Vergleich zwischen Damen- und Herrenmode leicht ersichtlich. Aber was haben die Frauen nun von ihrem Köpfchen? Da sich das menschliche Gehirn in den letzten 40 000 Jahren nicht mehr weiterentwickelt hat, stehen sie der Gegenwart fast genauso hilflos gegenüber wie Männer. Der einzige Vorteil ist doch, daß ihr Gehirn kleiner ist und sie nicht soviel nutzlosen Ballast mit sich herumschleppen müssen wie der Mann.
Je mehr Erkenntnisse wir also über den Homo sapiens gewinnen, desto mehr verdichtet sich eigentlich der Verdacht: Der Mensch an sich ist eine ziemlich trostlose Erscheinung. Aber er ist das einzige Lebewesen, das diesen Zustand korrigieren kann. Im Tierreich bleibt eine dumme Gans immer eine dumme Gans und ein fetter alter Bock eben ein fetter alter Bock. Unter den Menschen kann die dumme Gans durch die Produkte von Helena Rubenstein, Yves St-Laurent und Harry Winston zum schönen Schwan werden und durch eine Rolle im nächsten James-Bond-Film sogar zum vergötterten Star.
Und ein fetter alter Bock, aufgeputzt mit einer attraktiven Goldfüllfeder von Dupont zum Ausfüllen attraktiver Barschecks des Bankhauses Leu, dem Schlüssel zu einem Rolls-Royce Silvercloud und dem Titel »Kommandeur des Souveränen Malteser-Ritterordens«, verwandelt sich plötzlich in einen schnuckeligen Salonlöwen.
Diese Erkenntnis beweist nun endlich, wie überflüssig das vorliegende Kapitel war. Denn die Frage »Wie bist du, Mensch?« ist irrelevant. Richtig muß es heißen: »Mensch, was machst du bloß aus dir!«

Der Weg zum Highlife

Um seinem Leben Stil zu geben, bedurfte es früher zahlreicher Eigenschaften, die der Mensch, entgegen seiner eigentlichen Veranlagung, zu entwickeln trachtete: Charakter, Würde, Verstand, Originalität, Phantasie, ja bisweilen sogar Genie.
Das alles ist zum Glück heute nicht mehr notwendig, denn in unseren Tagen wird das Leben von Fachleuten durchgestylt, und jeder kann am vorfabrizierten Lifestyle partizipieren, der in allerlei aktuellen Varianten auf den Markt kommt.
Die vornehmste Version ist das sogenannte Highlife – und Menschen, die auch nur einen Funken Respekt vor der eigenen Person haben, werden sich mit nichts anderem zufriedengeben.
In früheren Zeiten wurde dem Menschen von falschen Propheten gepredigt, man müsse klein anfangen und sich emsig emporarbeiten. »Ohne Fleiß kein Preis« und »Früh krümmt sich, was ein Wurm werden will« hießen die Lebensweisheiten damals. Und wozu hat das geführt? Der Preis für Fleiß war der einzige, der auch in der Inflation nicht stieg, während die Preise für Rhabarberkompott, Renoirs und Rauhaardackel steil nach oben zogen. Noch schlimmer: Wer ganz unten angefangen hat, hat meistens auch ganz unten aufgehört, und auf einen Zeitungsjungen, der es mit dreißig zum Multimillionär gebracht hatte, kamen Dutzende, die noch mit sechzig der ersten Million nachjagten.
Natürlich, denn das System war falsch. Nicht zuletzt, weil es von falschen Vorbildern geprägt wurde.
Eigentlich hätte man sich ja schon damals denken können, daß griechische Philosophen, die nachts in einer Tonne herumlagen oder tagsüber mit einer Laterne durch die Straßen gingen, nicht alle Tassen im Schrank haben. Daß die alten Spinner, bloß weil sie zum Sex zu faul waren, auch noch die platonische Liebe erfanden und sich manchmal mit gefährlichen Drogen wie dem Schierlingsbecher den goldenen Schuß gaben, beweist erst recht, daß sie für künftige Generationen eine untragbare Belastung darstellen mußten. Dennoch ließ man sie gewähren und eine Unzahl von Idealen und Tugenden in die Welt setzen, die alle dazu beitrugen, der Menschheit das Dasein zu vermiesen.
Führende Theologen schlossen sich diesem Trend an. Selbst Moses, der in einem Binsenkörbchen gefundene Weise, der es immerhin zuwege brachte, sein Volk aus Ägypten herauszuführen – und jeder, der zur letzten Aïda-Premiere nach Luxor kam, weiß, welch brennendes Verlangen man verspüren kann, Ägyp-

ten so schnell wie möglich zu verlassen –, selbst dieser Mann also führte die Menschheit danach in eine weitere Krise.
Er kletterte auf den Berg Sinai und brachte aus einem brennenden Dornbusch ein heißes Eisen mit: die Zehn Gebote. Und bis heute liegen diese Gesetzestafeln der unglücklichen Menschheit schwer auf den Schultern, zumal einige der Vorschriften ja in einem direkten Gegensatz zur Verwirklichung eines akzeptablen Highlifes stehen. Beispielsweise Nr. 7: »Du sollst nicht stehlen!« Oder Nr. 9: »Du sollst nicht begehren deines Nächsten Weib!«
Dazu kam dann noch Mohammed mit dem Alkoholverbot, Christus mit der Nächstenliebe, und Luther verlangte sogar, daß man zweimal pro Woche mit der eigenen Frau schläft!
Es kam, was kommen mußte. Jahrhundertelang sah sich der Mensch, umzingelt von hunderterlei Tugenden und Idealen, außerstande, einmal so richtig auf die Pauke zu hauen.
Nach einem Tag voll Bescheidenheit, Selbstzucht, Nächstenliebe, Pflichterfüllung, Vaterlandsliebe, Gottesfurcht, ehelicher Treue, Weisheit, Ehrlichkeit, Fleiß, Friedlichkeit und Achtung der Gesetze war er abends natürlich viel zu müde, um einmal richtig die Sau rauszulassen.
Gewiß, es fanden sich einzelne Persönlichkeiten, die, Geld und Gesundheit nicht achtend, versuchten, der dumpf dahinvegetierenden Masse ein Beispiel zu geben. Aber die paar Kronprinzen, Kardinäle und Konzernherren, die sich in der Vergangenheit bemühten, das Highlife vor dem Aussterben zu bewahren, waren doch nur Tropfen auf einem heißen Stein.
Erst in unserem Jahrhundert konnte die Menschheit langsam ihre Fesseln abstreifen. Moderne Religionen verlangen von ihren Gläubigen nur noch Dinge, die der Selbstverwirklichung dienen – makrobiotische Ernährung, das Mitsingen vor dem Fernsehapparat oder ein bißchen Gruppensex.
Auch Philosophen können keinen Schaden mehr anrichten, weil es keine mehr gibt. Niemand hat heute Zeit, sich einfach hinzusetzen und zu denken. Und wenn man mal jemandem begegnet, der in einer Tonne wohnt, ist das zum Glück nur ein Unterstandsloser und kein Philosoph.
Die einzigen Regeln, die heute noch aufgestellt werden, die einzigen Ideale, die heute noch gepredigt werden, findet man in den Bestsellern von Doktoren der Psychologie, Soziologie, Sexualwissenschaft oder namhaften Scharlatanen ohne akademische Ausbildung. Und alle wollen helfen, unserer eigenen Persönlichkeit den Durchbruch zu ermöglichen.

Gewiß weichen die Meinungen der Experten stark voneinander ab. Der eine schreibt »Schlankheit statt Krankheit«, der andere schreibt »Fett ist nett«! Einer rät: »Gehen Sie aus sich heraus« und ein anderer »Bleiben Sie, wo Sie sind«. Einer fordert: »Denken Sie mehr an sich!«, und sein Kollege fordert: »Vergessen Sie sich doch mal!«
Alle diese Ratgeber und Lebenshilfen sind mit wissenschaftlichen Erkenntnissen untermauert, und wer nun wirklich recht hat, kann man höchstens an der Höhe der Auflage ablesen. Aber man muß es gar nicht herausfinden, denn nächstes Jahr erscheint sowieso ein Bestseller, der das Gegenteil behauptet.
Da aber alle Autoren ein gemeinsames Anliegen haben, nämlich schnell reich und berühmt zu werden, sind ihre Ansichten gewiß ein wertvoller Beitrag zum Highlife.
Und das ist ja das wichtigste. Heute wird das Highlife nicht mehr von sauertöpfischen Gelehrten verdammt, sondern ist das Endziel, auf das alle gemeinsam hinarbeiten. Die Börse hat endlich der Kirche den Rang abgelaufen, und Investmentberater ersetzen die Philosophen. Verstaubte Begriffe wie Ethik und Moral sind verschwunden, dafür hat der Mensch auf seinem Weg zur Selbstverwirklichung Luxus und Lifestyle entdeckt.
Zwielichtige Verführer von Sokrates bis Albert Schweitzer haben ihre Vorbildwirkung verloren, junge Idealisten unserer Zeit orientieren sich an Boris Becker, Madonna und Ralph Lauren. Und wer in echte Gewissenszweifel gerät, weil er sich nicht entscheiden kann zwischen Gucci und Pucci, dem bleibt noch immer Valentino, und keiner wird ihn deswegen verachten.
Die Vorteile, die das Highlife bietet, sind Legion, und es ist nur bedauerlich, daß bisher so wenige Leute davon Gebrauch gemacht haben. Das liegt nicht nur an den schon zitierten Vorurteilen, sondern auch an einem gewissen Informationsmangel. In eingeweihten Kreisen weiß man ja schon länger, wie man sich mit der richtigen Einstellung zu Geld und Gut das Leben verschönern kann.
Aber der einfache Mann von der Straße ist mit einem riesigen Bildungsdefizit geschlagen. Viele wären durchaus bereit, es mit dem Highlife zu versuchen, aber sie wissen einfach über die grundlegendsten Voraussetzungen nicht genügend Bescheid.
Da fragt uns etwa ein Buchhalter aus Wanne-Eickel: »Wie viele Rennpferde darf man seiner Geliebten schenken, ohne als Angeber dazustehen?« (Höchstens drei, aber eines davon sollte zumindest schon in Longchamp gewonnen haben, am besten den

Prix Arc de Triomphe.) Eine verzweifelte Mutter aus Rejkjavik möchte wissen, ob man bei einer Papstaudienz Lippenstift auflegen darf. (Dem Papst ist das ziemlich egal, solange Sie nur seinen Ring küssen!) Und ein auf dem Flugplatz von Kirkenes beschäftigter Rentierverscheucher fragt an, wie lange man auf ein paar handgemachte Schuhe von John Lobb in London warten muß. (Neun Monate Lieferfrist muß man schon einkalkulieren. Außer man ist Stammkunde, dann braucht man nur zwei bis drei Monate warten. Der Preis beträgt 1 046 Dollar. Lobb gibt keinen Rabatt für Rentierverscheucher.)
Die Bereitschaft zum Highlife wäre also weltweit gegeben. Die Frage nach dem Wie aber blieb bisher unbeantwortet. So lange, bis wir uns notgedrungen entschlossen haben, diese Informationslücke zu füllen und »Highlife für jedermann« möglich zu machen. Alle Probleme auf diesem Sektor wird ein einziges Buch nicht klären können, aber für Menschen, die wissen wollen, was die Zeit, in der sie leben, ihnen alles zu bieten hat, wird es doch manch unentbehrliche Anregung vermitteln.
Denken Sie stets daran: Sie sind es wert, vom Leben verwöhnt zu werden! Also geben Sie ihm eine Chance. Das Highlife ist nun einmal da, und irgendwer muß es ja auf sich nehmen.

Die oberen Zehntausend

Nach oben zu kommen ist ein ziemlich heruntergekommener Begriff. Vielfach knüpft sich daran eine vage Vorstellung von Arbeit, Können, Leistung und Verzicht, und deshalb wird heute das Aussteigen dem Aufsteigen vorgezogen.
Allerdings bezieht sich das Unbehagen nur auf den Weg, nicht auf das Ziel.
Oben sein möchte jeder! In jeder Beziehung. Sogar in der sexuellen Beziehung gibt es heute andauernd Reibereien um die Frage, wer das nächstemal oben sein darf.
Aber bleiben wir zunächst beim Grundsätzlichen. Jeder möchte gerne oben sein. Spitze! Top Gun! Superstar! Crème de la crème!
Und warum nicht? Da oben ist Platz für alle, die guten Willens sind. Selbst Massenmörder, Buhldirnen, Friseure und Architekten, also Menschen, die man früher wegen ihres schandbaren Broterwerbs auf dem Scheiterhaufen verheizte, schwimmen

heute in Ruhm und Reichtum. Wer wollte da ewig Nichtschwimmer bleiben?
Freilich, ehe man – mit Hilfe dieses Werkes – sein Highlife beginnt, sollte man sich rasch vergewissern, wer auf den Logenplätzen des Lebens neben einem sitzt. Es gab da nämlich schon bisher einige bevorzugte Gruppen, und es gibt gute Gründe, sich diesen nicht um jeden Preis anzuschließen. Die Bezeichnungen sind bekannt, aber zur Vorsicht wollen wir sie noch einmal durchgehen und völlig unvoreingenommen darauf hinweisen, weshalb sie für uns nicht in Frage kommen.

High-Society: Das ist eine Gesellschaft von Leuten, die hoch hinauswollen – mit einem Wort: Emporkömmlinge. Beim Anblick dieser Typen kann einem manches hochkommen. Um dazuzugehören, muß man entweder ein hohes Einkommen oder hohe Schulden haben. Der Besuch einer Hochschule ist nicht Voraussetzung. Angehörige des Hochadels gehören automatisch dazu. Sie müssen weder geistig noch körperlich auf der Höhe sein.
Wer zu jäh in die oberen Schichten aufsteigt, kriegt meist einen Höhenkoller, aber das fällt dort gar nicht auf. Wer Haschisch oder Heroin benützt, um »high« zu werden, ist allerdings auf dem falschen Weg. Die High-Society berauscht sich noch immer an konservativen Drogen wie Geld und Macht. Zu den absoluten Spitzen der High-Society gehören Baron Thyssen-Bornemisza, das Empire State Building und der Yeti.

Jet-set: Das sind Leute, die viel in Flugzeugen unterwegs sind, man erkennt sie an ihren total verbeulten Koffern. Aus den bunten Aufklebern sollte man indes nicht schließen, daß die Reisenden schon in Honolulu oder Anchorage gewesen sind. Auch auf einem Flug von Bern nach Bonn kann das Gepäck einen Umweg über Hawaii oder Alaska machen.
Zu den typischen Vertretern des Jet-sets gehören Stewardessen und Luftpiraten.

In-Crowd: Das ist die amorphe Masse, die überall in ist – in Lokalen, Discotheken, Boutiquen und Klatschspalten.
Wer in dieser Crowd verkehrt, sieht täglich – oder besser gesagt nächtlich – dieselben Gesichter. Erschwerend kommt dabei noch hinzu, daß es sich dabei um die Gesichter von Fürstin Gloria, Falco oder Prinzessin Stefanie handelt. Folglich sind Crowd und Rüben nicht jedermanns Geschmack.

Beautiful-People: So nennen sich hauptsächlich junge Damen, die als häßliche Entlein auf die Welt gekommen sind und sich dann durch reichlichen Gebrauch von Zaubermitteln der Marken St-Laurent, Lagerfeld und Lauder in glamouröse Gänse verwandelt haben.

Yuppies: Das ist die Gattungsbezeichnung für die jungen städtischen Aufsteiger. Aber ist es wirklich erstrebenswert, zu einer Gruppe zu gehören, die sich hauptsächlich auf das Jungsein beruft? Irgendwie altert doch jeder, in ein paar Jahren sind aus den Yuppies Opis geworden – und was dann?

V.I.P.s: Das bedeutete einmal, eine Very Important Person zu sein. Inzwischen hat der Begriff viel an Prestige verloren, weil alle möglichen klugen Geschäftsleute irgendein V.I.P.-Service anpreisen – und das ist meist dieselbe Chuzpe für mehr Geld. Very important price!

Who: Viele Leute möchten unbedingt who sein, das heißt, für alle Zeit in einem renommierten Nachschlagewerk festgehalten. Relativ leicht kommt man ins »Who's who«. Für das »Guinness Buch der Rekorde« muß man schon eine Bestleistung im Nasenbohren oder Dauerdaumenlutschen vorweisen, ins Fahndungsbuch der bayrischen Polizei kommt man, wenn man einer Plutoniumgewinnungsanlage die Zunge zeigt.
In wirklich wichtige Verzeichnisse wie die Mitgliederliste der Académie Française, Peter Orthofers »Wer ist who« oder »Brehms Tierleben« kommt man nur durch besonders seltsame Launen des Schicksals, und darauf kann man sich nun wirklich nicht verlassen.

Aber ohne Clique keine Claque! Zu irgendeiner Spezialeinheit der besseren Gesellschaft muß man gehören, wenn man sein Leben mit Glanz und Gloria genießen will. Und deshalb haben wir für jene Menschen, die dieses Buch lesen und künftighin als die neue Bibel der Lebensart betrachten, einen treffenden Begriff geprägt: die *Goldys.*
Der *Goldy* ist der glückliche Erfolgsmensch unserer Tage. Der sinnenfrohe Feinschmecker, der lustvolle Liebhaber, der materiell desinteressierte Millionär ebenso wie der ehrgeizlose Karrierist. Der *Goldy* ist jener Mensch, der das wahrhaft Große und Schöne in der Welt noch zu schätzen weiß – kurzum: einer, der sich mag.

Wie wir unser Schicksal maßlos verbessern können

Wie man aus eigener Erfahrung oder zumindest vom Hörensagen weiß, beeinträchtigt die Rasse, die Volkszugehörigkeit oder die Hautfarbe das Allgemeinbefinden manchmal auf drastische Weise.
Das einfachste Mittel dagegen ist, daß man einfach zur Oberschicht gehört, denn je größer Reichtum und Ansehen, desto leichter wird man mit einem kleinen Makel fertig.
Die Palästinenser beispielsweise werden aus langjähriger Gewohnheit von Freund und Feind behandelt wie Dreck. Man hat aber nie gehört, daß es dem Herrn Arafat persönlich an irgend etwas mangelt – außer vielleicht an politischem Verstand und menschlicher Größe. Und vielleicht leidet er auch ein bißchen unter Liebesentzug, seit der Dr. Kreisky in das Alter gekommen ist, wo ihm das Küssen nicht mehr soviel Spaß macht. Aber ansonsten weist der feurige Fatah-Führer doch keine Mangelerscheinungen auf.
Der Bischof Tutu tut sich auch viel leichter als seine Stammesgenossen, seit er den Nobelpreis hat, und Bill Cosby leidet gewiß weniger unter seiner dunklen Hautfarbe, seit er der höchstbezahlte Fernsehstar der Welt geworden ist.
Selbst im Dritten Reich kamen die Rothschilds glimpflicher davon als die Grünspans, und der Kommunist Gorbatschow steht nicht einmal auf der Watch-List des US-Ministeriums.
Gegen rassistische Maßnahmen im Alltag kann man sich natürlich auch wehren, indem man sie ad absurdum führt. Natürlich gibt es in Amerika noch da und dort einen altehrwürdigen Golfklub, der aus Gründen der Rassenreinheit keine Juden willkommen heißt – aber Henry Kissinger wußte die richtige Antwort darauf. Er hat einfach nicht Golf gespielt! Anstatt auf dem grünen Rasen mühsam Loch um Loch zu füllen, hat er sich einfach ins Bett gelegt und mit vorurteilsfreien Hollywoodschönheiten gespielt.
Und da, wo Farbige noch immer ganz hinten im Bus sitzen müssen, pfeift Sammy Davis jun. einfach auf den Fahrschein und benützt sein Privatauto!
Wie man sieht, gibt es immer eine Möglichkeit, Vorurteilen die Spitze abzubrechen und die eigene Lebensqualität zu behaupten, auch wenn man mit dem Stigma des Andersartigen behaftet ist. Man muß wirklich nicht gleich immer diese widerwärtigen Religionskriege, Revolutionen und Rassenkämpfe vom Zaun bre-

chen. Die internationale High-Society ist eine tolerante und warmherzige Familie und verlangt von ihren Mitgliedern nicht mehr, als daß die über ein Minimum an Macht und Reichtum verfügen und sich beim Essen nicht ins Tischtuch schneuzen.
Breitere Bevölkerungsschichten freilich, die zum Highlife drängen, ohne diese drei Bedingungen zu erfüllen, können da und dort noch in Schwierigkeiten geraten.
Wer zur falschen Zeit am falschen Ort das Licht der Welt erblickt, noch dazu in der falschen Familie, wird das gar nicht so richtig als Lichtblick einstufen können. Aber ob man nun zur verfolgten Minderheit oder zur geknechteten Mehrheit gehört – auch in diesen Fällen kann man sein Schicksal mit einem Schlag zum Besseren wenden.
Die Methode wurde von der bekannt innovationsfreudigen Regierung Südafrikas entwickelt und verlangt nichts als eine gewisse geistige Mobilität. Wer mit seiner bisherigen Hautfarbe oder Rasse nicht zufrieden ist, läßt sich einfach in eine andere Klasse versetzen. Wie das aussieht, zeigt eine Statistik des Apartheid-Regimes. Im Jahr 1986 wurden 506 Farbige zu Weißen und zwei Weiße zu Malaien. 87 Farbige wurden Inder, dafür wurden 67 Inder zu Farbigen, und 40 Farbige wurden schwarz. 666 Schwarze hingegen wurden farbig, aber nur 61 Inder wurden Malaien. Als kleiner Ausgleich darf betrachtet werden, daß 50 Malaien Inder wurden und sieben Chinesen Weiße.
Es wäre müßig, an dieser Stelle die gesamte Statistik der Reklassifikation in Südafrika anzuführen, sie soll uns nur als Beweis dafür dienen, daß es bereits ein wirksames System gibt, um Ungerechtigkeit und Vorurteile aus der Welt zu schaffen.
Aber da ja nicht jeder vor den Launen des Schicksals bis ans Kap der Guten Hoffnung fliehen kann, sollte man schleunigst den humanitären Gedanken der südafrikanischen Regierung aufgreifen und ihn, an die Bedürfnisse anderer Länder angepaßt, weltweit verwirklichen.
Wenn man die Russen beispielsweise zu Italienern macht, wäre die militärische Bedrohung schlagartig beseitigt. Macht man die Japaner zu Österreichern, dann muß die Welt nicht mehr vor der japanischen Exportoffensive zittern. Wenn man die Neger in den USA zu Indianern macht, sind sie praktisch beseitigt. Und machte man mich zum Schweizer, dann säße ich morgen auf einer Bank am Zürcher See – wobei mir die Kantonalbank genauso lieb ist wie die Credit Suisse. Schließlich dient dieses System ja ausschließlich dazu, Vorurteile abzubauen und auch den miserabel-

sten Randerscheinungen der Gesellschaft Zugang zu einem schöneren Leben zu eröffnen.
Und daß sich die Reichsten und Vornehmsten der New Yorker Gesellschaft jeden Abend am Broadway drängen, um »Les Miserables« zu sehen, ist doch schon der Beginn einer hoffnungsvollen Entwicklung – daß die Ungerechtigkeit der Welt langsam zum Musical wird.

Wen man nicht zum Essen einladen sollte

Wer zu einem gepflegten Abendessen einlädt, sollte bei der Auswahl seiner Gäste besonders vorsichtig sein. Kräftige Männer, die mit Strumpfmasken und großen Kisten zum Abtransport der Silberlöffel vorfahren, werden von den Gastgebern ohnehin meist mit Skepsis betrachtet. Desgleichen vermummte Jugendliche, die mit Pflastersteinen und Marx-Büsten um sich werfen. Auch Offiziere, die nebenbei kleinere exotische Länder regieren, sind nicht sehr gefragt, weil man immer damit rechnen muß, daß sie gewohnheitsmäßig ihre Zigaretten auf der Gastgeberin ausdrücken. Und deutsche Touristen stehen in dem Ruf, am Büffet mit Schaufelbaggern zu arbeiten.
Derlei Gruppen werden verständlicherweise von seriösen Gastgebern nur selten herangezogen, wenn das Kaviartöpfchen wieder mal reihum geht. Hingegen putzt man gern die Gästeliste mit Prominenten aus dem Fundus der Weltgeschichte auf – und gerade da lauert die höchste Gefahr! Einige von diesen Typen sollte man wirklich nur einladen, wenn man für den nächsten Tag schon die Handwerker zur Generalüberholung seines Anwesens bestellt hat. Politiker können nämlich auch bei einer privaten Einladung ihren Beruf nicht vergessen und benehmen sich genauso wie beim Regieren.
Sie haben schmutzige Hände und greifen trotzdem ihren Mitmenschen ständig in die Tasche. Sie drängen sich zur Futterkrippe und benützen rücksichtslos ihre Ellbogen. Sie treten in jedes verfügbare Fettnäpfchen, zerschlagen eine Menge Porzellan und kehren alles, was ihnen nicht paßt, einfach unter den Teppich.
Gewiß, man kann noch immer seinen eigenen Status heben, wenn man sich mit den Mächtigen der Welt umgibt. Aber wer auf die Würde seines Heims wert legt, wird eher eine Horde durchreisender Vandalen verköstigen als ein Staatsoberhaupt. Natürlich sind

nicht alle gleich schlimm, aber ein paar Namen sollte der verantwortungsbewußte Gastgeber unbedingt auf seine Watch-List setzen. In alphabetischer Reihenfolge sind das:

Jacques Chirac
Helmut Kohl
Yasuhiro Nakasone
Ronald Reagan
Margaret Thatcher

Beim Weltwirtschaftsgipfel in Venedig haben sie es wieder so arg getrieben, daß jetzt schon öffentlich vor ihnen gewarnt wird. So ging im Juni '87 die Meldung durch die Presse, daß durch das Essen, das der italienische Staatspräsident Cossiga für die ausländischen Staats- und Regierungschefs veranstaltet hat, bedeutende Teile der Inneneinrichtung im Dogenpalast gefährdet worden sind.

Wenn man bedenkt, daß der Dogenpalast vor den Politikern schon Millionen Besucher überstanden hat, ohne größeren Schaden zu nehmen, dann kann sich jeder Gastgeber ausmalen, wie seine Sozialwohnung nach einem Abendessen mit Ron & Maggie aussieht!

Wird Charakter noch belohnt?

In der Bundesrepublik, ja. Wenn einer wegen seiner Überzeugung mehrere Jahre Haft und Verbannung auf sich nimmt, kann er mit einer Belohnung im Gegenwert von etwa 100 DM rechnen.
Als Beispiel sei eine zweiseitige Werbung im »Spiegel« 10/87 erwähnt. Dort sieht der gerührte Betrachter ein paar klobige Männerschuhe, die sich genußvoll durch Stacheldraht treten. Der erklärende Text dazu lautet:

»Lieber Andrej Sacharow,
wir schenken Ihnen dieses Paar standfeste Schuhe . . ., damit Sie auch weiterhin unbeirrt für die Menschenrechte in aller Welt eintreten. Ihre 2 395 Schuhgeschäfte unter diesem Zeichen.

Schuh-verlässig
Nord-West-Ring«

In der Werbung geht eben nichts über Kreativität, Geschmack und Charakter. Falls der Agentur Fritsch & Vogelsang aufgrund dieses Werbefeldzugs noch nicht alle Kunden davongelaufen sind – in den einschlägigen Schuhen natürlich –, könnte sie ihre Dienste auch noch anderen renommierten Schuherzeugern anbieten. Und wenn das Beispiel Schuhe macht, können wir uns vielleicht bald an folgenden Inseraten ergötzen:

Liebe Mutter Teresa,
wir schenken Ihnen dieses Paar entzückende Turnschuhe . . ., damit Sie auch weiterhin bei den Ärmsten der Armen am Ball bleiben können!

Bally, Suisse

Oder vielleicht:

Lieber Jesus Christus,
wir schenken Ihnen dieses Paar zeitloser Herrenslipper . . ., damit Sie nicht immer barfuß am Kreuz hängen müssen.

Church's of London

Und dann wissen wir: Wohltun trägt Zinsen, auch in dieser materialistischen Zeit. Schuhverlässig!

Noch viel schöner leben mit:

BERUF UND KARRIERE

Die Welt ist voll williger Menschen; einige gewillt zu arbeiten, der Rest gewillt, sie arbeiten zu lassen.

Robert Frost

Klick auf!

Wer die Karriere mit einem besonders angenehmen Leben verbinden will, sollte Fotograf werden. Freilich tobt auf diesem Gebiet heftiger Konkurrenzkampf – vor allem mit den Amateuren. Fotografen, die leichtsinnig ein Eisbärenfell erwerben, um darauf satte Säuglinge abzulichten, tun sich selbst einen Bärendienst, denn den Nachwuchs knipst sich die Familie heute selbst.

Wer mit seiner Hasselblad durch die Nachtlokale schlendert, um prominente Promilletiger mit ihrem Foto zu überraschen, endet oft als geschlagener Mann. Krankenhausreif geschlagen. Denn die besten Gäste, von Frank Sinatra bis Sean Penn, kennen keine schönere Freizeitbeschäftigung, als ein wenig auf einer Hasselblad und dem daran hängenden Fotografen herumzutrampeln. Von Hochzeitsfotos kann man auch nicht mehr leben, denn die großen Trauungszeremonien sind einigermaßen aus der Mode, und kaum ein Pärchen läßt sich vor dem Antritt einer wilden Ehe stilgerecht in Kodacolor verewigen.

Keine Angst um ihren Arbeitsplatz hingegen gibt es für die Kriegsberichterstatter. Bewaffnete Auseinandersetzungen vom einfachen Terroranschlag bis zur großen Herbstoffensive liegen voll im Trend und dürfen auch in den nächsten Jahren eine überdurchschnittliche Wachstumsrate erwarten. Außerdem haben Zeitschriften und Illustrierte, die einigermaßen mit dem Fernsehen mithalten wollen, einen großen Bedarf an bunten Abbildungen menschlicher Überreste. Da es sich dabei auch um die Überreste von besonders wagemutigen Fotografen handeln kann, werden in dieser renommierten Branche auch für den Nachwuchs immer wieder Arbeitsplätze frei.

Natürlich ist es nicht jedermanns Begriff von Highlife, ständig nach fotogenen Leichen zu suchen, damit die gelangweilten Leser der Morgenzeitung nicht ganz den Bezug zur Realität verlieren. Aber man muß ja auch beim Fotografieren nicht gleich ins Extrem verfallen. Wenn man sich in diesem Beruf ein besonders angenehmes Leben machen will, kauft man sich am besten einen Fotoautomaten, stellt ihn am Hauptbahnhof auf und kassiert dafür, daß sich die Leute selbst jene unmöglichen Paßfotos machen, aufgrund deren man sie an der nächsten Grenze sofort als flüchtige Lustmörder in Gewahrsam nimmt.

Freilich, wenn man sich zum Geld auch noch einen Namen machen will, muß man schon selbst die Kamera bedienen. Einige

Engländer haben das probiert – und was haben sie heute für hübsche Namen! Anthony Armstrong-Jones, Lord Lichfield – gibt es was Besseres?
Vielleicht. Aber David Hamilton, Jeanloup Sieff, Helmut Newton oder David Bailey sind ja auch nicht gerade unbekannt. Und sogar eine Menge Unbekannter würden ihren Job mit keinem anderen tauschen. Selbst Menschen, die es gar nicht nötig hätten, sich die Finger wundzudrücken, Multimillionäre wie Gunther Sachs oder Penthouse-Verleger Bob Guccione haben als Fotografen die Erfüllung ihres Lebens gefunden.
Und es ist auch ein schöner Beruf. Seit in jeder Kamera ein klitzekleiner Japaner eingebaut ist, der die Entfernung, die Beleuchtung und den Blutdruck des Fotografen automatisch reguliert, kann eigentlich niemand mehr danebenschießen. Man muß sich lediglich einmal dazu überwinden, viel Geld dafür anzunehmen, daß man in den anziehendsten Teilen der Welt die ausgezogensten Fräuleins der Welt knipst.
Aber das müßten doch sogar wir beide schaffen!
(Außer Sie reisen nicht gerne, dann gehen Sie doch in die Nationalbibliothek und fotografieren Sie die Fingerabdrücke auf dem Treppengeländer für einen Kunstbildband, den die Zentralsparbank zu Weihnachten allen Analphabeten schenkt, die mehr als eine Million Kredit haben. Nur versuchen Sie nicht, mir die nackten Weiber auszureden!)
Egal, welches Sujet der Künstler bevorzugt – Fotograf müßte man sein. Und nicht nur wegen der Bilder, die er macht, sondern auch wegen des Bildes, das man sich von ihm macht! Bei jüngsten Erhebungen in der Bundesrepublik wurde nämlich festgestellt, daß der Fotograf als männlicher Idealtyp an erster Stelle rangiert und einstige Favoriten in der Gunst des weiblichen Geschlechts wie Oberförster, Gynäkologen und Postbeamte längst auf die Plätze verwiesen hat.
Wer unter Highlife also versteht, daß er sich ohne größere Anstrengung im Glanz weiblicher Anbetung sonnen kann, muß sich einfach der Klick-Clique anschließen.
Aber weil Emma im Hintergrund schon wieder zetert: das ist keine Macho-Branche! Auch Frauen können auf diesem Gebiet eine Traumkarriere machen, sind sie doch hinter der Kamera genauso gefragt wie davor. Und sie haben es vielleicht noch leichter, die schönsten Subjekte vor das Objektiv zu kriegen – denn was ist eitler als ein Mann?

Wer wirbt, gewinnt

Haben Sie schon einmal an eine Karriere in der Werbung gedacht? Das ist eine Branche, der es nicht an Geld und Prestige mangelt, und junge Genies werden in dieser Sparte gesucht wie die Nadel im Heuhaufen.
Nehmen Sie irgendeine Zeitung zur Hand, und sehen Sie die Stellenanzeigen durch. Folgende Annonce stammt aus dem Wiener »Kurier« vom 23. 1. 1987:

DR. PUTTNER & BATES

Ich suche einen uniquen Kundenberater.

Der gesuchte USP liegt in der Kombination von Marketing-Know-how und creativem Feeling.
Zur Supporting Evidence zählen Praxiserfahrung oder Universitäts-Background.
Die Tonality soll sympathisch und modern sein.
Der Benefit ist beiderseitig.
Rufen Sie mich an: 0 22 2/ 84 85 44 DW 18

Dr. Gerhard Puttner
Wambachergasse 2, 1130 Wien

WERBEGESELLSCHAFT

Angenommen, das paßt Ihnen in den Kram, dann hätten Sie folgendes Bewerbungsschreiben eingereicht:

Dear Dr. Puttner!
Personally bin ich ein Uniquum, aber naturally beidseitig zum Benefit geeignet. Mein Know-how wird ebenso wie mein Feeling von vielen gefeelten Girl-friends gelobt, und ich halte immer einige Suppositorien in Evidence.
Praxiserfahrung ist bei mir nur mit »wow!« zu beantworten, und mein Folkshighschool-Background stands out of the question.
Meine Tonality grenzt hart an Hi-Fi, und Modern Talking ist meine Speciality.
Call me irresistible! 0 22 2/ 513 46 66

Up yours,
Peter O.

Einem solchen Brief hätte wohl auch ein weniger kunstsinniger Mensch als Dr. Puttner nicht wiederstehen können. Einige kurze Fragen nach Ihren Honorarvorstellungen, und schon sind Sie der »neue Mann« in einer renommierten Werbeagentur. Das muß nicht unbedingt Puttner & Bates sein, denn in der Branche spricht es sich schnell herum, wenn ein Mensch mit Ihren Fähigkeiten auftaucht, und die Agenturen sind im Abwerben oft noch besser als im Werben.
Egal wo, Sie stürzen sich auf Ihre erste Aufgabe, machen ein Konzept, präsentieren es dem Kunden und heureka! – schon nach kurzem Überlegen schickt dieser einen Brief an Ihren obersten Chef.

Sehr geehrter Herr Direktor!
Neulich haben Sie mir Ihren neuen Kreativ-Kontakter geschickt. Der Mann ist unique. Er verfügt in höchstem Maße über Marketing-Know-how, Feeling, Supporting-Evidence, Background, Tonality und Benefit. Das ist sicher der UPS, den Sie immer gesucht haben. Schicken Sie mir trotzdem das nächste Mal einen anderen Herrn, da bei meinem Produkt – »Schmalhans Abführdragees« – sowohl Tonality als auch Benefit auf der Hand liegen.
Oder noch besser: forget me completely!
Ich schätze ja die Creativity ihrer Agency überaus, aber ich habe das Gefühl, Sie haben irgendwie das Ziel aus den Augen verloren.
Die Kunden sollen auf mein Produkt sch . . ., nicht auf die Werbung.

Herzlichst Ihr
Waldemar v. Schmalhans

Ja, das ist jetzt natürlich blöd!
Da wird Sie der Chef dann wohl achtkantig feuern. Aber wir können uns auch nicht vorstellen, warum das schiefgegangen ist. Wahrscheinlich liegt der Fehler beim Kunden!

Arbeitslosigkeit – ja oder nein?

Unter den vielen Rechten, die sich heute selbstbewußt in aller Öffentlichkeit präsentieren, scheint eines ganz besonders überflüssig: das Recht auf den Arbeitsplatz!
Gut, ein Arbeitsplatz ist ja noch nicht das schlimmste. Conte Gianluigi Borghini Baldovinetti sitzt auf seinem Schloß in der Toskana, während rundherum sein Chianti reift. Marc Rich, der geheimnisvolle Ölmilliardär, hat seinen Arbeitsplatz in dem erholsamen Schweizer Ort Zug etabliert. Und Prinz Alfonso von Hohenlohe konnte, ganz ohne Hilfe der Gewerkschaft, auch ein ganz hübsches Plätzchen finden im Marbella-Club.
Der Arbeitsplatz von Jacques Chirac im Elysee-Palast läßt kaum Wünsche offen, außer daß er vielleicht nicht ganz so geräumig ist wie der von Luciano Pavarotti auf der Bühne der Mailänder Scala. Wie man sieht, können Menschen aus den verschiedenen Schichten schon einen Arbeitsplatz finden, der sich von den üblichen, von der Gewerkschaft so hochgejubelten Plätzen am Hochofen und in den Kohlengruben sehr positiv abhebt.
Aber gerade solche Leute, die doch einiges zu verlieren hätten, gehen nur selten auf die Barrikaden, um für das Recht auf den Arbeitsplatz zu demonstrieren. Sie haben eben schon erkannt, daß man die Launen des Schicksals ohne Protestgeschrei und billige Polemik auf sich nehmen und in Würde tragen muß. Eine noble Haltung, von der sich die Schwellenleger und Stahlgießer mal bei Gelegenheit eine Scheibe abschneiden könnten!
Immerhin, es ist zu bemerken, daß der Arbeitsplatz an sich dem Highlife nicht unbedingt und in jedem Fall abträglich sein muß. Aber es kommt ja auch noch schlimmer.
Irregeleitete Fanatiker aus diversen politischen Lagern fordern auch noch das Recht auf Arbeit! Womit sie natürlich das Volk verunsichern. Alles, was die Menschen wirklich wollen, ist ein regelmäßiges Gehalt – aber können sich diese Funktionäre nicht endlich etwas anderes einfallen lassen, um dieses Ziel zu erreichen, als den Umweg über die Arbeit?
Zum Glück ist auf diesem Gebiet einiges in Bewegung geraten. Während konservative Kräfte noch eisern an der Arbeit festhalten, hat sich die sozialdemokratische Fraktion bereits entschlossen, der menschenunwürdigen Forderung nach Arbeit das Recht auf Einkommen entgegenzusetzen.
Natürlich kann man Vorurteile nicht von heute auf morgen abbauen, und so sprechen auch fortschrittliche Politiker, wenn sie

das Recht auf Einkommen meinen, offiziell noch von einem Recht auf Arbeit. Heimlich aber möchten sie diesen Begriff stückweise aus der Welt schaffen. Schon in den späten neunziger Jahren könnte durch sukzessive Arbeitszeitverkürzung der ganzjährige Urlaub bei vollem Lohnausgleich erreicht werden.
In der jetzigen Übergangszeit freilich gibt es noch einige Schwierigkeiten mit Leuten, die weder Arbeit noch Einkommen haben. (Wobei der Verlust der Arbeit, wie gesagt, nicht die eigentliche Tragödie ist, denn es gibt genügend Menschen auf dieser Welt, die tapfer und ohne zu klagen von den Zinsen leben.)
Die gemeinhin als »Arbeitslose« bezeichneten Opfer irgendwelcher wirtschaftlicher Notwendigkeiten haben nun eine Menge Zeit, dem Staat zur Last zu fallen. Und wenn das auch nicht alle freiwillig tun, ganz verzichten will doch keiner darauf. Genauso, wie der Staat nicht ganz auf Arbeitslose verzichten kann, denn sonst hätten die Politiker überhaupt keine vernünftigen Wahlkampfargumente mehr. Deshalb wird sich auch in Zukunft die Lage der Arbeitslosen nicht sonderlich verbessern, und wir können alle Leser, die an einem echten Highlife interessiert sind, nur davor warnen, diese Laufbahn einzuschlagen.
Lassen Sie sich auch nicht von Politikerversprechen und Zeitungsberichten einwickeln! Denn selbst wenn einmal etwas für die Berufsgruppe der Arbeitslosen getan wird, geschieht es wieder ohne vorherige Beiziehung des gesunden Menschenverstandes. Ein Beispiel aus den Niederlanden illustriert das perfekt.
In Holland will man Arbeitslose als Sicherheitsbeamte einstellen – sie dürfen dann an dunklen Grachten Streife gehen oder wertvolle Besitztümer bewachen. Bezahlung gibt es dafür freilich keine, nur die staatliche Arbeitslosenunterstützung läuft weiter.
Also was die Holländer sich da ausgedacht haben, ist doch Käse! Diese wahrscheinlich von Rembrandts »Nachtwache« inspirierte Idee ist doch für keine Seite befriedigend. Die armen Kerle sollen arbeiten, ohne dafür entlohnt zu werden, und der Staat muß an Leute, die einen festen Job haben, Arbeitslosenunterstützung zahlen. Dümmer geht's doch eigentlich gar nicht.
Unser Vorschlag lautet daher: Die Arbeitslosen sollen als Einbrecher und Handtaschenräuber angestellt werden! Damit sichern sie sich selbst ein leistungsbezogenes Einkommen, und der Staat spart viele Millionen Unterstützungsgelder.
Man fragt sich bloß, weshalb das den Verantwortlichen in Den Haag nicht von allein eingefallen ist – selbst ein Holländer kann doch nicht ständig mit einem Deich vorm Kopf umherrennen!

Karriere im Geheimdienst?

Wer das schnelle Geld im Auge hat, sieht oft im Beruf des Spions oder Geheimagenten seine große Chance. Nach einer gründlichen Schulung durch mehrere James-Bond-Filme fühlt sich der Durchschnittsbürger in der Lage, die wichtigsten nachrichtendienstlichen Tätigkeiten auszuführen. Nämlich, in den schönsten Gegenden der Welt die schönsten Frauen zu verführen und nebenbei hin und wieder die ekelhaftesten Feinde der freien Welt mit idiotensicheren elektronischen Spielzeugen der wohlverdienten Nemesis anheimzustellen.
Allerdings spielt sich dieser interessante Beruf nicht immer auf derselben Ebene ab, und wer wirklich Geld und Ruhm erwerben will, muß sich seinen Auftraggeber schon gut aussuchen. Wer etwa dem deutschen Bundesnachrichtendienst als Oberamtsrat zur Verfügung steht, darf sich kaum Hoffnung darauf machen, daß er demnächst zur Rettung der westlichen Welt die Spielbank von Monte Carlo sprengen oder Grace Jones zum Frühstück bei Tiffany's führen darf. Er muß schon froh sein, wenn er mal als »agent provocateur« gut vermummt einen Schnapsladen in Kreuzberg plündern oder als Hydrant verkleidet das Fahrrad von Petra Kelly überwachen darf.
Andererseits haben deutsche Geheimagenten eine hohe Lebenserwartung, denn kein Gegner macht sich die Mühe, jemandem mit Gewalt Geheimnisse zu entreißen, die schon am Ortsende von Pullach nur noch Unterhaltungswert haben.
Französische Geheimagenten werden vom Staat auch nicht gerade mit Millionen überhäuft, aber sie dürfen wenigstens zur Abwechslung dann und wann eine politisch mißliebige Person in ihre Einzelteile zerlegen oder gemeingefährliche Umweltschützer in die Luft jagen. Das dient zumindest der inneren Bereicherung.
Der englische Geheimdienst ist besonders berühmt, und so ist es auch schwer, dort Aufnahme zu finden. Nur wer nachweisen kann, daß er die feinsten Schulen absolviert hat, Kommunist und homosexuell ist, wird nach einem strengen Ausleseprinzip akzeptiert. Die berühmtesten Mitglieder des britischen Geheimdienstes sind heute freilich schon in der Rente und nur noch in der Ortsgruppe MI 5 des Seniorenbundes in Moskau tätig.
Der israelische Geheimdienst gilt als der beste der Welt. Da seine Agenten aber tatsächlich Spionage betreiben, schweben sie dauernd in höchster Gefahr und werden gerne auf unschöne Art

ins Jenseits befördert, was ja auch nicht gerade zur Hebung der Lebensqualität beiträgt.
Man sieht hier schon: Ruhm und Reichtum erwarten im Staatsdienst nicht einmal den Spion. Die meisten großen Spione arbeiten denn auch eher freischaffend und ohne Pensionsanspruch. Wobei es sich wieder empfiehlt, nicht für das eigene Land, sondern dagegen zu spionieren.
Möglichkeiten dazu gibt es praktisch überall, und der Einstieg ist denkbar einfach. Man reiht sich geduldig in die Schlange vor der russischen Botschaft ein und wartet, bis man einen Auftrag bekommt.
Allerdings sind übertriebene finanzielle Hoffnungen fehl am Platz. Die Russen sind äußerst sparsam. In amerikanischen Gefängnissen sitzen einige Lebenslängliche, die mit dem Honorar für ihre Spionagetätigkeit nicht einmal die Anwaltskosten dekken konnten.
Und die Zeiten werden immer härter. Sergeant Clayton John Lonetree von den US-Marines, der in Moskau vom KGB angeheuert wurde, erhielt lediglich 3 500 Dollar und als Bonus noch etwas Sex von einer Zärtlichkeitsspezialistin des Kreml.
Bei der fallenden Tendenz des Dollars und dem Ruf, den die marxistisch-leninistische Erotik genießt, war dagegen sogar Judas mit seinen 30 Silberlingen noch gut bedient!
Der Durchschnittsspion darf seine Erwartungen also nicht zu hoch schrauben. Das wirklich große Geld würde der KGB nur für einen Mann zahlen, der direkt an den Schaltstellen der Macht, im Nationalen Sicherheitsrat oder in der Regierung der Vereinigten Staaten, sitzt. Aber wer dort einmal sitzt, braucht nicht mehr in die Ferne zu schweifen, sondern kann seine kleinen Gefälligkeiten für noch mehr Geld direkt an amerikanische Konzerne verkaufen. So riskiert er nichts und steht immer als guter Patriot da.
Amerika bietet seinen Konfidenten natürlich mehr. Wenn sie es schaffen, mit ein paar interessanten Dossiers aus Rußland herauszukommen, kriegen sie schon ein bißchen Bares auf die Hand.
Und die Möglichkeit zu kleinen Nebenverdiensten. Arkadi Schewtschenko beispielsweise hat allein für Buchrechte 150 000 Dollar kassiert und für die Filmrechte noch einmal 450 000 Dollar. Für seine Vorträge blättern interessierte Kreise bis zu 12 000 Dollar pro Stück hin. Der goldene Westen ist also keine reine Utopie!

Aber das sind Einzelfälle. Und Voraussetzung dafür ist, daß der Überläufer den Eisernen Vorhang weit hinter sich gelassen hat. Wer in Rußland mit einer Quittung der CIA in der Tasche erwischt wird, ist ein toter Mann. Wie Oleg Penkovsky, der noch zu Lebzeiten seiner eigenen Feuerbestattung beiwohnen durfte.
Das Leben des Spions ist also durchaus abwechslungsreich, aber doch nicht hundertprozentig empfehlenswert. Das Familienleben leidet darunter, denn welche Ehefrau glaubt schon, daß Sie noch einen toten Briefkasten treffen mußten, wenn Sie ein paar Tage zu spät von der Arbeit nach Hause kommen? Ihre Kinder leiden unter dem Spott der Schulkameraden und müssen sich jedesmal verhöhnen lassen, wenn irgendein Geheimdienstler mit dem vergifteten Regenschirm zufällig den Falschen erschießt oder sich irrtümlich zwei Monate lang selbst überwacht! Die Mutter jammert, daß ihr Sohn kein Arzt oder Anwalt geworden ist, weil das auch nicht viel unmoralischer ist und doch mehr Geld einbringt. Und der Vater belegt Ihnen anhand der Geschichte, daß Spionage nichts anderes ist als Indianerspielen für Erwachsene und noch nie einen echten Einfluß auf Krieg und Frieden hatte.
In unseren Breiten muß man sich eine solche Karriere deshalb zweimal überlegen. Im Ostblock ist das anders. Da man in sozialistischen Ländern kaum die Möglichkeit hat, durch den Betrieb einer Hamburger-Schnellbraterei, als Punk-Rocker oder Visagist an die Spitze der Gesellschaft vorzustoßen, bietet die Laufbahn im Geheimdienst doch gewisse Verlockungen. Aber die östlichen Spionageorganisationen unterscheiden sich ja auch ganz wesentlich von den unseren. Erich Mielke, DDR-Minister für Staatssicherheit, definiert das so: »Die Arbeit sozialistischer Kundschafter entspricht zutiefst dem humanistischen Wesen für die Interessen der Völker, gegen Krieg und Kriegsgefahr, für das friedliche Leben der Menschen und hat nichts gemein mit den friedensbedrohenden und menschenfeindlichen Aktivitäten imperialistischer Geheimdienste, die kompromißlos bekämpft werden.«
Wer außerhalb des Ostblocks logiert, sollte also diese Branche lieber nicht in Erwägung ziehen. Zuviel Zores für zuwenig Zaster! Gewiß, der Chef des Secret Service und der Direktor der CIA leben auch knapp oberhalb der Armutsgrenze, aber Milliardär geworden ist durch den Geheimdienst bisher doch nur ein einziger Mann: Albert Broccoli, der Produzent der James-Bond-Filme!

Wie man sich ein Stück vom Highlife abschneiden kann

Auch die Chirurgie kann zum Traumberuf werden, wenn man nur weiß, an wem man sein Messer wetzt. Am besten, man geht immer der Nase nach, dann kann man sich bald ins Highlife von St-Tropez werfen.
Beate Wedekind berichtet in der Gesellschaftsspalte »Mein Rendezvous« von so einem Fall: »Wo Dr. Ivo Pitanguy, der brasilianische Schönheitschirurg auftaucht, ist er von schönen Frauen umgeben.«
Der Weg vom Hersteller zum Verbraucher wird eben immer kürzer.

Weshalb man wenigstens einmal im Leben Politiker gewesen sein sollte

Politiker zu werden ist nicht unbedingt erstrebenswert. Erstrebenswert ist es, ein gewesener Politiker zu werden!
Während seiner Amtszeit hat ein Politiker oft die größten Schwierigkeiten. Die beginnen schon mit dem Amt, für das ein Politiker ja nicht im geringsten qualifiziert ist. Ministersessel und andere heißbegehrte Positionen werden ja prinzipiell nie mit Fachleuten besetzt, sondern mit Parteimitgliedern. Hauptsächlich solchen, die von der sogenannten »Funktionärskrankheit« befallen sind. Dabei kommt es zu einer Verschiebung der menschlichen Grundstruktur: das Rückgrat fehlt, dafür sind die Ellbogen besonders stark ausgebildet.
Daß Parteipolitik von manchen Staatsbürgern rundweg als Geisteskrankheit abgetan wird, muß man allerdings aus wissenschaftlicher Sicht ablehnen. Für eine Lungenkrankheit braucht man Lunge, für eine Zuckerkrankheit braucht man Zucker, also braucht man wahrscheinlich auch für die Geisteskrankheit etwas, was nicht mit der Parteilinie in Einklang zu bringen ist.
Aber zurück zu den wirklichen Handicaps der Politiker. Der Mangel an Fachwissen, Allgemeinbildung, Sprachkenntnissen, Verantwortungsbewußtsein, Weitblick und Menschenähnlichkeit bereitet dem professionellen Bonzen noch relativ wenige schlaflose Nächte.
Aber die politische Arbeit an sich ist kein Honiglecken. Erstens

artet der Beruf tatsächlich in Arbeit aus, wenn man mit einigem Ehrgeiz bei der Sache ist. (Und weshalb sollte man ohne Ehrgeiz Politiker werden?)

Mit einer 3-Stunden-Woche, wie er sie seinen Wählern verspricht, kommt ein Minister, Kanzler oder Staatsoberhaupt sicher nicht aus. Das bedeutet praktisch den Verzicht auf ein trauliches Familienleben, wodurch dann Frau und Kinder oft irgendwie unter die Räder kommen. Die Gattin des philippinischen Präsidenten Marcos wurde zur Schuhfetischistin, Ronald Reagans Sohn ist Tänzer und Hannelore Kohl zeigt sich öffentlich an der Seite ihres Mannes.

Muß man noch mehr sagen?

Tatsächlich, das muß auch der eifrigste Kritiker konzedieren, wird ein hochrangiger Politiker von Arbeit aufgefressen. Dazu kommt noch, daß es eine äußerst degoutante und unerfreuliche Arbeit ist. Um an die Spitze zu kommen, muß er sich mit lallenden Dorftrotteln verbrüdern und sabbernde Kleinkinder küssen. Um an der Spitze zu bleiben, muß er sich mit großkotzigen Schrotthändlern verbrüdern und feiste Hinterteile küssen. Er muß bis zur Heiserkeit lügen, schmutziges Geld annehmen und mit der einzigen Sekretärin schlafen, die als völlig vertrauenswürdig gilt. (Die Dame stammt aus der Zarenfamilie, ist zirka 120 Jahre alt und Salmonellenausscheiderin. Sie stenografiert nur cyrillisch, trägt Reizwäsche aus Barchent und hat gerade ihre vierten Zähne bestellt. Im übrigen ist sie natürlich, wie alle völlig vertrauenswürdigen Personen, das Patenkind von Mischa Wolf und wurde erst kürzlich vom DDR-Staatssicherheitsdienst zum Major befördert, weil sie in jahrelanger Arbeit die EG-Normen über den Mindestgehalt von Farbstoffen in aufblasbarem Kaugummi kopiert und dem bösen Feind ausgeliefert hat.)

Was die Tätigkeit eines Politikers aber vollends inakzeptabel macht, ist die Tatsache, daß er bei der Ausübung derselben ständig in der miesesten und langweiligsten Gesellschaft verkehren muß. Also mit Berufskollegen.

Für all das bezieht er ein – relativ – bescheidenes Gehalt und, nicht genug damit, relativ bescheidene Spesen, Spenden und Schmiergelder.

Und muß sich Tag für Tag von der oppositionellen Sudelpresse – die es in zahlreichen westlichen Staaten noch immer ungestraft gibt – mit Schimpfwörtern belegen lassen, die er selbst höchstens bei der Beschreibung seines politischen Gegners angewandt hätte.

Nein, und nochmals nein! Das ist kein Beruf für einen, der zu leben versteht. Oder überhaupt irgendwas versteht!
Nur leider hat es bisher fast niemand geschafft, ein gewesener Politiker zu sein, ohne Politiker gewesen zu sein. Das ist eben das Risiko, das man bei diesem Traumberuf tragen muß. Ein Vergleich mit dem Eislaufen liegt nahe. Erst wenn man die Pflicht hinter sich hat, kommt die Kür.
Es gibt natürlich gewesene Politiker, die begnügen sich mit den Abfertigungen und Pensionsansprüchen aus ihrer staatserhaltenden Tätigkeit. Nichts leichter als das, denn die meisten Staaten sorgen dafür, daß ihre Diener den Lebensabend in der Hängematte, gut zugedeckt mit höheren Banknoten, sorglos vor sich hin schaukelnd verbringen können.
Aber die wirklich cleveren Burschen nehmen nicht nur diese sauer verdienten Almosen mit, sondern scheiden so rechtzeitig aus dem Amt, daß sie endlich mit der Karriere beginnen können.
In Amerika ist dieses System bereits perfektioniert. Man dient eine Zeitlang – schlecht bezahlt – im Weißen Haus, und dann benützt man die erworbenen Fähigkeiten, um etwas zu werden.
Der Justizminister geht in ein Anwaltsbüro, der Verteidigungsminister wird Waffenhändler, der Finanzminister wird Bankpräsident. Genauer gesagt: Lobbyist für eine Interessengruppe. Ob das die Interessen der Vereinigten Emirate, der Chase Manhattan Bank oder der Unabhängigen Strumpfbandhersteller betrifft, ist egal.
Nebenbei wirken die Gewesenen noch als Universitätsdozenten und Vortragsreisende, Berater undefinierbarer Art oder Bestsellerautoren. Als Beispiele genügen:

Pierre Salinger
Spiro Agnew
John Ehrlichmann

Daß sie ausgerechnet Thriller schreiben, wird ja kein Zufall sein!

In anderen Staaten sind die Gewesenen noch nicht ganz so weit. Wir wollen jetzt gar nicht unzivilisierte Nationen betrachten, die ihre ehemaligen Politiker an die Krokodile verfüttern, am Halse aufhängen, bis daß der Tod eintritt, oder ihnen gar das Schweizer Konto sperren lassen. Aber da es in Mitteleuropa beispielsweise an echten Lobbys gebricht, bleiben an sich nur zwei ansprechende Möglichkeiten:

a) Bestsellerautor (Bruno Kreisky, Helene von Damm usw.);
b) die landesüblich überbezahlten Posten: Aufsichtsrat, Vorstandsmitglied, Herausgeber, Konsulent usw. (Namen können aus Platzmangel hier nicht genannt werden).
Mit einem Wort: Das große Geld ohne irgendeine Anstrengung kommt erst nach der politischen Tätigkeit.
Ob man nun in irgendeinem Ausschuß, einem Aufsichtsrat, einem Komitee oder einem hochsubventionierten Verein vor sich hin döst – das bringt! Ob das nun »Europarat« heißt oder »Aids around America«, »Deutsche Bierhefe e. V.« oder »Initiative L. m. i. A.« – ein Platz am Tisch ist immer frei.
Präsident des roten, blauen, grünen oder Haken-Kreuzes, Chef der Nationalbank oder Aufsichtsratsvorsitzender der staatlichen Vierradwerke ist das mindeste, womit sich der Gewesene abfinden muß. Und wenn man von einem gar nicht weiß, wozu er sich eignen könnte, steckt man ihn eben lebenslänglich in eine Anstalt. Wozu wären die staatlichen Rundfunk- und Fernsehanstalten sonst da?
Je mehr Erfahrungen er während seiner politischen Tätigkeit gesammelt hat, desto lukrativer wird natürlich der spätere Posten. Vor allem, wenn er alles gesammelt hat, was er über seine Parteifreunde und Gegner in Erfahrung bringen konnte. Denn das liebe alte Sprichwort »Wissen ist Macht« bedeutet ja heute nicht mehr, daß man die »Encyclopaedia Britannica« auswendig können muß, man kann sich ganz auf das Wesentliche konzentrieren. Zum Beispiel, wer welchen Dreck unter wessen Teppich gekehrt hat.
Aber keine Angst. Selbst wenn man gar nichts weiß, wird man nicht allzutief fallen. Schließlich weiß ja niemand, was man weiß, und Vorsicht ist die Mutter der Privilegien.
Außerdem: wer immer gerade oben ist, wird dafür sorgen, daß seine Vorgänger nicht unter die Armutsgrenze absinken. Schon um kein Exempel zu setzen, denn schließlich werden auch die Nachfolger einmal Vorgänger sein und ihrerseits einen vergoldeten Lebensherbst anstreben.

Auch fanatische Anhänger der Theorie, daß alle gleich sind, werden zugeben müssen, daß sich zumindest in diesem Punkt der Politiker sehr wohl vom Menschen unterscheidet. Der normale Staatsbürger versucht durch seine Tätigkeit Geld zu verdienen und fällt nach seiner Pensionierung dem Staat zur Last. Der Politiker fällt durch seine Tätigkeit dem Staat zur Last und versucht nach seiner Pensionierung Geld zu verdienen.

Und nur das ist der richtige Weg! Wenn Sie noch Zweifel haben, stellen Sie einen beliebigen Straßenbahnschaffner und einen beliebigen Abgeordneten nebeneinander. Der Vergleich macht Sie sicher!

Noch viel schöner leben mit:

GABEL UND MESSER

Der Spatz in der Hand
ist sicherlich besser
als die Taube auf
dem Dach.
Aber wer beides
probiert hat,
kommt doch wieder auf
den Fasan im Speckhemd
zurück!

Peter Bernd

Haute cuisine für jedermann

Das kulinarische Erlebnis, darüber gibt es keinen Zweifel, ist ein wesentlicher Bestandteil des Highlife. Freilich konnte bisher nicht jedermann den Gourmet so richtig aus sich herauslassen, denn die Spitzenköche waren dünn gesät, und die Feinschmekkerlokale haben eine Reihe von Abwehrmaßnahmen ersonnen, um die hungrige Laufkundschaft zu entmutigen.

So sind die meisten der berühmten Restaurants relativ klein und Tischbestellungen unbedingt erforderlich. Manchmal bis zu sechs Wochen im voraus – eine ausgesprochen sadistische Idee, denn wer weiß schon, ob er in sechs Wochen überhaupt noch Appetit hat?

Konnte man tatsächlich einen Platz ergattern, tritt die zweite Abschreckungsmaßnahme in Kraft: Das Personal tritt als Force de frappe gegen den Nahrungsheischenden an. Der Türsteher mustert den Eintretenden von Kopf bis Fuß und bringt dann mit einem Blick voll grenzenloser Enttäuschung, stumm, aber unerhörbar, seine Meinung zum Ausdruck: Eigentlich ist unser Lokal viel zu schade für solche Gäste!

Das Servierpersonal schließt sich spontan dieser Meinung an und bemüht sich, ungeduldig und herablassend jeder Bestellung auszuweichen, um dem Gast von vornherein klarzumachen, daß er qualitativ weit unter dem Niveau des Tagesmenüs liegt.

Dann kommt noch der Sommelier und beweist dem Gast, daß er auch vom Trinken nichts versteht. Und wenn der Kellermeister dann mit unsagbarer Verachtung auf dem edlen Antlitz einen Piccolo um den gewünschten Wein schickt, ehe er sich vor Grauen geschüttelt abwendet und den Rückzug in sein Reich antritt, geschlagen wie einst Napoleons Grenadiere vor den Toren Moskaus – dann ist ohnehin die festliche Stimmung schon ein wenig im Eimer.

Bleibt der Gast aber hartnäckig, dann bleibt dem Gastronomen nur noch eine letzte furchtbare Abwehrwaffe: der Preis. Da scheidet sich die Spreu vom Weizen und der Genießer vom Größenwahn.

Besteht also gar keine Chance, daß jedermann zum Gourmet werden kann? Im Gegenteil! Denn Hochmut kommt bekanntlich vor dem Fall, und die Superstars von Topf und Pfanne werden bald wieder in die Niederungen der Realität herabsteigen müssen. Denn gerade weil dieser Beruf so hochgejubelt wurde, wird es bald eine Unzahl guter Köche geben – aber niemanden

mehr, der ihre Phantasieprodukte an den Mann bringt. Diese Entwicklung läßt sich aus einem einfachen Beispiel herauslesen: Im Vienna Hilton haben sich unlängst hundert junge Männer beworben, um Koch zu werden. Aber nur zwei als Kellner!
Aber was nützt einem Lokal der beste Küchenchef, wenn niemand mehr das Essen serviert?
Für die Gourmetlokale sieht es düster aus, und bald werden auch die renommiertesten Köche vom hohen Roß herunterkommen müssen und sich der neuen Marktlage anpassen. Und dann wird auch für den Mann mit der kleinen Brieftasche der Traum vom großen kulinarischen Erlebnis wahr: in der Cafeteria Laserre, im Selbstbedienungslokal von Bocuse, in Alain Senderens Schnellimbiß und im Automatenbüffet »Tour d'Argent«.

Küchengeheimnisse – schonungslos enthüllt!

Leider kann auch ein so umfassendes Werk wie dieses keine vollständige Aufklärung über die Geheimnisse der modernen Gastronomie bieten.
Wie man arglistige Krustentiere vernascht oder sich stilgerecht um die Begleichung der Zeche drückt, muß der Leser auch weiterhin den einschlägigen Ratgebern für das gute Benehmen entnehmen, die alljährlich in großer Zahl von ehemaligen Gräfinnen oder Hochstaplern auf den Markt geworfen werden.
Hierorts reicht der Platz nicht einmal aus, um alle Fachausdrücke zu übersetzen, die eine Speisekarte heute ebenso spannend und niveauvoll machen wie die Lektüre des »Ulysses« von James Joyce. Da aber in zunehmendem Maß auch Vollakademiker dem Hungertod preisgegeben sind, wenn sie ohne fremde Hilfe ein Gourmet-Lokal betreten, wollen wir wenigstens mit einigen kleinen Hinweisen aushelfen.
Zum Glück sieht man ja den meisten Speisen schon an, was sie sein wollen.
Wenn sie flüssig sind, handelt es sich gerne um Suppen, Saucen oder Sorbets. Freilich kann es auch die Hauptspeise sein, die dem pürierlüsternen Koch etwas zu dünn geraten ist.
Bei Speisen, die sich ausgesprochen langsam über den Tisch bewegen, handelt es sich entweder um Schnecken oder um Camembert. Hier entscheidet die Geruchsprobe: Die Schnecke riecht nach Knoblauch, der Camembert nach sich selbst.

Wenn der Ober beginnt, gynäkologisches Spezialbesteck auszupacken, besteht der nächste Gang meist aus alten Bekannten, denen man als Sporttaucher im letzten Urlaub begegnet ist. Wer schon damals fand, daß sie scheußlich aussehen, kann feststellen, daß sie inzwischen nicht schöner geworden sind.

Auch Fleisch ist in der neuen Küche noch vertreten, egal ob es sich um ein Lendenstück von der Heuschrecke oder ein Nierchen vom Milchlamm handelt, Hauptsache, es ist schön blutig.

Alles, was gut gekocht oder gebraten ist, schickt der Fachmann zurück und läßt es vom Koch in Topf und Pfanne so lange überarbeiten, bis es so richtig roh ist, daß auch der Feinschmecker Gefallen daran findet.

Aber betrachten wir die Probleme doch anhand eines konkreten Menüs. Es dreht sich dabei um ein pfingstliches Galadiner im Wiener SAS-Hotel, das zugunsten der Kinderhilfe stattfand.

Apropos: Eine ganz neue Methode, nach der man hungernden Kindern auch helfen kann, ohne sich selbst den Bauch vollzuschlagen, hat bei ersten Testversuchen in der Wohltätigkeitsbranche wenig Anklang gefunden, weshalb auch in den nächsten Jahren das große Fressen die marktbeherrschende humanitäre Idee bleiben dürfte.

Was man für einen guten Zweck so alles in Kauf nehmen muß, ist keine Kleinigkeit. Da gab es: Dialog von Mastgansleber, Wüstküstensuppe St-Michel, pochierten Lachs in Basilikumobers, Sorbet von roten Fliederblüten, Herstück vom Ochsenfilet auf Sauce bordelaise und ein Dessertpotpourri.

Für Leute, die nicht regelmäßig solche Dinge zu sich nehmen, um den Hunger in der Welt zu bekämpfen oder arme Negerkinder mit warmen Wollsocken zu versorgen, sind das natürlich böhmische Dörfer. Fangen wir mit dem Einfachsten an: daß sich ein Lachs in Basilikumobers so wohl fühlt wie ein Fisch im Wasser, ist bekannt. Daß man zu einem zünftigen Sorbet rote Fliederblüten braucht, ist nicht zu leugnen – der weiße Flieder ist für Schlagersänger reserviert.

Hingegen überrascht, daß man vom Ochsenfilet nur das Herstück serviert hat – werden die Hinstücke einfach weggeworfen?

Ein Dessertpotpourri braucht man nicht lange zu erklären: das findet immer statt, wenn nach reichlichem Alkoholgenuß die Gäste bereits zum Nachtisch fröhliche Lieder anstimmen.

Ehrlich in Verlegenheit bringt uns allerdings die Wüstküstensuppe. Ist das eine normale Küstensuppe, in die man kleine Wüstchen hineingeschnitten hat? Oder handelt es sich um eine

Originalspezialität, die nur an der Küste der Wüste wächst? Vielleicht ist es gar ein besonders appetitanregender Druckfehler, hinter dem sich eine Wurstkistensuppe verbirgt, oder die beliebte Kunstbüstensuppe mit Silicon-Einlage?
In diesem Fall kann wirklich nur eine persönliche Geschmacksprobe Aufklärung bringen. Was dem Laien allerdings noch mysteriöser erscheint, ist der Dialog der Mastganslebern. Muß man sich wirklich bieten lassen, daß eine Stopfleber die Tischgespräche an sich reißt? Und was hat uns die ausgefressene Innerei eigentlich zu sagen? Damit diese Fragen ein für allemal beantwortet werden, haben wir mit verstecktem Mikrofon ein solches Gespräch belauscht.
Kurz die Szenerie: Trudi und Tallulah, zwei übergewichtige Gänselebern aus dem Elsaß, begegnen einander auf einem Teller im SAS-Hotel.

Trudi: Hallo, Leber!

Tallulah: Bonjour, mon cœur! Wie geht's?

Trudi: Je länger, je Leber! Aber ich bin überrascht, dich hier zu sehen. Ich hab gar nicht gewußt, daß du auch in Wohltätigkeit machst.

Tallulah: Mit Vorliebe! Da trifft man immer so viele Prominente. Der Kerl, der da vor uns sitzt, soll eine ganz faszinierende Leber haben!

Trudi: Ich weiß, ein richtig harter Brocken soll das sein!

Tallulah: Trudi, ich hab plötzlich so Seitenstechen – der Mann geht mit der Gabel auf mich los – jetzt steckt er mich in den Mund – Trudiiiiiii ...

Trudi: Blöde Gans! Wenn die Kerle unsereinen einmal zu einem feinen Essen einladen, dann erwarten sie eben mehr als einen geistreichen Dialog. Das solltest du in deinem Alter auch schon wissen, aber manche ...

(Der Rest ist Monolog von der Mastgansleber.)

Vom Geist der Kochkunst

Einen guten Koch zu haben war einst ein Statussymbol. Heute ist es auch ein Statussymbol, ein guter Koch zu sein. Diese Zunft hat einen enormen Aufschwung genommen, und bald wird sie von der Küche in die Salons überwechseln, als Aufputz der High-Society. Das Personal wird zum Gast, und das geschieht ihm ganz recht. Dann müssen die Köche als Eingeladene verzehren, was ihnen vom Küchenchef des Gastgebers vorgesetzt wird, und so büßen sie ihre Sünden gegen das Fleisch und andere Gottesgaben wenigstens einmal teilweise wieder ab.

Nicht, daß sie dadurch bescheidener würden. Denn die großen Köche sind Künstler und stolz auf ihr Werk. Und wenn ein Pinselstrich mißlingt – oder sagen wir es brutal: wenn ein Hauch Thymian zuviel über dem Fasanenbrüstchen schwebt –, dann ist das für sie eine Katastrophe, die jedes Erdbeben in Ekuador zur Idylle degradiert.

Und gegen den kreativen Professionalismus am Küchenherd ist ja auch nichts einzuwenden. Schlimm ist nur, daß die Köche, die ihren Koriander aufs Milligramm berechnen können, gesellschaftlich ihr eigenes Maß nicht kennen. Statt still und fröhlich einzusehen, daß sie im Grunde nur der Peristaltik Vorschub leisten, betrachten sie sich langsam als Nabel der Welt und erwarten schon zwischen Vorspeise und Suppe den Nabelpreis. Schuld daran sind die Gastro-Kritiker, die in letzter Zeit so stark grassieren. Diverse Journalisten, die aufgrund ihrer Fähigkeiten den sicheren Hungertod vor Augen hatten, kamen nämlich auf eine Idee, wie man sich gratis den Magen vollschlagen und in der Folge am guten Essen auch noch verdienen kann.

Sie begannen Kochlöffel, Kochmützen oder Kochschürzen zu verteilen. Und anstatt dem Wirt Messer und Gabel in den verlängerten Rücken zu jagen, belohnten sie ihn in Zeitschriften und Büchern mit so einer Besteckssammlung, wenn er ihnen das Petersilienparfeit so recht temperiert serviert hatte und noch ein Kistchen Champagner zum Drüberstreuen spendierte.

Man muß den Geschmackstestern freilich eine Prise Mißtrauen entgegenbringen. Schließlich wurde ihr Gaumen von niemandem getestet, sie haben sich vielmehr selbst zu Gourmet-Päpsten gesalbt, mit Gänseleber und Basilikumschaum. Und warum sollte Herrn Müller ausgerechnet schmecken, was Herrn Millau schmeckt?

Außerdem hängen die Urteile von Eßtestern oft mehr vom Na-

men des Restaurants oder des Küchenchefs ab als von den angebotenen Speisen. Ohne diese kleinen Hilfsmittel wüßten sie oft gar nicht, ob sie nun die Schneckeneier auf Wachteldreck einer Portion Gummibärchen auf Fliegenpapier vorziehen sollten.
So sind beispielsweise zehn Eßtester, die mit verbundenen Augen feststellen mußten, welche Delikatessen am besten zu einem kalifornischen Edel-Champagner passen, zu überraschenden Ergebnissen gekommen. Getrüffelte Gänseleber und Schnecken hatten keine Chance, gebackene Fischstäbchen triumphierten über Kaviar, und Kentucky Fried Chicken siegte spielend über Canard à l'orange. Soviel zum absoluten Geschmack!
Daß der Einfluß der Gastro-Kritiker von Jahr zu Jahr zunimmt, zeigt also nur, wie wenig die Menschen unserer Zeit ihren eigenen Empfindungen vertrauen, wie wenig sie auf ihr eigenes Urteil geben. Gut, sie werden schon wissen, warum – aber müssen sie es gleich so deutlich zeigen? Da können die Gourmet-Päpste doch nur größenwahnsinnig werden, wenn ihre Opfer soviel Geld für kulinarische Führer ausgeben, um herauszufinden, ob es im Grand Vefour oder im Tour d'Argent besser schmeckt, daß sie dann zu Hause bleiben und Bratwurst mit Kohl mampfen müssen!
Und dennoch ist das System richtig. Denn ein Fünfsternerestaurant macht zwar nicht unbedingt mehr aus dem Stockfisch oder dem Kalbskopf, der dort serviert wird, aber aus dem, der dort ißt. Der Gast bezieht die Auszeichnung auf sich selbst, darauf, daß er so geschmackvoll, so wissend war, in diesem Lokal zu essen. Noch lange nach dem Diner liegt der Abglanz jener fünf Sterne über ihm, und selbst in dunkelster Nacht erinnern ihn noch das kleinste Sodbrennen und der feinste Furz daran, welch verteufelter Gourmet er doch wieder einmal gewesen ist.
So sind denn auch die Gastro-Kritiker unbedingt notwendig, um den sich so rasch vermehrenden Zeitgenossen, die über mehr Geld als Geschmack verfügen, den rechten Weg zu weisen. In ihrer Art sind sie heute schon beinahe so unentbehrlich wie Kunstkritiker, Soziologen, Visagisten, Fernsehpfarrer und Frühstücks-Designer.
Ganz so bedeutend sind die großen Köche natürlich nicht, denn sie sind ja schließlich nur die Erfindung der Gastro-Kritikaster. Schon der Umstand, daß ein Koch eine gediegene Ausbildung braucht, stellt ihn unter den Kritiker, der ja nur eine gediegene Einbildung braucht und ohne billige Hilfsmittel wie Schweiß, Fleiß und Kreativität auskommt. Und wenn sich die Super-Köche heute auch lieber in ihrem Ruhm als im Glanz ihrer Brat-

pfanne sonnen, selbst der gemeine Verzehrer kann bei ihnen so manches Haar in der Suppe finden.
Schon beim ersten Auftreten der Nouvelle cuisine bemerkten bodenständige Genießer, daß es sich dabei wohl mehr um Art deco als um Kochkunst handelt. Das dekorative Element war dem kulinarischen deutlich überlegen, denn das auf einem Mimosenblatt servierte Nachtigallenbrüstchen, halb verdeckt von einem in Hummersud gegarten Reiskorn, mußte man sicherlich eher der bildenden Kunst zurechnen als der sattmachenden.
Natürlich verwendete die Nouvelle cuisine nur das Frischeste vom Frischen und das Feinste vom Feinen, Hummer und Kaviar, Fasan und Fisch, Morcheln und Trüffeln, erlesene Kräuter und seltene Gewürze – und das wurde dann meist zerkleinert und verfeinert, bis eine Art Mampf entstand, der sich außer im Preis kaum von erstklassigem Tapetenkleister unterschied. Diese Masse wurde dann in eine Linse gefüllt, mit Orchideenblütenpollenstaub gratiniert und dann frisch und fröhlich, wie Gott sie schuf, dem Gast als Abendessen serviert.
Sobald das den Reiz des Neuen verlor, war es damit natürlich vorbei. Selbst der Hohepriester des Kochlöffels, Paul Bocuse, der sich mit Soupe aux Truffes Valerie Giscard d'Estaing in die Ehrenlegion gekocht hat, sagt über die Nouvelle cuisine inzwischen ungefähr dasselbe wie früher seine Kritiker. Aber er hat dafür schon wieder einen neuen Trend gestartet, den man vielleicht Nouvelle conserve nennen könnte – er füllt seine Cuisine für das gemeine Volk auch in Dosen ab. Auch die Marke »Maxim's« beispielsweise kann man heute als Fertiggericht ordern, und Wolfgang Puck, der geniale Koch vom »Spago« in Hollywood, will groß ins Tiefgefrorene einsteigen. Joël Robuchon will das breite Publikum, das in seinem Pariser Feinschmeckertreff »Jamîn« keinen Platz findet, künftig mit Essen auf Rädern versorgen. Vorgekochte Mahlzeiten aus seiner Küche, die sich ohne Kälte und Konservierungsmittel acht Tage lang halten, sollen auf der Strecke Paris–Strasbourg angeboten werden.
Wird die ermäßigte Rückfahrkarte der Französischen Staatsbahn künftig zum Statussymbol der Jeunesse dorée?
Jedenfalls sieht man aus solchen Beispielen, daß die Nouvelle cuisine nicht so ernst gemeint war, denn das ganz große Geld wird doch eher auf die herkömmliche Art gemacht.
So dürfen auch Gourmets heute ruhig wieder zur klassischen Küche greifen, ohne fürchten zu müssen, daß die gute Gesellschaft mit Fingern auf sie zeigt. Sogar sich satt zu essen gilt nicht mehr un-

bedingt als Schande. Der Name des Kochs, von dem man sich den Bauch vollschlagen läßt, macht freilich noch immer den Ruf des Feinschmeckers aus.
Aber die Küchenchefs haben sich ja ihren Ruhm auch nicht von ungefähr erworben. Sie sind nun einmal die Genies, die auch die kniffligsten kulinarischen Probleme zu lösen wissen. Zeitungsberichten zufolge war Paul Bocuse nicht einmal um eine Antwort verlegen, als man ihn anläßlich des Prozesses gegen Kannibalen-Kaiser Bokassa um die besten Beilagen zu Menschenfleisch befragte. Schade, daß sich der schwarze Monarch nicht rechtzeitig bei ihm erkundigt hatte, denn die traditionelle afrikanische Art konnte den Chef des »Bocuse« in Colonges-Au-Mont-D'or nicht recht begeistern. Bocuse meinte nämlich, eine Füllung aus Reis und Brotteig sei zu stärkehaltig, exotische Früchte hingegen brächten einen Touch von Nouvelle cuisine.
Solche Fachkenntnisse müssen selbst den letzten Zweifler bekehren. Und wer bisher immer behauptet hat, die Millionäre mit den Kochmützen, denen die Welt heute zu Füßen liegt, wären nur eine alberne Zeiterscheinung – zum Untergang verurteilt, sobald die Menschheit bemerkt, daß es neben der Darmfüllung noch eine Reihe anderer Probleme gibt –, hat sich gewaltig getäuscht.
Gerade wenn die Zeiten schlechter werden und die Menschen einander gegenseitig auffressen, wird unsere Lebensqualität in noch höherem Maß vom guten Geschmack der Herren Bocuse und Co. abhängen.

Wie hält man die Küche frauenfrei?

Ehe noch die Frauenrechtlerinnen auf die Barrikaden gehen, weil auch hier – wie übrigens in allen Berichten über die Kochkunst – keine Frauen zum Zug kommen, muß es einmal gesagt werden: das hat einen Grund!
Auf allen Gebieten des täglichen Lebens – vom Büro bis zum Bett – spielt die Frau heute ihre natürliche Überlegenheit aus. Die Kirche und die Küche sind die einzige Zuflucht, die dem Manne noch geblieben ist, und diese letzten Bastionen verteidigt er mit Klauen und Zähnen.
Da die Kirche keine große Zukunft hat, muß er sich besonders auf die Küche konzentrieren. Kirchenfürsten werden schließlich

doch nur in sehr begrenztem Umfang gebraucht, und außerdem ist es allemal noch leichter, jemandem ein Hammelragout schmackhaft zu machen als diverse Äußerungen von Johannes Paul II. – was bleibt dem Mann also anderes übrig, als sich hinter dem Herd zu verkriechen?
So hat sich denn heute auch die Relation zwischen Kirchenfürsten und Küchenfürsten leicht zugunsten der letzteren verschoben. Mitra und Toque haben ungefähr gleichgezogen, und drei Kochhauben im Gault-Millau wiegen einen Kardinalshut im Konklave auf. Und hätte das berühmte »Letzte Abendmahl« erst kürzlich stattgefunden, dann wären die Berichte der Chronisten ganz anders ausgefallen als seinerzeit in der Bibel.

»Gefillte Fisch, Mazzes und koscherer Carmel-Wein waren die kulinarischen Highlights beim letzten Abendmahl in Jo Goldenbergs weltberühmtem Spezialitätenlokal. ›Man braucht wirklich nicht von Pontius zu Pilatus gehen, um zu wissen, wo es schmeckt‹, schrieb einer der Gäste dem Küchenchef ins Stammbuch und drückte damit wohl die allgemeine Ansicht über das Lokal, das kürzlich erst im Gault-Millau als Amusant va-et-vient, erwähnt wurde, aus. Neben zahlreichen Aposteln wurde in der illustren Schmauserunde auch der bekannte Philosoph Jesus Christus gesehen, der in gutinformierten Kreisen als künftiger Spitzenkandidat der Christlich-Sozialen gehandelt wird. Zum Abschluß des gelungenen Abends stellten sich die Prominenten willig der Kamera – Bild unten:
Von links nach rechts: Judas Ischariot, Jo Goldenberg, Jesus Christus. Foto: Leonardo da Vinci für Agence France Presse.«

Aber genug der Tatsachen, hier soll eigentlich eine Theorie entwickelt werden, nämlich weshalb Frauen bislang keinen Zugang zu den höheren Weihen der Kochkunst gefunden haben. Gewiß, es gibt einige wenige, von denen man heimlich mit Achtung spricht. Aber in der Fachliteratur erkennt man schon am Titel »Die großen Köche Frankreichs« oder »Die großen Köche der Welt«, daß die Küche nicht das Revier der Frau ist. Um dieses Phänomen zu erklären, gab es auch schon bislang eine Theorie: Frauen können nicht kochen.
Das würde natürlich alles erklären, aber wenn die Theorie nicht irgendwo ein Loch hat, wäre die Menschheit ja längst ausgestorben. Denn seit Jahrtausenden war es üblich, daß der Mann zwar die Beute nach Hause brachte, die Zubereitung aber der Frau

überließ. Daraus resultiert die Frage: Ist das Weib an sich so blöd, daß es selbst nach 1 000 Jahren Konditionierung zum Küchendienst dem Manne unterlegen sein muß, der nach drei Jahren Kochschule ein Tira-mi-su auf den Tisch zaubert, wo selbst dem Michelin vor Begeisterung die Reifen platzen?
Ganz kann das wohl nicht stimmen. Wahrscheinlich kommen auf 15 Spitzenköche 7 Millionen Spitzenköchinnen. Aber da die Damen es versäumt haben, Chef de cuisine oder Restaurantbesitzer zu werden, und statt dessen für eine nirgends erwähnenswerte Bande von verfressenen Familienmitgliedern kochen, kommen sie auch nicht in den Genuß öffentlicher Ehren. Wahrscheinlich liegt es in der weiblichen Natur, daß sie duldsam und gefügig dem Mann noch ein kleines Fleckchen zur Selbstverwirklichung läßt – zwischen Topf und Pfanne.
Die Männer sollten das als Liebesbeweis hinnehmen und jedes zähe Steak und jeden nicht servierten Froschschenkel als zärtliche Geste genießen. Denn wenn sie der normalen Hausfrau eine ähnliche Küche einrichten wie in ihrem Lieblingsrestaurant und das Haushaltsbudget nach den Preisen von »Maxim's« ausrichten, dann würde so manche unbesungene Hausfrau die weltberühmten Chefs in Grund und Boden kochen.
Um nur ein warnendes Beispiel zu erwähnen: Ein französischer Top-Gastronom wie Joël Robuchon träumt noch immer von der Küche seiner Mama und ißt privat das, was seine wunderbare Frau kocht!
Das könnte jedem von uns passieren, wenn wir den Damen die Nahrungszubereitung nicht ein bißchen erschweren. Man halte sich immer vor Augen, was Shakespeare in seinem »Hamlet« schon ein wenig verklausuliert angerissen hat: »Es gibt mehr Dinge zwischen Suppe und Dessert, als sich unsere Schulweisheit träumen läßt!«
Möglicherweise könnte auch Frauen dazu einiges einfallen, wenn man es ihnen gestattet.
Glücklicherweise gibt es ein probates Mittel, um dem Mann wenigstens sein letztes Revier zu erhalten. Man kann fast jede Frau von ihren Experimenten am eigenen Herd abhalten, indem man sie in ein Fünfsternelokal führt. Daß dort ein Mann regiert, wird, wenn es ein Witzigmann ist, nicht einmal mehr einer professionellen Feministin den Appetit rauben!

Warum stirbt der Stammgast aus?

Wer in einem Lokal wirklich gut bedient werden will, sollte dort Stammgast sein. Hart ist das nur am Anfang, wenn man noch kein Stammgast ist und genauso brutal abgespeist wird wie ein x-beliebiger Tourist. Wer in dieser kritischen Phase gleich wieder aussteigt und sich woanders übers Ohr hauen läßt, bringt es nie und nirgends zum Stammgast, denn das Ausleseverfahren ist in allen Restaurants beinhart und in etwa mit der Spezialausbildung einer Anti-Terror-Einheit vergleichbar.

Wer sich aber von militanten Oberkellnern, fliegenden Untertassen und raffinierten Giftmordversuchen nicht abschrecken läßt, kann mit der Zeit sogar cholerischen Kellnern und abgebrühtem Küchenpersonal einen gewissen Respekt abringen. Und plötzlich, irgendwann, wenn er es schon gar nicht mehr erwartet hat, wird er akzeptiert. Seufzend, aber selbstverständlich wie das Wetter, die Gicht und der Benzinpreis.

Er ist Stammgast und genießt damit einige Privilegien. In Österreich wird er ab sofort Herr Professor, Herr Doktor oder Herr Kommerzialrat genannt. Je nach Höhe der Trinkgelder. In Italien wird er vom Wirt zur Begrüßung geküßt. In Amerika darf er das Essen sitzend einnehmen. In Frankreich empfiehlt ihm der Küchenchef etwas wirklich Gutes – zum Beispiel ein anderes Lokal. In Japan fragt man ihn, ob es geschmeckt hat, und wenn nicht, macht der Koch als Nachspeise die Spezialität des Hauses: Harakiri.

In aller Welt hat der Stammgast also gewisse Vorrechte, er ist sozusagen der Schoßhund der Gastronomie. Und in Zukunft werden Stammgäste wohl noch mehr Streicheleinheiten genießen dürfen als je zuvor. Denn sie machen sich rar. Zum Teil ist dafür das Finanzamt verantwortlich, das ist eine weltweite Erscheinung. Alle Nationen haben plötzlich leere Kassen – an sich ein ökonomisches Phänomen, denn eigentlich müßte doch irgendwer das ganze Geld haben, das den anderen fehlt. Nach herkömmlicher Denkungsart können doch nicht alle verarmen, ohne daß dabei irgend jemand reich wird. Aber vielleicht haben unsere Wissenschaftsfachleute das inzwischen auch schon geschafft!

Jedenfalls brauchen alle Finanzminister Geld, und das sparen sie uns gerne vom Mund ab. So wurden in Amerika die Abschreibungsmöglichkeiten von Geschäftsessen auf 80 Prozent reduziert, und das hat einige Restaurantbesitzer schon an den

Rand des Abgrunds getrieben, denn an Gästen, die lediglich ein bißchen am Hungertuch herumnagen, kann der Wirt sich keine goldene Nase verdienen.
Noch schlimmer ist es beispielsweise in Dänemark, einem Land, wo die letzten Genießer dieser Welt zu Hause sind und wo sich praktisch alles ums Essen und Trinken dreht. Dort hat man den steuerlichen Absetzbetrag für das Business-Essen – und Essen ist das wichtigste Business für die Dänen – von 75 auf 25 Prozent herabgesetzt. Das ist wahrhaftig ein Schlag ins Gesicht, und zwar direkt zwischen die Zähne!
Und wie Brigitte Aabo in »Politiken« berichtet, könnten die Auswirkungen katastrophal sein. »Frokost-Krise bedroht 5 000 Arbeitsplätze« lautet ihre Schlagzeile. Und der Chef vom Gyldne Fortun in Kopenhagen meldet bereits 20 Prozent Umsatzeinbuße. Aber was noch schlimmer ist: Verschiedene Firmen beginnen nun schon, sich eigene Köche zu halten und die notwendigen Fressereien firmenintern und voll absetzbar zu veranstalten.
Hier droht der Gastronomie ein wahrhaft tödlicher Schlag. Wenn Danilo eines Tages nicht mehr singt: »Heut geh ich ins Maxim . . .«, sondern »Heut geh ich zu Bang & Olufsen«, wenn Paul Bocuse eines Tages nur noch für Thomson-Brandt kocht, Eckart Witzigmann für Opel und Wolfgang Puck für die Walt-Disney-Productions, wird sich die internationale Gourmet-Szene völlig verändern. Zwar würden wieder dieselben Gäste in den Genuß der Spitzenküche kommen – das Geld regiert eben die Welt –, aber Wolfram Siebeck müßte die Werkskantinen testen, Edmund Ronay multinationale Konzerne miteinander vergleichen und der Michelin seine Kochlöffel an IBM und ITT verteilen.
Und die vielen mittleren Restaurants würden vom Erdboden verschwinden.
Um solchen Entwicklungen entgegenzusteuern, wird die Gastronomie den Stammgast in Zukunft noch heftiger verwöhnen als bisher. Vor allem, weil das nicht die einzige Gefahr ist, denn Stammgäste sterben auch aus einem anderen Grund aus. Gemeint ist jetzt nicht das, was ihnen in ihren Stammlokalen vorgesetzt wird, sondern der sogenannte »Beisel-Boom«. Täglich eröffnet irgendwo ein neues In-Lokal seine Pforten. Und das muß man ausprobieren, wenn man mitreden will. Mexikanisch, melanesisch, rätoromanisch, grusinisch oder mit Spezialitäten aus Burkina Faso – egal ob man das mag oder nicht, es gehört zur

gesellschaftlichen Verpflichtung, da muß man sich durchbeißen. Das Rotationsprinzip siegt über das Beharrungsvermögen.
Es könnte also in Zukunft so weit kommen, daß die Wirte ihren Stammgästen eine Pension bezahlen oder zumindest nach jedem Besuch ein kleines Trinkgeld in die Hand drücken.
Freilich, ehe man sich vom Arbeitsamt für einen Teilzeitjob als Stammgast vermitteln läßt, sollte man seinen Arbeitsplatz genau unter die Lupe nehmen. Nicht alles, was auf den ersten Biß einen guten Eindruck macht, ist auch von Dauer. Denn heutzutage laufen nicht nur die Gäste den Stammlokalen davon, sondern manchmal auch die Lokale den Stammgästen. So begab sich das alte Restaurant aus dem Pariser Eiffelturm, in 11 000 Teile zerlegt, auf die Reise über den Atlantik und ließ sich in der St. Charles Avenue von New Orleans als »Le Restaurant de la Tour Eiffel« häuslich nieder.
Für Pariser, die ihrem Stammlokal weiterhin treu bleiben wollen, geht die Anfahrt, selbst wenn sie eine verbilligte Monatskarte für die Metro haben, jetzt doch sehr ins Geld.

Wie man durch das richtige Frühstück seinen Tag verschönen kann

Zwölfeinhalb Milliarden Dollar hat McDonald's, das größte Ausspeisungsunternehmen der Welt, im Jahr 1986 eingenommen. Kein Wunder, denn 95 Prozent aller amerikanischen Konsumenten besuchen mindestens einmal jährlich den Tempel des Big Mac, und der durchschnittliche Kunde kommt gar zwanzigmal im Jahr. Ein Viertel aller Amerikaner, die außer Haus frühstücken, tun es bei McDonald's.
Natürlich war das nicht immer so. Noch 1860 begann ein Yankee seinen Tag völlig anders. Damals bestand sein Frühstück aus: schwarzem Tee und Toast, Rührei, frischem Süßwasserhering, Wildtaube, Schweinsfüßchen, zwei Wanderdrosseln auf Toast und Austern.
Mit diesem Unfug hat die Neuzeit endgültig Schluß gemacht. Kein Feinschmecker muß heute mehr, schon am frühen Morgen, fürchten, daß ihm die Wanderdrosseln über den Toast latschen. Oder daß ihn das Frühstück durch seinen intensiven Eigengeschmack von der Lektüre der Börsenkurse ablenkt. Der Genuß ist voll durchrationiert. Schließlich ist Zeit das kostbarste

Gut des Menschen – und wer möchte schon länger als unbedingt notwendig bei McDonald's sitzen?
Die Gourmets im Hackfleisch-Tempel kennen das Rezept zum Wohlbefinden: Augen zu, Mund auf. Den Zweck-Mac einfach in die Schnauze schieben, zweimal kauen und mit Alka-Seltzer nachspülen. Das ist nicht nur ein kulinarischer Genuß, sondern verleiht einem auch die nötige Einstellung, um den Straßenverkehr, die politische Korruption, den Verlust des Arbeitsplatzes und den eigenen Ehepartner wieder als die kleinen Annehmlichkeiten des Lebens zu empfinden. Nach Wildtauben und Austern am Morgen fällt erfahrungsgemäß der Rest des Tages stark ab. Nach einem Frühstück bei McDonald's hingegen kann doch eigentlich alles nur noch besser werden!

Wie löst man Ernährungsprobleme?

Früher hieß es eindeutig: »Hunger ist der beste Koch.« Dank der hervorragenden Aufklärungsarbeit diverser Freßpäpste weiß man heute jedoch: Alain Senderens vom »Lucas Carton« und Joël Robuchon vom »Jamîn« sind noch besser.
Nichts gegen den Hunger, aber er ist eben nur dort wirklich Spitze, wo er hingehört, nämlich zu den armen Leuten.
Ernährungsprobleme gibt es freilich auch in anderen Schichten, und so ist im Gefolge der Köche eine neue Wachstumsbranche entstanden: die Diätspezialisten. Vor allem in den USA. Wo sonst?
Dort gehen die Leute ja auch zum Psychiater und erwerben für viel Geld irgendeinen schicken Komplex, der die Leere ihres Daseins ausfüllt.
Und wenn sie an der Leere keinen Spaß mehr haben, bekämpfen sie zur Abwechslung mal die Fülle – natürlich mit Hilfe eines Diätspezialisten.
Die neuen Gurus der Ernährung haben neben den alten Methoden natürlich auch sehr originelle Innovationen anzubieten. So rät eine Spezialistin für etwa 40 Dollar pro Sitzung beispielsweise der Patientin, sie solle sich vorstellen, daß dicke fette Zellen ihr die Zunge zeigen, wenn sie etwas Falsches ißt. Diesen Hohn hält eine sensible Lady natürlich nicht aus, wirft das Schnitzel über die Schulter und verbeißt sich in ein Sauerampferblatt, bis den bösen Zellen Tränen der Enttäuschung aus den Fettaugen quellen.

So ist jedem gedient. Die Kunden verlieren Pfunde, und die Diätspezialisten gewinnen Dollars.
Wir müssen also den Wirtschaftstheoretikern keinen Glauben mehr schenken, wenn sie behaupten, nur der Konsum könne die Konjunktur beleben. Die kulinarische Enthaltsamkeit kostet genausoviel und ist im Begriff, ein Big Business zu werden. Und auf jeden Fall klingelt es in der Kasse, wenn man es so macht wie jener weltbekannte Nahrungsmittelkonzern, der neben den handelsüblichen Fettmachern auch Schlankmacher im Angebot hat: vorsichtshalber hat er sich nämlich die »Weight Watchers«-Organisation gekauft.
Ernährungsprobleme gibt es also in allen Schichten. Und wie gerecht es auf der Welt zugeht, sieht man schon, wenn man die Bilder von Marlon Brando und einem namenlosen äthiopischen Kleinkind vergleicht. Denn ob zuviel oder zuwenig: beides treibt den Bauch auf! Aber Ernährungsprobleme sind eben eine zutiefst menschliche Angelegenheit. Ein Tier weiß, wann, was und wieviel es zu fressen hat. Eine blöde Kuh braucht keinen Diätspezialisten, und der saudumme Schabrackentapir braucht auch als Bewohner der Dritten Welt keine Hilfsgüter.
Es war dem menschlichen Geist vorbehalten, das Problem der Nahrungsmittelaufnahme auf ein gehobenes Niveau zu bringen. Und jene feinen Unterschiede zu setzen, die unsere Gesellschaftsstruktur so interessant machen.
Deshalb darf man auch nicht immer wieder diese fiesen Vorurteile gegen die Überflußgesellschaft auspacken. Junge Idealisten von den Roten Brigaden, die vor dem Cocktail noch rasch eine Bank überfallen, damit sie sich einen neuen Maserati kaufen können – ein beliebtes Symbol der internationalen Solidarität des hungernden Proletariats –, sehen das oft einseitig.
Die Kapitalisten hätten ja gar nichts dagegen, daß auch Völker der Dritten Welt Erdbeeren mit Schlagsahne essen. Nur wächst das Zeug in der Sahelzone einfach nicht! Und verkaufen können wir's ihnen auch nicht, weil sie kein Geld haben.
Aber wenn wir es ihnen schenken, dann gewöhnen sich die armen Teufel widerwillig daran, hören auch noch auf, das letzte bißchen Kohl auf ihrem Land zu züchten, und warten einfach, bis die Caritas oder Karlheinz Böhm wieder Erdbeeren mit Schlagsahne vorbeibringen. Ganzen Völkern hat man auf diese Art schon den letzten Rest von Selbständigkeit und Eigeninitiative geraubt. Der positive Effekt von humanitären Hilfsmaßnahmen ist also auch nur ein vorübergehender.

Realistisch gesehen wird es für die Welternährungsprobleme nie eine befriedigende Lösung geben. Zumal ja heute nicht mehr wie in früheren Tagen die Natur die Armen noch ärmer macht, sondern die Politik. Und selbst wenn es sich letztendlich um Naturkatastrophen handelt, die das Ernährungsproblem noch verschärfen, so haben diese doch meist politische Ursachen – etwa die Bevölkerungsexplosion, die Abholzung der Regenwälder, das Versanden des Nildeltas, die Zerstörung der Ozonschicht oder das Wachsen der Wüstengebiete.
Freilich fällt der politische Hintergrund dabei nicht so stark auf wie in manch anderen Situationen. Die Hungersnot in den libanesischen Palästinenserlagern Anfang 1987 ließ sich ganz leicht erklären: Schiitische Amal-Milizen, ganz von irgendeiner heiligen Mission durchdrungen, schnürten die Lebensmittelversorgung ab.
Es kam so weit, daß die hohe islamische Geistlichkeit von 20 000 Bewohnern des Lagers Bourdj el Baradjnek ersucht wurde, eine religiöse Verordnung zu erlassen, die »den belagerten Palästinensern erlaubt, sich vom Fleisch jener zu ernähren, die keine Kraft mehr haben, am Leben zu bleiben«. Angesichts der Lage wurde ihnen dieser Wunsch gewährt.
Wieder ein Fortschritt, an den man früher nicht zu denken gewagt hätte: Im 20. Jahrhundert wurde endlich der Kannibalismus sanktioniert!
Sollte das nicht auch für andere religiöse und politische Führer ein Fingerzeig sein, wie man die Ernährungsprobleme doch noch in den Griff kriegen könnte?

Glück und Gewicht – leicht ist das nicht!

Wie schon erwähnt, sind die Nahrungsmittel auf der Welt ungleich verteilt. Aber deshalb sollte man nicht gleich wieder alte Vorurteile von Revolution und Umsturz aufwärmen, denn nicht nur die Völker der Dritten Welt leiden darunter, sondern ganz besonders wir!
Schließlich: was kann einem denn schon groß passieren, wenn nichts da ist, das einen daran erinnert, was einem fehlt? Aber wir müssen täglich dem Überfluß ins Auge sehen, werden ständig mit der Nase daraufgestoßen, daß wir mehr haben, als wir bewältigen können. Darunter leiden die Staaten ebenso wie die

einzelnen Individuen. Bei Staaten, weil sie größer sind, ist das Leid natürlich auch größer. Und am größten bei Staatengemeinschaften, etwa bei der EG. Wohin mit den landwirtschaftlichen Produkten? Die paar Tonnen Tomaten, die aufgebrachte Bauern alljährlich ihren Lieblingspolitikern nachschmeißen, die paar hundert Fässer Wein, die sie über die Autobahn kippen, die paar Festmeter Sauerkraut, die sie dem Minister vor die Haustür karren, das ist doch nur ein Tropfen auf den heißen Stein.

Dem tatsächlichen Überschuß ist auf so primitive Weise nicht mehr beizukommen. Und es wird immer unmöglicher. Der Butterberg zum Beispiel wächst und wächst. In der Bundesrepublik hat man versucht, wenigstens ein paar Gipfel abzubauen, indem man zur Weihnachtszeit Billigbutter für Pensionisten abgab. Auch das hat man nun eingestellt. Die Kosten der Aktion waren einfach zu hoch. Und man muß im Sommer schon so viel Geld für die Vernichtung von Obst ausgeben, daß man im Winter nicht auch noch Butter verschenken kann.

Obwohl der Laie ja nicht begreift, was an der Verbilligung der Butter so teuer ist, daß es die Lagerkosten des unverkäuflichen Produkts überschreitet – die Wirtschaftsfachleute werden schon wissen, was sie tun!

Und sie haben beschlossen, die Butter statt an ärmere Mitbürger an Kälber zu verfüttern. Das ist sicher eine blendende Investition für die Zukunft: Aus gutgefütterten Kälbern werden gutgefütterte Kühe, die geben mehr Milch, aus der man mehr Butter machen kann, um mehr Kälber zu füttern ...

Auch andere Produkte machen Sorgen, aber der menschliche Erfindungsgeist liegt ja, Gott sei Dank, nicht lahm. Wie die Kopenhagener Zeitung »Politiken« mitteilte, hat die dänische Volkskirche jetzt nach sorgsamer Überlegung ihren Segen dazu gegeben, Getreide als Brennstoff zu verwenden. Weil Zimbabwe soviel Korn produziert und an die afrikanischen Länder so billig verkauft, daß EG-Getreide verschimmelt. Jetzt wird es im Ishöj Varmevoerk verheizt. Was das Heizwerk sehr freut, denn Korn ist schon für 200 Kronen pro Tonne zu haben, während eine Tonne Kohle 1 100 Kronen kosten würde.

Freilich, das sind alles nur zaghafte Versuche, und ehe es nicht gelingt, eine Universal-Vernichtungsmaschine für landwirtschaftliche Produkte zu erfinden, wird man immer wieder den Menschen für diese Aufgabe heranziehen müssen.

Und wir müssen nicht nur die heimische Produktion wegputzen,

sondern – um die Weltwirtschaft vor dem Zusammenbruch zu retten – auch noch alles mögliche aus fernen Ländern, vom Haifischsteak bis zum Kiwi-Cocktail.
So etwas kann einem das Leben ganz schön vergällen, denn der Mensch ist doch schließlich nicht nur zum Fressen auf der Welt! Und als ob diese patriotische Pflicht nicht anstrengend genug wäre, wird man davon auch noch fett. Und muß sich von allerhand Besserwissern noch sagen lassen, daß man sich falsch ernährt. Daß man sich eigentlich für das Wohl der Nation aufopfert, nimmt nicht einmal die Wissenschaft zur Kenntnis. Das patriotische Übergewicht hat ein denkbar schlechtes Image, seit in der westlichen Zivilisation die elegante Schlankheit gefordert wird. Allerdings ist der Erfolg dieser Forderung gering, wie man besonders in den USA feststellen kann. Zwar sind 90 Prozent der Bevölkerung über ihr Gewicht entsetzt, aber außer den Bunnies im »Playboy«, die von Jahr zu Jahr dünner werden, sind kaum die angestrebten Modellkörper zum Vorschein gekommen. Im Gegenteil: nach letzten Untersuchungen ist Amerikas Jugend heute noch fetter als in den sechziger Jahren.
Aber wie soll man auch gleichzeitig den Überschuß an Schokoladetorten, Schweinshaxen und Pommes frites bewältigen und die Idealmaße französischer Mannequins erreichen? Die Wirtschaft hilft einem ja dabei – schon über den Preis. Im Yuppie-Gourmet-Feinkostladen in Racine gibt es jetzt schon Kartoffelchips für 18 Dollar *per lb.*, und der Preis für ein paar Dekagramm Schneckeneier bei Fauchon in Paris ist auch dazu angetan, mal einen kurzen Konsumverzicht einzuschieben.
Aber kurz darauf winken wieder irgendwo die knusprigsten Schnitzel, und nebenan fischt Fischers Fritz frische Fische – und schon fällt man in den alten Patriotismus zurück.
Warum also nicht gleich schlemmen, wenn es uns und der Allgemeinheit wohltut? Und gegen das Dickwerden kann man ohnehin nur herzlich wenig tun, zumal die natürliche Veranlagung da eine große Rolle spielt. Besonders jene Damen, die seufzend den Umfang von Schenkeln, Hüften und Gesäß registrieren, sollten sich nicht davon irritieren lassen: das ist Kismet! Oder wie Professor Per Björntop von der Universität Göteborg sagt: »Es scheint, als ob der Körper in diesen Regionen der Frau Fett als Reservedepot akkumuliert. Es ist dasselbe Prinzip wie bei den Kamelen!“
Solche Prinzipien wird man doch nicht von heute auf morgen über den Haufen werfen. Und da man bei Yves Saint-Laurent

als Frau sowieso keine Chancen hat, warum soll man sich nicht gleich zum Ideal eines Wüstenscheichs entwickeln?

Ob dick oder dünn – da kann uns die Wissenschaft viel erzählen. Wer im Einklang mit dem eigenen Körper lebt, kommt auch mit Fremdkörpern bestens zurecht. Ein Kilo mehr oder weniger spielt höchstens bei Sprengkörpern eine Rolle.

Da uns doch nichts anderes übrigbleibt, können wir gleich aus der Not eine Tugend machen. Wir können doch die Bauern nicht vor ihren vollen Schüsseln verhungern lassen. Im Sinne der Marktordnung müssen wir uns einfach durch alles durchbeißen, was uns die Agrarpolitiker bieten. Und Butter im Bauch ist noch allemal besser als Butter am Kopf.

Dann können wir abends unbesorgt in den Cholesterinspiegel blicken und sagen: Das ist ein Mensch. Einer, der sich sehen lassen kann. Das läßt sich gar nicht übersehen.

Gibt es ein unfehlbares Rezept zur Herstellung von weichen Eiern?

Natürlich! Man mietet sich in einem guten Hotel ein und bestellt zum Frühstück ein hartes Ei!

Gibt es ein unfehlbares Rezept zur Herstellung von harten Eiern?

Das ist schon komplizierter, aber auch dieses Problem läßt sich meistern: Man mietet sich in einem guten Hotel ein und verlangt zum Frühstück ausdrücklich ein weiches Ei.

Noch viel schöner leben mit:

HUND UND KATZ

Der Himmel entscheidet nach Gunst. Ginge es nach Verdienst, wärst du draußen und dein Hund drinnen.

Mark Twain

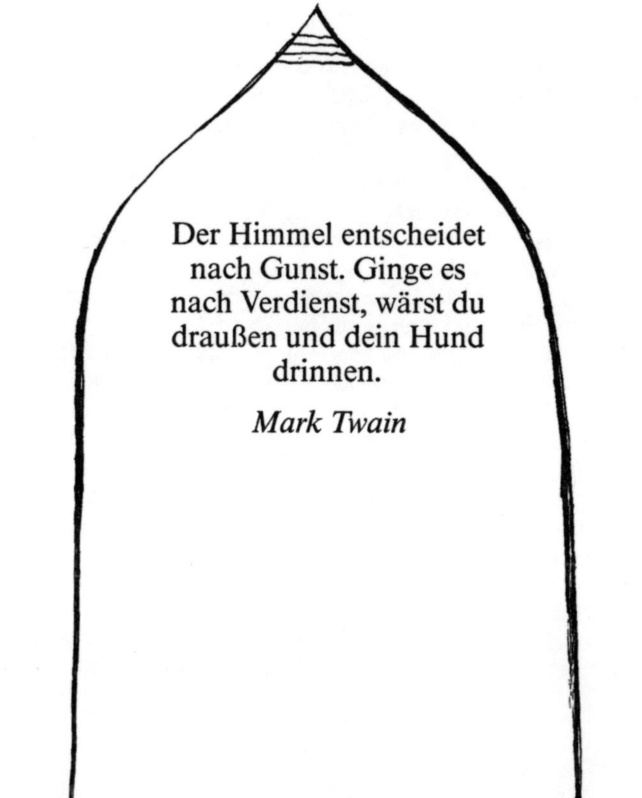

Freude am Tier

Wenn der Mensch zuwenig Gelegenheit hat, mit anderen Menschen Schindluder zu treiben, dann hält er sich ein Tier. Am liebsten in den eigenen vier Wänden, wo sich ja nun wirklich kein Lebewesen außer der Kakerlake und der Hauswanze so richtig entfalten kann.

Aber warum soll es den Tieren besser gehen als den Menschen?

Freilich hält man sich das liebe Vieh nicht immer nur aus Tierliebe. Der Landwirt beispielsweise hat eher die praktischen Gesichtspunkte im Auge. Der Hund bewacht den Hof, und die Katze geht um den heißen Brei. Die Kuh gibt Milch, und der Hahn ersetzt den Wecker. Das Schwein liefert den Schinken und das Huhn die Eier, so daß einer gepflegten Portion Ham and Eggs nichts mehr im Wege steht.

Allerdings werden die liebenswerten Vierbeiner auch in ländlichen Gebieten bald einen schweren Stand haben. Seit als Folge einer schwachsinnigen Agrarpolitik die Bauern dafür belohnt werden, wenn sie kein Vieh züchten und keinen Ackerbau betreiben, hängt die Existenz von Flora und Fauna an einem seidenen Faden. Und bald wird nur noch ein vereinzeltes Rindvieh, vom örtlichen Fremdenverkehrsverband gesponsert, am Rande einer Kunstschneepiste oder eines Plastikrasens mit müdem Muh den Skitouristen und Golfspielern vorgaukeln, daß sie sich mitten in der freien Natur befinden.

Im zivilisierten Westen also ist die Zeit vorbei, wo das Prestige des wackeren Landmannes noch an der Zahl der von ihm beherbergten Ferkel gemessen wurde. Ganz anachronistisch weht nur noch manchmal von der Pußta herüber das Lied des stolzen Schweinezüchters:

»Ja, das Schreiben und das Lesen
ist nie mein Fach gewesen.
Mein idealer Lebenszweck
ist Borstenvieh und Schweinespeck!«

Tatsächlich ist inzwischen die Schweinerei eine ganz andere geworden. Ohne Lesen und Schreiben geht es nicht mehr, wenn man den Sprung von der Landwirtschaft zur Subventionswirtschaft überstehen will. Und vor allem nicht ohne Rechnen!

Aber um endlich von den politischen Ferkeleien wegzukommen, wenden wir uns vom Nutzvieh ab und wieder den Kuscheltieren zu. Das sind diejenigen, die heute noch Freude und Klasse in unser Leben bringen können.

Allerdings ist die Tierliebe nicht überall auf der Welt gleich stark vertreten. Als absolutes Vorbild darf wohl Großbritannien angesehen werden, wie eine Umfrage der Zeitschrift »Options« erst kürzlich ergab. Dabei kamen erstaunliche Tatsachen ans Licht. Beispielsweise behaupten 94 Prozent der Briten, daß sie sich lieber mit ihren Haustieren beschäftigen als fernsehen.
Kein Wunder, denn daß ein Goldfischglas noch immer mehr Intelligenz ausstrahlt als der Bildschirm, ist inzwischen bekannt. Aber das Fernsehen ist ja ein junges Medium und könnte durch technische Neuentwicklungen durchaus an Beliebtheit gewinnen. Etwa wenn man beim Zuschauen statt des eigenen Hundes die Ansagerin auf den Schoß nehmen und streicheln könnte.
Die Hälfte der befragten Engländer gibt weiterhin an, Haustiere seien wichtiger als Geld. Aber das kommt eigentlich überall vor, daß eine Dame lieber ein paar Nerze im Haus hat als ein ausgeglichenes Girokonto.
Ein Drittel der Befragten gestand sogar, daß Tiere wichtiger für das persönliche Glück seien als Kinder oder Arbeit.
Wer die kleinen englischen Nazis kennt, die mit Fahrradketten und Totschlägern ihre Begeisterung für den Fußball dokumentieren, versteht die feine britische Zurückhaltung gegenüber dem Nachwuchs.
Und das mit der Arbeit ist wohl nirgends eine Frage: Selbst ein lahmer Papagei im Wohnzimmer macht glücklicher als acht Stunden im Bergwerk!

Mensch und Tier

Während in England die Tierliebe so groß ist, daß sich mancher Earl gleich 40 Rassehunde hält, die nichts anderes zu tun haben als ein-, zweimal im Jahr einen jungen Fuchs zu Tode zu hetzen, stoßen unsere animalischen Zeitgenossen in anderen Ländern oft auf Rüpelhaftigkeit und Unverständnis.
In Frankreich zum Beispiel waren die Katzen lange Zeit vogelfrei. Erst vor ein paar Jahren gründete Michel Cambazard ein »Komitee zur Verteidigung der Rechte freilebender Katzen« – die erste Interessenvertretung von 500 000 Streunerinnen in Paris. Erklärtes Kampfziel: Anerkennung der vierbeinigen Clochards als »chat-citoyen« und lebenslanges Wohnrecht in den städtischen Grünanlagen!

Vieles hat sich in Frankreich schon gebessert, seit Brigitte Bardot sich zur Jeanne d'Arc des Tierlebens gemausert hat. Lange Zeit hat man sie verkannt und als Sexsymbol abgestempelt – dabei suchte sie wahrscheinlich schon damals nur das Tier im Manne! Inzwischen schützt sie alles, was da kreucht und fleugt, besonders die Robbe. Vielleicht schafft sie es noch, daß sich der französische Dichter Alain Robbe-Grilette umtaufen läßt, weil sein derzeitiger Name doch irgendwie dazu angetan ist, rohen Menschen Appetit auf Seehundsbraten zu machen.
Daß es in der zivilisierten Welt den Feinschmeckern fast überall verboten ist, Katzen und Hunde zu futtern, versteht sich von selbst.
Andererseits kann es leider nicht verhindert werden, daß in den meisten Wohlfahrtsstaaten gewisse Kreise Katzen- und Hundefutter verspeisen. Besonders Rentner und Arbeitslose scheren sich keinen Deut darum, wie viele Haustiere hungrig ins Bett gehen müssen, wenn gierige Menschen die Kitekat-Regale im Supermarkt leerfressen. Daß man für diese Leute, die den Tieren ihre angestammte Nahrung vor der Nase wegschnappen, immer noch Entschuldigungen findet – soziale Umstände, neue Armut, alte Gewohnheit –, empört natürlich die Tierfreunde.
Aber vielleicht darf man einen Kompromiß vorschlagen, der zur allgemeinen Versöhnung beiträgt. Die Tierfreunde müßten nur dazu ermuntert werden, sich statt eines Pudels einen Armen zu halten. Man holt sich beispielsweise einen stubenreinen Arbeitslosen aus dem Asyl und gibt ihm ein warmes Plätzchen sowie das gewohnte Dosenfutter. Dafür wedelt der Hausmensch mit dem Schwanz, wenn Frauchen nach Hause kommt, und benimmt sich mehrmals am Tag possierlich.
Und wenn man genug Spaß mit ihm gehabt hat, setzt man ihn bei der nächsten Urlaubsreise am Rand der Autobahn ab, wie es schon bisher mit den normalen Haustieren praktiziert wird. Andere Urlauber greifen die umherirrenden Lebewesen gerne wieder auf, ganz egal, ob es sich um ein lahmes Käuzchen oder einen leicht verbogenen Elch handelt, und päppeln sie zu Hause wieder auf. Warum sollten sie nicht auch eine putzige Rentnerin oder einen schmucken Soziologiestudenten aufgreifen, um später, wenn der Liebling der Familie brav Männchen gemacht hat, den staunenden Gästen zu erzählen: »Ihr werdet es nicht glauben, wenn man ihn jetzt so sieht, aber den haben wir total verdreckt am Strand von Jesolo gefunden und durch den Zoll geschmuggelt. Die Leute da unten haben ja überhaupt kein Herz

für Menschen. Aber uns haben seine lustigen Ohren gleich so gefallen. Und er ist richtig gescheit. Manchmal hat man den Eindruck, er versteht jedes Wort!«

Wo der Tierfreund weint

Dem Tier geht es im Grunde wie dem Menschen: es muß verflixt aufpassen, wo es zur Welt kommt. Da ist es ein Segen und dort eine Last.

In Spanien zum Beispiel steht das Tier ziemlich gut da. Erst kürzlich tauschte eine Mutter drei Töchter gegen ein Schwein, zwanzig Schafe und ein paar Peseten in bar. Da hat ein Vierbeiner eben noch seinen Anwert. Töchter hingegen scheinen in den Dörfern um Sevilla sehr preisgünstig zu sein. Zum derzeitigen Kurs kommt so eine kleine Göre auf etwa eine gutgewogene Schweinshaxe, sieben Wollpullover und 500 Mark Trinkgeld. Soviel muß man bei einem deutschen Teenager allein in die monatliche Wartung investieren, und da ist der Anschaffungspreis noch gar nicht inbegriffen!

Ein Land aber sollten die Tiere meiden wie die Pest: Japan. Dort haben die Tierhasser eine so starke Lobby wie anderswo die Tierfreunde. Zwar wurde im Suginami-Viertel von Tokio jetzt ein Wohnblock errichtet, wo sich die Mieter Haustiere halten dürfen, was sonst praktisch überall verboten ist. Aber nicht nur der Ansturm auf diese Wohnungen war groß, auch die Proteste der Tiergegner.

Und so hat die Obrigkeit auch für dort strenge Regeln erlassen. Nur ein Tier pro Wohnung ist erlaubt. Wenn es sich dabei um einen Hund handelt, darf er nur 10 Kilo wiegen und höchstens 50 Zentimeter groß werden, sonst muß man ihn mit der Gartenschere zurechtstutzen.

Die Hunde dürfen nie Gassi gehen, müssen aber dafür einmal pro Monat zum Arzt. Wie das funktionieren soll, ist nicht ganz klar, aber vielleicht machen die japanischen Veterinärmediziner Hausbesuche.

Wenn der Hund durch Gebell stört, darf der Nachbar verlangen, daß ihm die Stimmbänder durchgeschnitten werden.

Und wenn einen der Nachbar stört, muß man ihn selber beißen, damit der Hund keine Schwierigkeiten bekommt.

Aber die freundlichen Japaner zeigen nicht nur den Haustieren,

wer die Hosen anhat. Auch Freiwild ist für sie Freiwild. So haben sie sich immer noch nicht damit abgefunden, daß sie nicht mehr wahllos Wale abschlachten dürfen, und obwohl auch das nicht erlaubt ist, jagen sie noch immer das klügste und liebenswerteste Tier der Welt, den Delphin. Dieses Wunderwesen, das seit Jahrhunderten durch alle Sagen und Legenden der Erde geistert, weil es dem Menschen immer wieder ein harmonisches Schöpfungsbild vor Augen führt, wird von den Söhnen Nippons fleißig gemeuchelt und zu Hundefutter verarbeitet. Was ja in einem Land, das auch keine Hunde duldet, dringend notwendig ist.
Ein weiteres beliebtes Opfer sind die letzten freilebenden Moschushirsche Südostasiens. Weil die Japaner daran glauben, daß das Brunftsekret dieser Tiere die Potenz steigert, wird brutal gewildert. Immerhin ist den Sexualathleten ein Kilo Moschus rund 12 500 Mark wert. Leider müssen dafür mindestens 40 Hirsche sterben. Aber die Japaner sind eben sehr naturverbunden. Sie glauben ja auch, daß Nashornpulver die sexuelle Potenz anheizt. Deshalb laufen heute so viele Nashörner umher, die ihre Hörner los sind, und so viele Japaner, die welche haben.

Die Klassenunterschiede im Tierreich

Einen äußerst geringen Prestigewert hat das Känguruh, denn schon »Brehms Tierleben« weiß zu berichten: »Man schilt den braven Esel einen geistlosen Gesellen, spricht von der Hirntätigkeit des Rindes mit Geringschätzung; beide aber erscheinen uns als Weise dem Känguruh gegenüber; denn diesem ist selbst das Schaf geistig bei weitem überlegen.«
Auch der Nasenbär scheint nicht der richtige Umgang für Intellektuelle, denn Brehm gibt eindeutig zu Protokoll: »Von einem so reizbaren, unbiegsamen Wesen wie dem Nasenbären läßt sich nicht viel Gelehrigkeit erwarten.«
Wer aber auf ein geregeltes Liebesleben Wert legt, sollte sich vor allem keinen Mandrill ins Haus nehmen, denn von ihm weiß Brehm zu berichten: »An gefangenen Mandrills beobachtet man nicht allein die zudringlichste Zuneigung zu Menschenweibern, sondern auch Eifersucht auf deren rechtmäßige Liebhaber. Sie werden rasend, wenn ein Mann solche Freundinnen von ihnen liebkost oder zu liebkosen vorgibt, und tragen ihm ein so großes Verbrechen sicherlich lange Zeit nach.«

So könnte man abschließend vielleicht sagen: Ein Tier bringt Freude und Geselligkeit ins Leben, aber es hat auch seine Schattenseiten.
Und selbst wenn es einen kleinbürgerlichen Eindruck macht, sollte man im Bedarfsfall eher auf die bewährten Haustiere wie Hunde, Katzen, Goldfische und Wanzen zurückgreifen.
Ein Panther am Plumeau oder ein Nilpferd in der Badewanne erregt zwar Ehrfurcht und Bewunderung im Bekanntenkreis, aber wenn man diese Tiere nicht ganz unter Kontrolle hat, könnte sich der Bekanntenkreis sukzessive verringern. Wilde Tiere sollte man also doch eher in verarbeitetem Zustand um sich scharen. Der Elefant etwa, der seine Wiedergeburt als Bechstein-Flügel erlebt, oder der Eisbär, der sein Fell als Bettvorleger zur Verfügung stellt, sind doch auf Dauer die angenehmsten Hausgenossen.
Am imageträchtigsten ist es natürlich, wenn man die exotischen Kreaturen selbst abgeknallt hat. Damit dokumentiert der Mensch nicht nur seine Überlegenheit über das liebe Vieh, er befreit es auch von den rauhen Lebensbedingungen in der freien Natur. Ausgestopft in einem gepflegten Salon zu stehen, das ist für ein Tier genauso ein Triumph wie für einen Pharao, wenn er gut bandagiert in seiner Pyramide weilt.
Und wer zu Hause gar keinen Platz hat, um seine Liebe zu exotischen Tieren zu dokumentieren, kann sich allemal noch ein paar Schuhe von Leonardo Pellinaci kaufen. Die sind zwar nicht billig, aber alle Leute, die sich nicht einmal einen einzigen Tapir leisten können, werden ihn beneiden. Denn er hat sogar ein Pärchen: einen rechten und einen linken!

Was nützt ein Kamel?

Manche Leute haben sich beim letzten Ölschock außer einem Koran und einem Burnus auch gleich ein Kamel angeschafft, um Anschluß an die bessere Gesellschaft zu finden. Mit sinkendem Ölpreis ist auch das Prestige der Araber gesunken, und nun steht so manches Kamel nutzlos in der Garage herum. Aber das macht nichts, die Tiere sind dauerhaft und halten bestimmt bis zum nächsten Ölschock. Wie man hört, sind Kamele auch im Futterverbrauch sehr sparsam. Unlängst fraß ein durchreisendes Kamel in Bielefeld einem Punker die grünen Haare vom Kopf.

Steuern Sie ihr Wüstenschiff also hin und wieder in ein Scene-Lokal, und lassen Sie es ein paar Punker abgrasen, dann werden Sie noch lange ihre Freude daran haben.

Darf's ein Krokodil sein?

Das Krokodil kommt in der Natur in verschiedenen Arten vor, hauptsächlich aber als Brieftasche oder Koffer. Diese Gattungen sind echte Prestigeobjekte und gehören deshalb in jeden besseren Haushalt. Manche Menschen prunken auch mit einem Krokodil auf der Brust. Diese Moderichtung nennt man »Post-Moderne«, weil sich heute schon jeder Briefträger damit schmückt.

Auf den Hund gekommen

Der Hund ist des Menschen bester Freund. Und das hat er auch verdammt nötig, denn sonst müßte er seine Steuer selbst bezahlen, und dann wüßte er erst, was ein Hundeleben ist.
Auch wäre ja außer dem Menschen kein Lebewesen so blöd, hinter einem anderen Lebewesen herzulaufen und dessen Exkremente säuberlich wegzuputzen, nachdem er ihm gerade 4 Kilo frische Steaks in den Rachen gestopft hat. Der Hund weiß also sehr gut, weshalb er sich beim Menschen beliebt macht, und wenn auch manch große Geister dem bellenden Vierbeiner einen eklatanten Mangel an Intelligenz vorwerfen – Goethe war zum Beispiel ein Hundehasser –, so weit reicht es bei Bello allemal, daß er weiß, wo Bartel die Steaks holt!
Ansonsten scheint es tatsächlich mit dem gesunden Hundeverstand nicht weit her zu sein, denn kein anderes Tier, von der Kellerassel bis zum Schabrackentapir, läßt sich vom Menschen derart mißbrauchen, nur damit es ein paar alte Knochen oder eine Dose Chappi vorgeworfen bekommt. Aber gerade das erklärt ja seine enge Beziehung zum Menschen, denn dieser verkauft ja bekanntlich auch für ein Linsengericht sein Erstgeburtsrecht und für ein Döschen Kaviar seinen Charakter.
Den Hund kann man also wie den Menschen zu allerlei sinnwidrigen Tätigkeiten abrichten. Dazu, daß er auf dem Schoß alter Damen sitzt und Pralinen mampft. Daß er in Hollywood-Fil-

men mitspielt oder verzweifelte Flüchtlinge in den Tod hetzt. Daß er für den Zoll arbeitet oder Sonntagsjäger unterstützt.
Natürlich kann man ihm auch humanistische Aufgaben zuteilen. Der wackere Bernhardiner, der gestrandete Alpinisten mit Brandy labt, oder der lebenslustige Bobtail, der jedem Uniformierten ans Bein pinkelt, sind durchaus begrüßenswerte Zeitgenossen.
Und all die vielen Hunde, die jenen einsamen, alten Menschen, von denen ihre Zeitgenossen nichts mehr wissen wollen, so gut sie können Familie und Freundeskreis ersetzen, haben sich sowieso die »Große Wurst am Band mit Eichenlaub und Schwertern« verdient.
Aber die wesentliche Aufgabe des Hundes ist ja heute eine andere. Er dient als Statussymbol. Und damit ist er natürlich auch der Mode unterworfen. Pudel und Pekinesen sind out. Das klassische Windspiel ist ungefähr so populär wie die Kameliendame und die Pocken.
Zwar werden noch massenweise allerlei Sorten Hunde aus dem Versandhauskatalog bestellt, aber das sind kurzlebige Verbrauchsgüter, hauptsächlich für die Kinder. Wenn ein halbes Jahr lang kein neues Walkman-Modell herausgekommen ist, muß man den lieben Kleinen ja ein anderes Spielzeug schenken. Spätestens bei Anbruch der nächsten Urlaubsreise wird der lebende Ballast dann irgendwo am Rande der Autostrada del Sole abgeworfen.
Aber dabei dreht es sich natürlich nur um diese Allerweltshunde, die heute so reichlich angeboten werden wie geröstete Erdnüsse und politische Grundsatzerklärungen.
Für den zeitgemäßen Hund gelten ganz andere Kriterien. Denn erstens kostet so ein Hund ein Schweinegeld, und zweitens bringt er auch: Status.
Zwar muß man schon einen starken Magen haben, um den Anblick der derzeitigen Modehunde zu ertragen – aber das ist man von den Modedamen her ja schon gewöhnt. Deshalb zuckt der Mann von Welt auch nicht mehr mit der Wimper, wenn er den wirklich passenden Hund wählt. Denn was man heute trägt, steht außer Zweifel: den feinen Staffordshire Bullterrier oder einen erlesenen Mastino-Kampfhund.
Daß diese beiden Rassen dem Zeitgeist am besten entsprechen, ist inzwischen sogar polizeibekannt. So sagte unlängst ein Beamter des berühmten Hamburger Polizeireviers Davidswache: »Was für den Halbweltler früher schwere Daimler oder die Brilli-Rolex waren, das ist heute die Killer-Töle.«

Der Bluthund ist das Statussymbol der Aufsteiger. Was niemanden wundern wird, denn jetzt, wo die Grünen so stark ins Kraut schießen, geht eben auch die Entwicklung der Statussymbole zurück zur Natur. Und nebenbei hat das auch noch einen praktischen Sinn. Schließlich kann man sich schwer vorstellen, daß ein Zuhälter oder Rauschgift-Dealer seinen Konkurrenten mit einer Rolex zerfleischt. Auch wenn er zehnmal »Faß!« zu seiner Armbanduhr sagt, passiert da nichts Entscheidendes. Einem Mastino braucht man das nur einmal zu sagen!
Denn der Mensch hat es beim Hund großartig geschafft, ihn zu vertieren. Sogar zu pervertieren. Allerdings, auch wenn die gerade jetzt so beliebten Modehunde aussehen wie Schweine – ganz können sie ihre eigentliche Rasse nicht verleugnen. Und ihre Unterlegenheit uns gegenüber. Der wahre Schweinehund bleibt der Mensch.

Cats

In manchen, zu Recht versunkenen Kulturen genoß die Katze einstmals göttliche Verehrung. Später verbreitete sich die Auffassung, sie sei eher mit dem Teufel im Bunde, und nicht wenige Katzen wurden im Mittelalter als Hexen hingerichtet.
Heute weiß man noch immer nichts Genaueres, denn die Katze genießt und schweigt. In besseren Häusern muß jedoch eine Katze vorkommen, sie wird deshalb gleich vom Innenarchitekten in der passenden Farbe mitgeliefert. Die Pelztiere sind äußerst dekorativ und absolute Luxusgeschöpfe, die keinerlei praktischen Zweck erfüllen. Die Katze ist das einzige Tier, das unbedingt menschliche Bedienung braucht, sonst müßte sie in der gepflegtesten Umgebung verhungern, da sie nicht einmal in der Lage ist, eine Kitekat-Dose zu fangen, geschweige denn, sie zu öffnen. Ihre Popularität verdankt sie vor allem einem stark überschätzten Musical von Andrew Lloyd-Webber und diversen Comic-Strips wie »Krazy Kat«, »Fritz der Kater« oder »Garfield« – lauter so Typen, mit denen sich eine echte Abessinierin oder Siamkatze nicht einmal in einer dunklen Mülltonne sehen lassen würde.
Als Imagesymbol für Neureiche ist eine Katze allerdings nur bedingt zu empfehlen. Sie kann dem Haus zwar ein distinguiertes luxuriöses Flair geben, wirkt aber meist vornehmer als ihre Besitzer.

Wohnen mit Wanzen

Die Wanze hat, nach jahrzehntelanger Diskriminierung, in jüngster Zeit endlich wieder den verdienten Aufschwung genommen. Wie in den Tagen Loùis' XIV. in Versailles und Fontainebleau ist sie auch heute wieder in den vornehmsten Häusern eine Selbstverständlichkeit. Vom Weißen Haus bis zur entlegensten amerikanischen Botschaft zieht sich ihr Weg durch die feinsten Adressen der Welt. Das verdankt sie vor allem dem KGB (Kleintier-Gestaltungs-Büro), und wo dieses nicht hinreicht, kommt die CIA (Central Insect Agency) zum Zug.
Wer heute etwas auf sich hält, muß einfach eine Wanze im Haus haben, und das gilt nicht nur für Politiker und Spione, sondern auch für Börsenmakler, Ehebrecher, Satiriker, Industriekapitäne und Geheimnisträger aller Art. Denn auch für sie hat Schiller sein berühmtes Zitat niedergeschrieben: »Die Wanze im Telefon erspart die Laus im Pelz!«
Da aber die Anschaffung einer wirklich perfekten Wanze oft mit beträchtlichen Kosten verbunden ist, sollte man vorher die Wohnung einmal gründlich untersuchen. Meist stellt sich dabei heraus, daß von guten Freunden ohnehin schon eine zurückgelassen wurde, die man gratis benützen kann.

Noch viel schöner leben mit:

LUST UND LASTER

Lust ist das einzig
Lebenswerte. Nichts altert
so wie Glück.

Oscar Wilde

Wie man monegassische Prinzessinnen vermeidet

Jeder, der dem Analphabetentum einigermaßen entwachsen ist, weiß über das traurige Schicksal monegassischer Prinzessinnen hinreichend Bescheid. Wenigstens die Caroline ist ja nun glücklich verheiratet – und das nicht zu knapp! Nach kirchlicher Version mit Philip Junot, nach staatlicher mit Stefano Casiraghi. Wobei das unschuldige Kind da anscheinend von einem Extrem ins andere getaumelt ist, denn Herr Junot ist angeblich ein Mann, der nicht fähig ist, nur eine Frau zu beglücken, und Herr Casiraghi war nicht fähig, auch nur eine Frau zu beglücken.

Gott sei Dank war es bei Stefano keine chronische, sondern wahrscheinlich nur eine taktische Impotenz – er konnte einfach nicht mit dem Gewehr schlafen, welches bekanntlich die Braut des Soldaten ist. Für den Zivildienst hingegen scheint er durchaus tauglich, und die Gerüchte, daß in Monaco noch der Storch arbeitet, entbehren jeder Grundlage. So eine Teilzeit-Impotenz, die sich ausschließlich auf den Militärdienst bezieht, ist ja keine Schande, sagt doch der Volksmund schon: Make love, not war! Wer's im Feldbett nicht bringt, ist fürs Ehebett noch längst nicht verloren. Der schöne Stefano ist eben ein Anhänger der Friedensbewegung!

So ist denn die traute Zweisamkeit in der Fürstensuite durch nichts gestört als durch den Bannfluch der katholischen Kirche, die Carolines erste Ehe nicht annullieren will. Denn der Vatikan gibt sich in letzter Zeit eher konservativ und beharrt auf dem Rota-Prinzip, anstatt das Rotations-Prinzip anzuwenden, wonach alle zwei Jahre ein neuer Mann drankommt.

Und darin liegt natürlich eine große Gefahr für den männlichen Teil der Weltbevölkerung. Laut Kirche lebt die Prinzessin in öffentlicher Sünde. Und das könnte sie natürlich auch mit dir oder mir. Wenn Caroline erst einmal dahinter kommt, daß sie gar keinen Ehemann braucht, um zu sündigen, könnte sie doch wirklich auf dumme Gedanken kommen! Was hat sie denn noch zu verlieren? Egal, mit wem sie schläft, schlimmer kann's doch gar nicht werden!

Ihrer Schwester geht's da besser. Zwar ist auch der voreheliche Brutalflirt in Rom nicht gern gesehen, aber das läuft doch noch unter »handelsübliche Sünden« und läßt sich mit etwas Reue wieder ausbügeln. Und wenn man die Typen so sieht, die von Stefanie in die Klatschspalte gezerrt werden, darf man glauben, daß sie allerhand bereut.

Dennoch hat wahrscheinlich gerade das erschütternde Schicksal der älteren Schwester Prinzessin Stefanie bewogen, ihren Hormonen einen gewissen Auslauf zu gewähren. Kein Wunder, daß sich manche Männer innerhalb ihrer vier Wände verbarrikadieren und keinerlei Sozialkontakte mehr aufkommen lassen. Man weiß ja nie!
Ich selbst, das muß einmal gestanden werden, bin auch nicht frei von Furcht. Manchmal sitze ich in einer müden Bar und schlürfe den vom Homöopathen empfohlenen Calvados. Da geht die Tür auf – so ein dunkler Kerl in Lederjacke schiebt herein, bullig, finsterblickend –, alle halten den Atem an und denken: jetzt ist es soweit!
Gut, bislang waren es immer nur harmlose Rocker, die vielleicht die Tageslosung einsteckten, die Barfrau schändeten und dann friedlich weiterzogen. Aber es könnte doch sein!
Vielleicht sollte man überall einen Steckbrief von Prinzessin Stefanie hinhängen. Aber das ist nicht leicht.
Denn schon was ihre wesentlichen Charaktermerkmale anbetrifft, gehen die Meinungen der Fachwelt auseinander. Die »Bunte« führt Stef Grimaldi mit den Maßen 85-65-90. Im »Stern« hingegen bringt sie 84-61-87 unter die Lupe. Wenn sich schon die Gelehrten widersprechen, wie soll der Laie sie dann auf Anhieb identifizieren?
Und irgendwann, das weiß ich, erwischt sie mich. Sogar in meinem Stammcafé, Ecke Brandstätte. Einmal muß sie ja auch dort vorbeikommen. Überall sonst war sie ja schon. In Paris, in New York, in Kitzbühel und in St-Tropez. In allen Lokalen, wo sich die oberen 7 ½ und die nächstbesten Zehntausend treffen.
Und alle anderen hat sie ja schon genossen. Die Schauspieler, die Rennfahrer, die Barkeeper, die Sporttaucher. Da bleibt doch letztlich nur noch ein aufregender Mann übrig: der trunkene Poet mit dem schütteren Haar, der Fußgänger ohne Pensionsanspruch, der Clown mit dem betörenden Bauchansatz, der Held aller weiblichen Alpträume – ICH!
Gut, vielleicht bin ich überempfindlich. Die ganze Zeit läuft der kleine Muskelprotz ja nicht im Badeanzug umher. Und auch jemand, der eigentlich Frauen liebt, könnte sich vielleicht daran gewöhnen, als Prinzgemahl in Monaco zu residieren.
Aber wenn sie keine Badeanzüge trägt, singt sie! »Irresistible« hieß ihre erste Platte, und zumindest die Hälfte davon kann man voll unterschreiben. Doch was ist, wenn sie eines Tages auch noch im Badeanzug zu singen beginnt?

Es führt kein Weg daran vorbei: Solange es monegassische Prinzessinnen gibt, werden wir Männer das Zittern nicht verlernen. Und wie man ihnen aus dem Wege geht, ist selbst in einem so vortrefflichen Ratgeber nur schwer zu schildern.
Einige Tips – aber selbst die ohne Gewähr – können vielleicht das Ärgste verhindern:

1. Keine wirklich wichtigen Berufe ergreifen: Rennfahrer, Barbesitzer, Tennisspieler und andere, die tatsächlich etwas für die Menschheit leisten, sind prädestinierte Opfer.

2. In-Lokale meiden! Bei Regine's in Paris, bei Elaine's in New York, in den Discos von Nizza bis Barbados, kurzum dort, wo sich das wirkliche Leben abspielt, tritt man notgedrungen auf Schritt und Tritt auf irgendeine Prinzessin.

3. Arbeiten! Leute, die einem ganz normalen Beruf nachgehen und ihren Lebensunterhalt durch Arbeit bestreiten, sind für Prinzessinnen nahezu tabu!

Aber das alles sind nur Hilfsmaßnahmen. Garantie gibt es keine. Es ist eben ein Glücksspiel. Und da gewinnen immer die Grimaldis.

Wie man eine Party zubereitet

Nicht jeder versteht es, eine erfolgreiche Party zu arrangieren. Noch immer gibt es eine Menge geselliger Provinzler, die ihre Gäste mit Lachsbrötchen und Pommery – in den unteren Einkommensklassen Kartoffelsalat und Algerischem Weinessig – langweilen, und wenn einer fragt, ob denn »kein Stoff im Haus« sei, denken sie an Heimtextilien und zeigen stolz ihre neuen Vorhänge.
So verschreckt man natürlich Beautiful-People jeglichen Geschlechts und muß bald froh sein, wenn gelegentlich ein pensionierter Studienrat auf eine scharfe Runde »Mensch ärgere dich nicht« vorbeischaut oder der Nachbarshund zum Abendessen kommt.
Die wirklich interessanten Gäste erwarten nämlich heutzutage ein bißchen mehr. Eine kleine Kostprobe zumindest von indischem Hanf oder kolumbianischem Schnee. Besonders Pop-

Künstler, Top-Manager, Starlets, Politiker, Zuhälter, Intellektuelle und Friseure haben ein ebenso dringendes wie verständliches Bedürfnis, sich vom eigenen Ich zu lösen, und erwarten deshalb von einem aufgeschlossenen Gastgeber, daß er ihnen zur Begrüßung eine Prise Koks oder ein paar frische Nadeln kredenzt.
Wer in der Gesellschaft etwas gelten will, hat deshalb auch immer einen gutgefüllten Giftschrank im Haus, der von einfachen Beruhigungsmitteln über Speed, Hasch und Mescalin bis zu Kokain, Heroin und Crack alles enthält, was der Mensch so braucht, um dem Alltag ein paar freundliche Augenblicke abzugewinnen.
Aber was tut man in einem Katastrophenfall?
Draußen drängen sich schon die Gäste: ein paar doofe, aber durchaus langbeinige Models, einige Piloten, die vor dem Nachtflug noch einmal auftanken wollen, eine Fürstin mit oder ohne Taxis, zwei Politiker und ein ganzer Haufen anderer Leute, die auch nicht durch ihrer Hände Arbeit reich geworden sind – und Sie stellen fest, daß die Speisekammer ratzeputzekahl leergefressen ist!
Da heißt es eiskalt reagieren. Kommen Sie erst gar nicht mit dummen Ausreden: »Mein Dealer hat sich verspätet, weil heute seine ganze Klasse nachsitzen muß« oder »In Kolumbien ist es momentan so kalt, daß sie den ganzen Koks selber brauchen!« – das sind doch ganz ausgelutschte Argumente, die nur Ihre eigene Unfähigkeit unterstreichen.
Gehen Sie lieber gleich zum Angriff über, machen Sie aus der Not eine Tugend. Erklären Sie den Gästen strahlend: »Heute gibt es einmal nicht das Übliche. Wir machen ...

a) Eine »Schnüffel-Party«: Sie verteilen die rasch aus dem Büro geholten Tuben mit Superkleber. Wenn man sich eine größere Portion davon in die Nasenlöcher drückt, braucht man nichts anderes mehr schnupfen. Man kann auch nicht. Und was das Schöne dabei ist; der Effekt hält viele Jahre lang an.

b) Eine Garden-Party: Die Gäste besprühen sich gegenseitig mit Pflanzenschutzmitteln. Der angestrebte Effekt ist erreicht, sobald sie das Köpfchen hängen lassen.

c) Eine Gourmet-Party: Sie servieren Kalbfleisch mit Östrogen, Rheinlachs, Milch und Gemüse aus Tschernobyl. Die Wirkung von Strontium, Cäsium und Plutonium bringt eine völlig neue Erfahrung, die lange anhält.
Und wenn sich unbedingt einer Ihrer Gäste den goldenen Schuß

geben will, holen Sie ihm aus der nächst gelegenen Junkfood-Braterei einen doppelten Burger. Da hebt der Organismus ab!

d) Eine Open-Air-Party: Führen Sie Ihre Gäste auf eine belebte Kreuzung in der City. Und dann wird einfach tief geatmet, bis ihnen die Sinne schwinden.

Diese Beispiele beweisen schon: der Fachmann wird immer einen Weg finden, um seine Freunde zu verwöhnen. Und je origineller dieser Weg, desto beliebter wird man als Gastgeber sein.
Kokain muß man zwar im Haus haben, aber auftrumpfen kann man damit nicht mehr. Das nehmen heute die besseren Manager schon in der Mittagspause. Als Beilage zum Tagesgericht.
Hasch macht alt. Wenn Sie die Joints auspacken, weiß jeder gleich, daß Sie zur 68er-Generation gehören, wo es noch als Inbegriff des Highlife galt, daß man sich die Schuhe auszog und »We shall overcome« sang. Zum Glück gibt es inzwischen eine Menge neuer Drogen. Nicht nur die, die offiziell in jedem Supermarkt verkauft werden, sondern auch echte Spezialitäten. So wie sich der Goldy früher aus den Weinbergen eine »Spezialabfüllung« kommen ließ, die ausschließlich für ihn hergestellt wurde, kann er sich heute von begabten Chemikern Designer-Drugs entwerfen lassen. Speziell modifizierte Drogen, die nicht einmal verboten sind, denn es dauert ein Weilchen, bis der Gesetzgeber ein neues Produkt auf den Index setzen kann. Und sobald es soweit ist, wechselt man eben wieder das Design – man muß ohnehin auch beim Gift ein bißchen mit der Mode gehen.
Die Zutaten zu einer stilvollen kleinen Feier liegen also sozusagen auf der Straße. Man darf nur nicht an der falschen Stelle sparen. Wer seinen Gästen ein »prickelndes Erlebnis« verspricht und dann Vitamin-C-Brausetabletten serviert, darf sich nicht wundern, wenn ihn bald ein Gefühl grenzenloser Verlassenheit überkommt.
Andererseits sollte man vielleicht bei einer diesen Feld-Wald-und-Wiesen-Partys auch nicht gleich die stärksten Genußmittel unters Volk werfen. Nur bei ganz besonderen Anlässen, wenn alle diese wirklich feinen Menschen zusammenkommen, die sich langweilen, weil sie wirklich schon alles probiert haben, was man für Geld kaufen kann – also mit anderen Worten: wirklich schon alles –, dann wäre vielleicht auch ein kleines Experiment mit Nitroglyzerin oder Napalm angebracht.

Was kann ein Mann von dreißig Lenzen?

Wer mit dreißig ein richtiger Typ sein will, wird sich vorher ganz schön anstrengen müssen. Wir erwähnen das hier nur, damit alle Leser, die ihren 30. Geburtstag noch vor sich haben, endlich kräftig in die Hände spucken, um ihr Plansoll zu erfüllen. Wer die ersten drei Jahrzehnte schon überschritten hat, darf die folgenden Zeilen überlesen und sich zum Schämen in die Ecke stellen, denn wahrscheinlich hat er die aktuellen Maßstäbe, die jetzt gültig sind, nie erreicht.

Freilich bleibt den Senioren zwischen einunddreißig und hundert eine Ausrede: es hat ihnen ja niemand gesagt! Wodurch man sich mit dreißig als Klassemann ausweist, wurde ja erst 1987 festgestellt – von einem der führenden Herrenjournale der Welt: »Gentleman's Quarterly«.

Die Kriterien sind streng, aber einleuchtend. Im häuslichen Bereich etwa besteht die GQ auf folgende Fähigkeiten: Der Dreißiger muß einen Knopf annähen und ein Abendessen für acht Personen kochen können, eine tote Maus aus dem Haus tragen, ohne in Panik zu geraten, eine reife Melone von einer unreifen unterscheiden und eine verstopfte Toilette reparieren können.

Dem allen wohnt eine Logik inne, der man sich als Gentleman einfach nicht verschließen kann. Denn ehe man ein Abendessen gibt, muß man erst die Knöpfe an seinem Dinnerjacket befestigen. Warum man ausgerechnet für acht Personen kochen muß, bleibt zwar dunkel, aber es ist gut, wenn man es gelernt hat – dann kann man nämlich auch für vier Personen kochen, indem man einfach die Spaghetti halbiert.

Daß man beim Anblick einer toten Maus keinen Nervenschock bekommen darf, ist nur logisch – entweder hat sich das Vieh totgelacht, als es den Herrn am Herd sah, oder es hat vom Essen genascht. In beiden Fällen ist besser vom Hinscheiden des Haustieres kein großes Aufsehen zu machen, denn sieben von acht Dinnergästen pfeifen erfahrungsgemäß auf einen Gastgeber, bei dem tote Mäuse in der Küche herumliegen.

Daß der Gastgeber eine verstopfte Toilette reparieren kann, ist eine Grundbedingung. Denn wenn er nur in einem einzigen Punkt noch nicht vollkommen ist – also beispielsweise reife Melonen nicht von unreifen unterscheiden kann –, muß er bei einer Einladung für acht Personen doch mit einer nahezu hundertprozentigen Auslastung des stillen Örtchens rechnen.

Daß ein solcher Mann Zukunft hat, ist klar. Aber er muß auch

Vergangenheit haben. So wird verlangt, daß er je eine Nacht im Bordell, im Kloster und in einer Jugendherberge zugebracht hat. Anscheinend ist das so eine Art Härtetest, die beweisen soll, daß ein Mann auch unter unwirtlichsten Bedingungen überleben kann. Da aber nicht alle dieser gastfreundlichen Institutionen überall zur Verfügung stehen, könnte man vielleicht für Männer, die besonders unter Zeitdruck stehen, eine Ausnahme machen: Es genügt, wenn sie einmal mit einer jungen Nonne ins Motel gehen.

Bei der Zahl der früheren Verhältnisse kennt GQ freilich keinen Pardon: Der Dreißiger muß mit 19 Frauen geschlafen haben!

Das brauchen wir gar nicht näher zu erläutern, denn heutzutage weiß ohnehin jeder: Wer nur 18 Frauen geschafft hat, wird es nie zu etwas bringen, und wer es schon mit 20 Weibern getrieben hat, ist ein altes Ferkel.

Was muß der irre Typ sonst noch erlebt haben? Nun: eine Nacht im Gefängnis, sechs Nächte, an die er sich nicht erinnern kann, und eine Liebesnacht, die ihm peinlich ist.

Am besten trifft es der drollige Dreißiger natürlich, wenn unter den sechs Nächten, an die er sich nicht erinnern kann, die eine Nacht im Gefängnis ist. Und vor allem die peinliche Liebesnacht. Zumal, wenn es sich dabei um jene Nacht dreht, wo er mit 19 Frauen geschlafen hat – ohne einmal aufzuwachen!

Welche Frauen ausgerechnet auf derartige Typen fliegen, ist noch ungeklärt. Aber manche machen ja jede Mode mit.

Um Ihnen die Auswahl ein bißchen zu erleichtern, stellen wir Ihnen ergänzend auch noch den klassischen Vierziger vor, wie er vom Highlife-für-jedermann-Team (HFJ) ausgearbeitet wurde:

Wer mit vierzig ein echter Typ sein will, muß ein Essen für acht Personen bezahlen können, nett zu Mäusen sein und einen Installateur kennen, der innerhalb von 14 Tagen ins Haus kommt, wenn mal die Toilette verstopft ist. Er muß mindestens je eine Nacht im Büro, im Krankenhaus und zu Hause verbracht haben. Er muß erbarmungslos mit 19 verschiedenen Frauen geschlafen haben oder neunzehnmal mit der eigenen. Und irgendwann muß ihm schon einmal jemand gesagt haben, daß er peinlich ist.

Nun nützt es aber nicht viel, die idealen Männertypen zu beschreiben, denn ohne Ergänzung durch die ideale Frau wird auch dem gentelsten Mann das Highlife sauer. Wie aber müssen nun die Damen zwischen achtzehn und achtzig beschaffen sein,

HFJ: Abwaschfreudig und robust, um den Kochambitionen des Mannes entgegenzukommen. Sie braucht genügend Humor und Seelenstärke, um mit den kleinen Problemen des Alltags fertig zu werden, falls gerade in jener Nacht, die ihr männlicher Beschützer im Bordell oder im Kloster verbringt, die Toilette von einer toten Maus verstopft ist. Sie muß die Einsamkeit genießen können, falls es ihn länger als eine Nacht in der Jugendherberge oder im Knast hält. Und sie muß liebevolles Verständnis zeigen, wenn er wieder mal mit einer schönen Unbekannten herumhurt und dann erklärt, das sei eine von den Nächten, an die er sich nicht erinnern kann.

Ja, es sieht so aus, als müßte eine Frau überhaupt phänomenale Qualitäten aufweisen, um einen Kerl, der mit dreißig noch nicht mehr erreicht hat, als das Gentleman's Quarterly von ihm fordert, am Leben zu erhalten.

Als kleinen Ausgleich braucht sich die Frau natürlich nie mit dem Reifezustand der Melonen zu befassen. Die so gewonnene Zeit sollte sie allerdings nicht zur stillen Anbetung des Geliebten verwenden, sondern lieber, um lesen zu lernen. Dann ist sie wenigstens darüber informiert, was einen echten dreißigjährigen Gentleman ausmacht, und kann rechtzeitig mit einem achtzehnjährigen Matrosen das Weite suchen.

Noch viel schöner leben mit:

SEX UND SINNLICHKEIT

Herr, schenke mir
Keuschheit – aber jetzt
noch nicht.

Heiliger Augustin

Der entfesselte Eros

Für viele Menschen gibt es gar keine Frage: die drei schönsten Dinge im Leben sind Sex.
Heute darf man das ja schon laut sagen und natürlich auch tun. Das weiß inzwischen schon jedes Kind und hält sich auch daran. In Amerika beispielsweise haben 20 Prozent aller Mädchen noch vor dem 16. Geburtstag ihren ersten Geschlechtsverkehr absolviert.
In der Schweiz wäre das allerdings nicht möglich. Da müssen die Kinder bis zur Vollendung des 16. Lebensjahres warten. Aber das macht nichts, die Schweizer brauchen ja zu allem etwas länger.
Trotz solch regionaler Grausamkeiten darf man also sagen, daß sich weltweit die Sexualität in den letzten Jahren vieler Fesseln und Tabus entledigt hat. Und ganz besonders deutlich sichtbar ist die sexuelle Befreiung der Frau.
Neue Mittel und Gesetze zur Nachwuchsverhinderung haben die Frau vom Trauma einer zwölfköpfigen Familie erlöst. Und wenn heute die eine oder andere Frau manchmal seufzend gesteht, daß sie sich nach einem Kind sehnt, dann meint sie damit wahrscheinlich den dreizehnjährigen Romeo aus Rimini, der ihr die Urlaubsnächte so angenehm vertrieb. Jedenfalls ist die Frau nicht länger ein vom Manne unterdrücktes Haustier, sondern kann ihren Lustgewinn einstreichen, wann und wo sie will.
Was aber nicht heißen soll, daß das Heiraten ganz aus der Mode gekommen ist. Gerade die Frau, die sonst schon alles hat – Erfolg, Ruhm Reichtum –, sucht oftmals die wahre Erfüllung des Lebens in einer Ehe mit dem Traumpartner.
Die Tennisspielerin Martina Navratilova hat anscheinend ihr Glück gefunden. Eine Schlagzeile in »Bild« kündigte es uns an: »Martina heiratet ihre Freundin«. Weiters erfuhr man, daß es sich dabei um die ehemalige Schönheitskönigin Judy Nelson handelt und die Ringe schon bestellt sind.
Auf den ersten Blick mag diese Meldung ja einige Leser irritiert haben. Es gibt eben noch eine Menge Vorurteile aus einer Zeit, wo die Frau gar keine Wahl hatte: Wenn sie irgend etwas heiraten wollte, kam einfach nichts anderes in Frage als ein Mann. Umgekehrt mußte auch der heiratswillige Mann in den sauren Apfel beißen und eine Frau zum Weibe nehmen, ganz egal, was er sich eigentlich gewünscht hätte.
Nur wenn man ein griechischer Gott war, konnte man sich zwi-

schendurch auch einmal etwas anderes suchen, und der römische Kaiser Caligula soll dem Vernehmen nach einmal mit einem Pferd verlobt gewesen sein, aber im allgemeinen war man doch sehr eingeschränkt.
Heute wird zumindest in Holland auch mal Mann gegen Mann getraut, und in Kalifornien wird man sowieso zwangspsychiatriert, wenn man nicht zumindest einmal etwas mit einem Transvestiten hatte.
Weshalb sollte also eine Tennisspielerin nicht eine Schönheitskönigin heiraten? Zumal ja Schönheitsköniginnen heute nicht mehr die dämlichen Flittchen von ehedem sein müssen. In Santa Monica beispielsweise werden bei einer Miß-Wahl jetzt schon »Frauen mit inneren Werten« gesucht. Der Titel der Miß muß mit »Zielstrebigkeit, Führungseigenschaften und Verdiensten um die Gemeinschaft« erobert werden. Nach so einer Miß beispielsweise könnten wir uns alle die Finger ablecken, nicht nur die Navratilova.
Aber die hat es wohl ohnehin gut getroffen. Denn laut »Bild« sagt Judys Mutter, Frances Hill, zu diesem freudigen Ereignis: »Eine Liebesheirat. Martina braucht Liebe. Jetzt hat sie dafür meine Judy!« Man kann nur hoffen, daß diese Ehe länger hält als Martinas frühere Versuche mit einer Schriftstellerin und einer Basketballerin. Die Nummer 1 der Weltrangliste hätte es sich wirklich verdient, daß es nach den Siegen in Wimbledon auch einmal in Fort Worth klappt.
Dort ist jedenfalls alles für die Auserwählte vorbereitet: Wohnzimmer mit pfirsichfarbenem Sofa, rot-schwarzer Marmor im Bad, Schlafzimmer mit Wasserbett und Deckenspiegel. Klingt beinahe wie ein Sonderangebot aus dem Playboy-Versandkatalog: »Die Grundausrüstung für den gepflegten Macho: Modell 15 Love.«
An diesem Beispiel erkennt man schon, daß sich im sexuellen Bereich vieles zum Positiven gewendet hat. Und wenn einer Frau bisher die ganze Erotik zuwider war, weil einem diese ewigen Mann-Frau-Beziehungen mit der Zeit doch stark auf die Nerven gehen, dann hat sie inzwischen gelernt, daß sie sich ihr Highlife auch anders gestalten kann. Sämtliche bisher bekannten Geschlechter stehen ihr uneingeschränkt zur Verfügung und überdies noch manch interessante Neuigkeit aus Dr. Müllers Sex-Shop. Romantische Naturen, die gerne heiraten, seien besonders auf letztere Möglichkeit hingewiesen, denn einem Vibrator muß man bei der Scheidung keine Abfindung zahlen!

Die befreite Frau, die Sex für eine wichtige Komponente in ihrem Highlife hält, kann sich heute also nach jeder Richtung frei enthalten.
Gewiß, wenn sie mit zwölf anfängt, kann es sein, daß ihr mit sechzehn schon alles zum Hals heraushängt. Aber deswegen springt man doch nicht gleich vom Balkon seines Loireschlößchens! Das Leben geht weiter, auch das gute! Die Triebsublimierung, die schon seit Freud einen guten Ruf hat, besitzt heutzutage ein unwiderstehliches erotisches Flair. Und da dank der sexuellen Revolution jetzt jede Frau das tun kann, was sie sich wirklich wünscht, herrscht kein Grund zur Verzweiflung.
Alles ist erlaubt, und wer seine wahre Sehnsucht unterdrückt, ist selber schuld! Das ist der aktuelle Trend, den Amerikas weiblicher Nachwuchs uns erfolgreich vorexerziert. In den letzten Umfragen gaben die US-Teenager ganz offenherzig an, was ihre wahre Lieblingsbeschäftigung ist: Shopping! Das Rendezvous mit ihm (oder ihr oder es) kommt in dieser Wertskala erst an sechster Stelle!
Ja, so hat sich manches geändert in den letzten Jahrzehnten. Die sexuelle Befreiung der Frau hat tatsächlich gegriffen und die Frau soweit wie möglich vom Sex befreit.
Romantische Naturen wie Martina und Judy mögen der Entwicklung noch bisweilen mit einer altmodischen Heirat in den Rücken fallen. Aber die jüngere Generation – auch wenn sie solche Entgleisungen bei ihren Mammis und Daddys großherzig toleriert – hat inzwischen wieder die wahren Werte des Lebens entdeckt: Geld und Besitz! Game over.

Nur vier Jahre Ehe

Die US-Naturwissenschaftlerin Helen Fisher behauptet: »Der Mensch ist nicht für eine länger als vier Jahre dauernde Partnerschaft geschaffen, das ist genetisch bedingt!«
Nun, ehe diese Nachricht unser Gähnen bedingt, wollen wir noch ihre Erklärung hören. Die Dame hat Scheidungsstatistiken aus 58 Ländern studiert und herausgefunden, daß das verflixte siebente Jahr eigentlich das vierte ist. Daraus schließt sie: »Eine Erinnerung an die Urzeit. Vor zwei Millionen Jahren mußten Paare vier Jahre zusammenbleiben, bis das gemeinsame Kind aus dem Gröbsten heraus war. Dann konnten sie sich trennen.«

Leser, die nun vermuten, daß es sich hier um einen krassen Fall von Schwachsinn handelt, irren sich natürlich. Es handelt sich um eine rein wissenschaftliche Erkenntnis, die notgedrungen zu einem Bestseller führen muß und deshalb durchaus ernst zu nehmen ist.

Man kann der genialen Forscherin höchstens vorwerfen, daß sie nicht in 58 Ländern nachgeforscht hat, weshalb es mehr Menschen gibt, die länger als vier Jahre zusammenbleiben, als solche, die sich pünktlich scheiden lassen. Vergewaltigen diese konservativen Idioten systematisch ihre Gene? Oder wissen sie einfach noch nicht, was vor zwei Millionen Jahren üblich war?

Und woher weiß das unsere Wissenschaftlerin? Ist sie soweit zurück? Vielleicht nicht nur genetisch, sondern auch geistig? Irgendwie?

Also wenn man ihre Theorie ernsthaft zerpflücken wollte, könnte man zumindest noch eines bemerken: Die Dame müßte den idealen Scheidungstermin nicht generell mit vier Jahren ansetzen, sondern vier Jahre nach der Geburt des ersten Kindes. Weil das ja genetisch ist. Aber das verschiebt die ganze schöne These. Haben denn Leute erst zu heiraten, wenn das Kind da ist? Dürfen sich Leute überhaupt nicht scheiden lassen, wenn sie kein Kind haben? Spielen unsere Gene verrückt – oder vielleicht unsere Wissenschaftler?

Gut, Frau Fisher hat einen Trost für uns: »Das heißt aber nicht, daß moderne Paare sich nach vier Jahren trennen müssen. Auch wenn Trennung in unseren Genen steckt und der Mensch nicht für eine lebenslange Einehe geschaffen ist, kann er sich dafür entscheiden.«

Ja, wer will denn das? Das einzige, was wir wollen, ist eigentlich, den Zeitpunkt selber zu bestimmen, wann wir unseren Partner auf die Straße setzen. Das war schon bis jetzt nicht einfach, weil wir ja dazu über unsere Gene springen müssen. Zwei Millionen Jahre – und jetzt auch noch über Frau Fisher! Mußte das sein?

Machen wir's den Schweden nach

Die schwedische Armee ist nicht zu Unrecht seit langem als eine der schlagkräftigsten der Welt bekannt: Erst kürzlich hat sie eine Elitetruppe mit hochmodernen Angelruten ausgerüstet, um rus-

sische Unterseeboote zu fangen. Die verwendeten Köder sind streng geheim, aber wie man munkelt, soll es sich dabei um das Pornomagazin »Feuchte Träume« handeln.
Dieses Magazin dürfte übrigens in Zukunft auch als offizielle Heeresillustrierte dienen. Es scheint nämlich, als wäre diese Art der Erotik für schwedische Soldaten das absolute Maximum. Ausländische Beobachter und einheimische Militärhistoriker schließen das aus der neuen Verordnung des Verteidigungsministeriums. Darin wird bestimmt, daß jeder schwedische Soldat künftig, um nicht mit Aids angesteckt zu werden, gratis fünf Präservative pro Jahr erhält. Das reicht für Weihnachten, Ostern, das Lucia-Fest und Königin Sylvias Geburtstag, und es bleibt immer noch eines übrig für Notfälle, also wenn mal ein Kolben platzt oder das Wasserrohr.
Wenn man weiters bedenkt, daß es auch noch eine Reihe von Generälen gibt, die Gummi höchstens in der Form von Radier- oder -Stiefeln beanspruchen, ergibt sich sogar noch ein beträchtlicher Überschuß, der dafür garantiert, daß die schwedische Armee auch einen konzentrischen Angriff der Zivilbevölkerung fast eine Nacht lang unbeschadet überstehen kann.

Wie man die Unmoral hintanhalten kann

Unter den ansteckenden Krankheiten, die dem Sex sehr viel von seiner ursprünglichen Faszination genommen haben, verdienen nicht nur Herpes und Aids besondere Erwähnung, sondern auch die Moral. In Europa hat von alters her der Vatikan beinahe ein Monopol auf die Moral, und das ist gut, denn so gibt es wenigstens ein einheitliches System, an das sich jeder halten kann, wenn mal eine Ketzerverfolgung oder Hexenverbrennung unumgänglich notwendig ist.
In Ländern, wo der Papst nicht so ernstgenommen wird, hat sich denn auch folgerichtig Schlimmes getan. Das heidnische Skandinavien gilt heute noch als Mekka der Pornographie und schreckt vor keinerlei Perversionen zurück. Man denke nur an die kleine Seejungfrau – eine dänische Fischspezialität –, die splitternackt im Hafen herumsitzt und harmlosen Seeleuten Appetit auf den Genuß von Meeresfrüchten macht. Oder an Schwedens Sex-Symbol Pippi Langstrumpf, eine Minderjährige mit Strapsen!

In den sogenannten sozialistischen Ländern braucht man keine eigene Moral, dort genügt die gute alte Prüderie, um das Ärgste zu verhindern. Als weiteres natürliches Verhütungsmittel erweist sich die Wohnungsnot, die den überwiegenden Teil attraktiver Sexualpraktiken – beispielsweise den Coitus ohne Publikum – von vornherein unmöglich macht.

Im Iran wird die Moral von den Ayatollahs festgelegt und konnte in letzter Zeit einen großen Durchbruch erzielen. Frauen dürfen dort gar nichts mehr, und den Männern sind zumindest so teuflische Perversionen wie das Anhören weiblicher Schlagersänger im Radio untersagt. Das kommt natürlich dem Patriotismus zugute, denn unter solchen Lebensbedingungen stirbt sich's ja viel leichter.

In China gibt es bezüglich der Sexualmoral überhaupt keine Probleme. In den Städten gilt als sturmfreie Bude jede Wohnung, in der weniger als 16 Personen auf 16 Quadratmetern logieren. Solche Wohnungen haben nur hohe Funktionäre, und hoher Funktionär wird man in China nur in einem Alter, in dem man nicht mehr weiß, wozu eine sturmfreie Bude eigentlich dienen sollte.

Auf dem Land hat man mehr Platz, aber dafür sind die Sitten strenger. Wenn da ein Jüngling ein Mädchen bis zur Haustür begleitet, gilt das als offizieller Heiratsantrag. Wer sich einen Rest von Vernunft bewahrt hat, vernascht sein Mädchen deshalb im Wald und läßt es dann von einem Pandabären nach Hause bringen. Auf diese Art konnten schon viele unglückliche Ehen vermieden werden, und auch die Pandabären sterben nicht aus.

In den Vereinigten Staaten wird die Moral überhaupt auf jedem Gebiet hochgehalten. Deshalb beschäftigt man auch bei der CIA keine gerissenen zwielichtigen Profis mehr, sondern die harmlosesten Humanisten des Landes, die es nie zuwege brächten, mit ihren Geheimfonds die bösen Contras zu unterstützen. Schon weil man sich diese illegalen Schweizer Nummernkonten nicht merken kann. So landeten erst kürzlich 10 Millionen Dollar, die man beim Sultan von Brunei zur Bekämpfung der Sandinistas geschnorrt hatte, auf dem Konto eines biederen Schweizer Geschäftsmannes. Wieder ein Sieg der Moral, wenn auch ein irrtümlicher. Aber im Laufe der Geschichte hat man ja schon öfter bemerkt, daß Doofheit und Moral zeitweise kaum voneinander zu unterscheiden sind.

Die absolute moralische Instanz, der US-Präsident, hat jetzt einen neuen moralischen Begriff eingeführt: die Gedächtnis-

lücke. Das ist in der Irangate-Affäre für Reagan ungefähr das gleiche wie beim Flick-Skandal für Kanzler Kohl der Blackout. Schließlich hat man immer moralisch einwandfrei gehandelt, solange man sich nicht ans Gegenteil erinnern kann.
Das gilt freilich nur für amerikanische Präsidenten. Der österreichische Bundespräsident hingegen wurde gerade wegen der Lükken in seinen Erinnerungen von den Vereinigten Staaten auf die schwarze Liste gesetzt. Bei Waldheim kommt allerdings noch erschwerend hinzu, daß er am Zweiten Weltkrieg teilgenommen hat. Und zwar auf der falschen Seite – was damals ziemlich vielen Leuten passiert ist, die nicht vorausblickend genug waren, um in New York auf die Welt zu kommen statt in Österreich.
Und zu alledem hat er sich noch die Antipathie von Edgar Bronfmann zugezogen, der als größter Schnapsbrenner der freien Welt ja auch irgendwie eine moralische Instanz darstellt.
Aber das führt vielleicht schon alles ein bißchen vom eigentlichen Thema weg. Es geht doch hier im Grunde um den wichtigsten Aspekt der Moral, nämlich die Sexualmoral.
Auch auf diesem Gebiet sind die USA führend. Erst unlängst mußte der TV-Evangelist Jim Bakker sein mühsam zusammengebetetes Millionenimperium aufgeben, um für einen flüchtigen Seitensprung zu sühnen, und Präsidentschaftskandidat Gary Hart stolperte über die unbedeutende Affäre mit einem unbedeutenden Starlet. Aber in Amerika ist es eben ein ungeschriebenes Gesetz, daß man erst als Präsident seinen Leidenschaften frönen darf und nicht schon als Kandidat.
Die strengsten Maßstäbe freilich werden ab sofort im Pentagon angelegt. Das US-Verteidigungsministerium hat nämlich neben dem Einsatz von Neutronenbomben, Atom-U-Booten und Killersatelliten auch noch andere moralische Ziele im Auge. Beispielsweise die Verteidigung von mehr als zweieinhalb Millionen Mitarbeitern gegen den Dämon Sex.
Natürlich werden von den Betroffenen nicht gleich Selbstkastration und Zölibat verlangt.
Bei unaufschiebbaren hormonalen Entgleisungen in der Missionarstellung zwischen Ehepartnern, die sich ein Kind wünschen, drückt das Pentagon schon mal ein Auge zu.
»Betroffen sind nur Praktiken, die für Erpressung anfällig machen«, behauptet Peter Nelson, der den Katalog der unerwünschten Sexvarianten aufgestellt hat. In dem beinahe alles vertreten ist, vom simplen Seitensprung bis zu den Highlights wie Sodomie, Transvestitentum, Inzest und Partnertausch. Frei-

lich ist Sex nur unter ganz bestimmten Umständen gefährlich. So gilt Ehebruch nur als Erpressungsrisiko, »wenn er häufig erfolgt und wahrscheinlich wiederholt wird«.

Und da ergibt sich wieder dasselbe Problem wie bei der Abrüstung: die Kontrolle!

Wer nur einmal die Ehe bricht, dürfte eigentlich noch gar nicht kontrolliert werden. Aber wenn General Bullmaster ihn nun in dieser stürmischen Nacht wider Erwarten dreimal hochgebracht hat, ist das nicht schon häufig genug? Ist er damit bereits erpressungsanfällig?

Hat eine ledige Sekretärin, die da mitmacht, auch Ehebruch betrieben? Und wird sie das nach den niederschmetternden Erfahrungen mit General Bullmaster tatsächlich wiederholen wollen? Darf man das kontrollieren, und wenn, wann, wie und wo? Wahrscheinlich wird das Pentagon dazu eine eigene Organisation ins Leben rufen müssen, eine innerbetriebliche Keuschheitskommission. Aus ihrer harten Arbeit könnte ein findiger Autor in den neunziger Jahren eine aufsehenerregende Fernsehserie machen: »Washington Vice«.

1. Szene: Büro des Verteidigungsministers, ein General erscheint zum Rapport.

Minister (blickt ihn streng, aber gerecht an): Nun, General Overkill, was gibt es Neues?

General (steht stramm, aber würdevoll): Sir, die Russen haben soeben den Rhein überschritten!

(Der Verteidigungsminister runzelt die linke Augenbraue.)

Minister: In Frauenkleidern?

General: Nein, Sir, in Panzerspähwagen!

Minister: Halten Sie mich nicht mit Nebensächlichkeiten auf! Was sonst?

General: Das deutsch-deutsche Verhältnis treibt einer Katastrophe zu.

(Der Minister küßt das Bild seiner sommersprossigen Tochter, das auf dem Schreibtisch steht.)

Minister: Jetzt haben wir die stolzen Schweinehunde! Inzest, was?

General: Sorry! Nahkampf!

(Der Minister putzt sich die Schuhe an der Hose des Generals.)

Minister: Was geht uns das an! Gibt's nichts Wichtiges?

General: Italien ist in Gefahr! Jugoslawien will den Stiefel total abschnüren!

Minister: Schuhfetischisten! Auf so was habe ich schon lange gewartet. Aber wir werden ihnen auf die Zehen steigen!

General: Keine Schuhfetischisten! Zwölf Divisionen Infanterie, normale Kommunisten!

Minister: Wir haben andere Probleme, General! Ich spüre es in den Hoden – pardon, in den Waden –, daß etwas Entscheidendes in der Luft liegt.

General: Könnte sein! Der Geheimdienst behauptet, die Japaner wollen uns von hinten aufrollen ...

(Der Minister dreht sich blitzschnell um und schleudert den Walkman, auf dem er bisher gesessen ist, in den Papierkorb.)

Minister: Ich habe doch immer gesagt, das sind alles Schwule. Gelbe Tunten!

General: Sie bombardieren gerade San Francisco.

Minister: Da werden sich die kalifornischen Tunten aber freuen! Aber jetzt hören Sie auf mit diesem ganzen politischen Blödsinn. Wir mischen uns prinzipiell nicht in die Privatangelegenheiten anderer Nationen! Wenn Sie nicht bald etwas Wichtiges zu berichten haben, werde ich Ihre Abteilung auflösen!

(Der General öffnet einen dicken Aktenordner.)

General: Moment! Unsere Spezialeinheiten haben die neue Sekretärin von Leutnant Beanstalk drei Monate lang überwacht. Und gestern haben wir die beiden erwischt – hinterm Reißwolf – bei einer Fellatio!

Minister: Was zum Teufel ist das?

General: Also sie hat ihm einen ge –

Minister: General! Nehmen Sie das nicht in den Mund!

General: Also sie hat ... *(Er bläst die Backen auf und versucht mit rotem Kopf eine Fellatio zu imitieren.)*

Minister: Unerhört! Umzingeln Sie die beiden! Zwei Flugzeugträger sollen in ihr Büro einlaufen, setzen Sie die Luftlandetruppen ein – Alarmstufe 2 – allgemeine Mobilmachung – taktische Atomwaffen in Stellung bringen! – Das hätte ich mir denken können! Leutnant Beanstalk und dieses kleine blonde Luder – aber bei denen wird es jetzt ordentlich bumsen! *(Er drückt wild auf alle Knöpfe ...)*

SCHNITT

(Büro von Leutnant Beanstalk. Er bearbeitet seine Sekretärin auf einem Stoß Geheimakten. Rundum ist die Hölle los.)

Sekretärin: (stöhnt beglückt) Liebling – so hat's mir noch keiner gemacht – es ist, als ob die ganze Welt explodiert – oh – oh – ich verbrenne, Liebling ... *(Sie verbrennt.)*

Verführung von Minderjährigen

Die Verführung von Minderjährigen, oftmals als eine Art Gesellschaftsspiel betrieben, stellt eine ernsthafte Gefahr für die Moral ihrer hilflosen Opfer dar.
Sexuellen Belästigungen besonders ausgesetzt ist man natürlich im erotischen Hexenkessel des United Kingdom. Wie die englische Lehrergewerkschaft erst kürzlich enthüllte, sind mindestens 45 Prozent der befragten Mitglieder unsittlichen Anträgen und sexuellem Mißbrauch durch Klassenzimmer-Lolitas ausgesetzt. Die Gewerkschaft fordert daher vehement eine unabhängige Kommission, die geeignete Maßnahmen zum Schutz des Lehrkörpers entwickelt.
Natürlich kommen solche Probleme nicht nur in England vor, sondern nahezu überall, wo es Minderjährige gibt. Und nicht nur Lehrer zählen zu den Opfern. Frühreife Mädchen haben zwar einen guten Blick für das Nächstliegende, schrecken aber in ihrer ungebremsten Sinnlichkeit auch vor Schulkameraden, Bademeistern, Zufallsbekanntschaften, Pop-Musikern, Sportwagenbesitzern und fliegenden Holländern nicht zurück.
Trotz langjähriger Forschung wurde bislang noch kein Gegenmittel entdeckt, um diese Bedrohung von der Menschheit abzuwenden. Der normale Mann ist selbst in unseren Tagen den Annäherungsversuchen bildhübscher Teenager noch immer wehrlos ausgeliefert. Gott sei Dank!

Noch viel schöner leben mit:

KUNST UND KULTUR

Ein Kunstwerk bringt
mehr Licht in die Welt als
ein Kraftwerk.

Caspar Nebel

Auch Kunst hat ihre guten Seiten

Kunst spielt in der High-Society eine wichtige Rolle. Als Geldanlage, Statussymbol und wohl auch als Mittel zum Zweck. Nämlich zu dem Zweck, überhaupt in die High-Society vorzustoßen.

Leicht ist es für den Künstler freilich nicht, reich und berühmt zu werden. Selbst wenn er es so weit gebracht hat, daß er seinen Namen immer wieder in den Gesellschaftsspalten lesen kann – das ist ein flüchtiger Ruhm. Und an Reichtum übertreffen ihn alle Wurstfabrikanten und Gebrauchtwagenhändler, die still vor sich hin verdienen, ohne den geringsten Hauch von Glitz und Glamour zu verbreiten.

Aber immerhin kann der Künstler prominent werden, und das ist ja auch keine Schande. Und eine Vermögensbildung ist nicht ausgeschlossen, wenn man den richtigen Zweig der Kunst erwählt.

Die besten Karrierechancen haben Menschen, denen es gelingt, ungewöhnliche Geräusche von sich zu geben. Das Stimmband ist im künstlerischen Bereich, was die Ölquelle im wirtschaftlichen ist – da sprudeln die Dukaten!

Freilich sollte man sich von den glanzvollen Abendgagen eines Pavarotti oder Domingo nicht täuschen lassen. Die Opernstars sind eigentlich nur Durchschnittsverdiener. Erstens müssen sie ihren Beruf erlernen und verplempern jahrelang ihre kostbare Zeit mit Stimmübungen auf der Musikakademie. Schließlich müssen sie mehrstündige Opern auswendig lernen, und wenn sie einmal soweit sind, daß sie mit ihrem Rezitativ größere Publikumsmengen einschläfern dürfen, bleiben ihnen gerade noch ein paar knappe Jährchen, um richtig abzusahnen. Natürlich verkauft dann jeder sein hohes C so teuer wie möglich, aber was ist schon eine Abendgage? Sogar an der Wiener Staatsoper? Für eine Sekretärin wäre das vielleicht ein Jahreseinkommen, aber ein Boxweltmeister verdient das in einer Sekunde! Über den guten Durchschnitt kommt ein Opernsänger nicht hinaus!

Wer wirklich Gold aus der Kehle schöpfen will, muß schon Pop-Star werden. Oder Witwe eines solchen. Frau Yoko Ono dürfte inzwischen überhaupt nicht mehr wissen, wieviel Geld sich schon auf ihrem Konto angesammelt hat. Aber man kann natürlich auch selbst etwas leisten: Barbra Streisand hat es auch bis zur Dollarmilliardärin gebracht. Bruce Springsteen, Paul McCartney, Madonna und Mick Jagger haben auch so viel, daß sie es beim besten Willen nicht mehr ausgeben können. Frank Sinatra und Julio Iglesias haben vielleicht noch mehr – aber das schwankt natürlich mit dem jeweiligen Tageskurs ihrer Aktien und Investitionen.

Michael Jackson kassiert allein für seine Cola-Werbung 28 DM-Millionen – wovon er sich sicherlich etwas zurücklegen kann, denn er lebt ja sehr bescheiden und hält sich am liebsten in seinem Sauerstoffzelt auf. Aber der etwas sonderbare Pop-Star ist kein gutes Vorbild für das Highlife. Wenn sich der junge Mann heute schon im Sauerstoffzelt räkelt, wie will er das noch überbieten? Was kann ihn mit fünfzig noch reizen? Eine eiserne Lunge?

Außer den exquisitesten Heulbojen können natürlich auch die erlesensten Menschendarsteller in die ganz feinen Kreise aufsteigen. Laurence Olivier wurde von der Königin zum Ritter geschlagen, und Frank Sinatra wäre angeblich in Kreisen italo-amerikanischer Großunternehmer mit klingenden Namen wie Joe »Butcher« Bananas, Big Romeo Mortadella und Angelo »Fingers« Fettucine jederzeit herzlich willkommen. Clint Eastwood hat es bis zum Bürgermeister gebracht, die Porno-Duse Ilona Staller wurde ins italienische Parlament gewählt, und nur die Karriere des bekannten Western-Darstellers Ronald Reagan ist ziemlich in die Binsen gegangen, seit er sich bei dem Versuch übernommen hat, einen amerikanischen Präsidenten zu verkörpern.

Aber nicht nur Ehren, auch Geld wirft der Beruf bisweilen ab. Bob Hope, Jane Fonda, Warren Beatty und Sylvester Stallone und selbst europäische Fixsterne wie Alain Delon und Adriano Celentano dürfen sich schon beinahe zu den Superreichen zählen.

Wer sein Highlife auf eine künstlerische Basis stellen will, ist also am besten beraten, wenn er sich akustisch oder mimisch betätigt.

Freilich, der Olymp ist schwer zugänglich, aber auch eine Stufe darunter läßt es sich noch ganz gut leben. Als Dirigent, als unverstandenes Genie der modernen Malerei und als Bestsellerautor wird man am Rande der feinen Gesellschaft auch noch recht wohlwollend akzeptiert. Als Theaterschauspieler, Innenarchitekt oder Philharmoniker wird man dann schon eher dem Gesinde zugerechnet und muß sich mit ein paar Brosamen vom Tisch des Reichen zufriedengeben.

Wer aber eine echte Allergie gegen das Highlife hat, wer unbesungen und unbelohnt das ganze Elend seines Daseins auskosten will, muß trotzdem nicht auf eine künstlerische Laufbahn verzichten. Komponisten ernster zeitgenössischer Musik sind – schon aufgrund des gesunden Volksempfindens – beim Publikum ungefähr so gefragt wie ein rostiger Nagel im Knie.

Die Geburt der Moderne

Das Image der Kunst hat sich in den letzten Jahrzehnten erheblich verbessert. Früher war Kunst ja etwas, womit sich hauptsächlich gewisse Randerscheinungen der Gesellschaft befaßten: Künstler in erster Linie, aber auch Wäscherinnen und Kneipenwirte.
Die Künstler stellten die Kunstwerke her, die Wäscherinnen stellten sich hin – meist ohne Wäsche, um den Pinselfluß anzuregen –, und die Kneipenwirte stellten die fertigen Erzeugnisse dann aus. Nicht aus Begeisterung. Aber da sie nicht selten für ein kleines Gulasch und einen Absinth ein, zwei Quadratmeter gebrauchter Leinwand in Zahlung nehmen mußten, blieb ihnen gar nichts übrig, als die Bilder an die Wand zu hängen, um die Stammgäste an ihre laxe Zahlungsmoral zu erinnern. Und es war auch gut für die Wände, die ja nie frisch gestrichen werden konnten, weil die Maler alle damit beschäftigt waren, hübsche Wäscherinnen auf die Leinwand zu werfen.
Doch auch die heißen Nächte am Montmartre dauerten nicht ewig. Eines Tages mußten auch Toulouse-Lautrec und Auguste Renoir den Pinsel abgeben, Impressionisten und Expressionisten gingen den Weg alles Irdischen. Mit dem Aufkommen der Münzwaschsalons verschwanden auch die Wäschermädel von der Kunstszene, und so blieb den Nachkommenden gar keine andere Wahl, als die abstrakte Malerei zu erfinden. Diese gilt heute noch als Grundstock der sogenannten modernen Kunst, und wenn man auch zwischen Kubisten, Fauvisten, Aktionisten, Realisten, Futuristen, Terroristen, Neoveristen, Kopisten und Jungen Wilden wählen kann, was Abstraktes schlägt da überall durch. Und das ist das Schöne an der modernen Kunst: man hat so lange abstrahiert, bis sich das Kunstwerk jeglicher Beurteilungsmöglichkeit entzogen hatte.
Und damit hat die Malerei endlich die ihr zustehende Breitenwirkung gefunden.

Denn einerseits ist heute jeder geeignet, ein Kunstwerk zu schaffen, und andererseits kann man sich alles, was geschaffen wurde, getrost an die Wand hängen. Denn wenn auch die Kinder davon krank werden, die Zierfische verenden und die Nachbarn ein irres Hohngelächter anstimmen, kann man immer noch sagen: »Was versteht denn ihr von moderner Kunst?«
In Wirklichkeit versteht jeder ein bißchen davon. Ob ein Kandinski zu den neuen Vorhängen im Wohnzimmer paßt, ob ein Jackson Pollock Urlaubsreminiszenzen wachruft, Erinnerungen an die Nacht, als der Campingplatz von einem Bulldozer überrollt wurde, oder ob eine schmuddelige Badewanne von Josef Beuys an die Qualitäten unserer jugoslawischen Putzhilfe gemahnt, irgendwie hat doch jeder ein Verhältnis zur Kunst unserer Zeit.
Gut, es gibt ein paar Menschen, die weder die Zeit noch die Künstler, noch uns verstehen. Aber die können ja noch immer Kritiker werden und hinter einem Wasserfall amorpher Phrasen verbergen, daß sie so gar keine Beziehung zur Kunst haben.

Kunst kommt von Gönnen

Für den Goldy hat die Kunst zweifellos einen besonderen Stellenwert. Er kann damit sein Highlife in dreierlei Variationen aufwerten: als Kunstschaffender, als Kunstförderer und als Kunstsammler.
Das Malen selbst ist ja heute ein durchaus seriöses Hobby geworden und nicht mehr ausschließlich jenen verhungerten Boheme-Typen überlassen, die früher mit eiskalten Händchen ihr Monopol auf den Pinselstrich verteidigten. Heute malen auch gesellschaftlich einwandfreie Menschen, die es eigentlich gar nicht nötig hätten, auf die Tube zu drücken.
Aber von der Leinwand zur Leinwand ist nur ein kleiner Schritt, und so sind Stars wie Elke Sommer und Peter Falk auf dem besten Weg, Tintoretto den Rang abzulaufen. Und die Knef malt doch auch. Oder war das ihr früherer Gatte Cameron? Oder nimmt man das bloß an, weil sie mal eine Mühle besaßen?
Egal, die Kunst ist bis in die höchsten Kreise vorgedrungen. Königin Margrete von Dänemark illustriert Kinderbücher, und sogar in der englischen Herrscherfamilie ist zum erstenmal ein künstlerischer Funke ruchbar geworden: Die Nr. 11 in der

Thronfolge, Lady Sarah Armstrong-Jones, die Nichte der Queen, war bereits in der Sommerausstellung der Royal Academy vertreten. Das Urteil der Nachwelt über die blauäugige Blaublütige steht noch aus, aber ihr Boyfriend findet: »Es ist schwer, sie mit irgendeinem anderen Künstler zu vergleichen.« Natürlich, was man durch die eigene Kreativität an Status gewinnen kann, hält sich in einem relativ bescheidenen Rahmen. Malen schändet nicht, aber für die Mitglieder der High-Society ist es doch eher eine Ersatzbefriedigung. Ein bißchen so, als hätte Gauguin nebenbei eine Krawattenmanufaktur betrieben oder van Gogh versucht, als Visagist Fuß zu fassen.

Die Kunstförderung liegt schon mehr auf der Linie der Reichen, denn dabei fällt eine Menge Status an. Wer einen Westflügel für das Ornithologische Museum spendet oder ein neues Zelt für den Circus Maximus, hat etwas für die Gesellschaft geleistet und wird als Kunstmäzen entsprechend gefeiert. Mr. und Mrs. Schneedelbohm werden fotografiert, wenn ihnen der Leiter der staatlichen Ruinenverwaltung gratuliert, und kriegen vielleicht sogar einen kleinen Orden, ehe sie mit 600 artverwandten Kunstliebhabern auf ihre Hochherzigkeit anstoßen. Die kleine Feier kostet natürlich mehr als die Renovierung eines Amphitheaters oder ein Museumsanbau. Aber das macht nichts, denn in Kulturstaaten kann man die Kunstförderung von der Steuer abschreiben.

Das Objekt der Förderung muß man sich natürlich gut aussuchen. Der Modeschöpfer Gianfranco Ferrè beispielsweise ließ die Kuppelfresken des Doms von Piacenza renovieren. Aber das ist schon beinahe Altruismus. Erstens halten vielen Menschen Kuppeln für etwas Obszönes und wollen da gar nicht hinschauen. Und zweitens: Wie bringt man an einem Dom so geschickt sein Etikett an, daß die Leute wissen, es handelt sich um ein echtes Modell von Gianfranco Ferrè?

Viel interessanter ist da eine Art von Mäzenatentum, wie es vornehmlich von wohlhabenden Witwen betrieben wird. Sie nehmen einen jungen Künstler unter ihre Fittiche, ganz besonders unter die Daunen. Durch engen persönlichen Kontakt fördern sie die wahren Talente des jungen Genies, befreien ihn von Hemmungen und Verklemmungen und sorgen dafür, daß er im richtigen Augenblick den Höhepunkt erreicht. Das erregt den Neid weniger erfolgreicher Kunstmäzene und ist überdies gut für den Teint.

Die wesentlichste Aufgabe der Goldys auf künstlerischem Ge-

biet ist allerdings das Sammeln. Ob sie wollen oder nicht, diese Aufgabe kann ihnen niemand abnehmen, denn wer außer den Superreichen ist heute schon in der Lage, sich ein anständiges Kunstwerk zu kaufen? Die Museen sind dazu schon längst nicht mehr fähig, und die Kunstfreunde erst recht nicht.
Sich als Kunstsammler zu betätigen ist auch insofern ein ideales Steckenpferd für Mitglieder der High-Society, weil man dazu weder Geschmack noch Fachwissen braucht. Geld genügt.
Das heißt, Geld allein genügt auch nicht. Es muß schon sehr viel Geld sein! Kunst hat ja nur einen imaginären Wert. Man bezahlt dafür einen Liebhaberpreis, und weil man sie heute so lieb hat wie nie zuvor, haben die Preise jeden Bezug zur Realität verloren.
Aber das ist wieder gut für den Sammler, denn er muß nur aufs Preisschild schauen: Kunst unterscheidet sich vom Trödel durch die Nullen, die hinterm Komma stehen – und vor der Kasse.
Und nichts ist leichter, als auf diesem Gebiet ein Experte zu werden, denn auf diesem Gebiet sind auch die Experten geistig relativ unbelastet.
In einer August-Macke-Ausstellung in München hing das Bild »Farbkomposition« vier Wochen lang mit dem Oberteil nach unten. Niemand stieß sich daran, nur ein Besucher beschwerte sich, daß es im Katalog auf dem Kopf stünde.
Aber das ist ja das Schöne an moderner Kunst, daß solche Kleinigkeiten ihre Aussage nicht mindern. Ja, es gibt sogar eine Reihe von Bildern, die erheblich an künstlerischem Wert gewinnen könnten, wenn man die bemalte Seite gegen die Wand kehrt.
Bei einem Rembrandt gibt es beim Aufhängen natürlich keine Schwierigkeiten. Bei seinem »Mann mit dem Goldhelm« kann jedes Kind erkennen, wo oben und unten ist. Erst relativ spät hat man allerdings erkannt, daß es nicht von Rembrandt ist.
Aber spielt das bei Rembrandt eine Rolle? Oder überhaupt?
Fachleute schätzen, daß mindestens 50 Prozent der Gemälde, die in Museen gezeigt werden, Fälschungen sind. Über Bilder in Privatsammlungen wagt ein anständiger Mensch gar keine Schätzungen abzugeben. Aber da jede große Sammlung ihre »Muckis« hat – wer würde es wagen, den ersten Stein zu werfen? Ein Monet wäscht den anderen! Läßt du mir meinen El Greco, laß ich dir deinen Picasso! Und wer weiß, vielleicht hat sogar derselbe Künstler beide gemalt!
Wichtig ist schließlich auch nicht das Bild, sondern wieviel man

dafür bezahlt hat. Das erhöht den Status, das bringt Leben ins Highlife!

Und daß die Preise dem Wert endlich den Rang abgelaufen haben, dafür sorgen schon die Kunsthändler. Teilweise, mit leicht illegalen Mitteln, durch Scheinverkäufe etwa. Sogar in einem weltbekannten Auktionshaus kann das vorkommen. Aber warum soll man solche Manipulationen verurteilen? Es trifft bestimmt keinen Armen!

Nur: wozu die Mühe? Auch ganz ohne Nachhilfe klettern die Preise. Sotheby's setzt einen Weltrekord nach dem anderen, und Christie's hinkt nur wenig nach. Konnte Sotheby's mit 60 Millionen Dollar für 105 Impressionisten noch einen Rekord aufstellen und mit der Versteigerung der Windsor-Juwelen hochkarätige Kunstkenner wie Elizabeth Taylor anlocken, schlug Christie's wacker mit Manets »La Rue Mosnier aux Paveurs« für 11 Millionen Dollar zurück und konnte 1987 schließlich alle Höchstmarken mit einem Schlag pulverisieren.

Als die »Sonnenblumen« von Vincent van Gogh ausgerufen wurden, stiegen die Gebote pro Sekunde um 147 000 Dollar. Der Zuschlag erfolgte bei 39,9 Millionen!

Wäre der arme, erfolglose Vincent dabeigewesen, er hätte geglaubt, er hört schlecht!

Der Käufer kam aus Japan, wie schon so oft in den letzten Jahren, und noch häufiger in den nächsten. Die Voraussetzungen dafür sind durchaus gegeben, denn wie Konosuke Matsushita, ein Kaufhauskönig aus Tokio, erklärt: »Das Zentrum des menschlichen Reichtums ist einst von Europa in die USA gewandert – und es ist jetzt auf dem Weg nach Asien!«

Dem Westen droht also ein kulturelles Pearl Harbour. Denn Tokushichi Hasegawa, bedeutendster Kunsthändler Nippons, ergänzt diese Aussage noch mit den Worten: »Ebenso wie der Apfel zu Boden fällt, werden Kunstwerke dahin gesaugt, wo Geld ist.«

Zum Glück hat Europa noch einen kleinen Vorsprung. In Lugano gibt es noch die Kunstsammlung des Prinzen Heinrich von Thyssen-Bornemisza – von Experten kurz Heini genannt –, die selbst Paul Getty mit wilder Entschlossenheit und all seinen Milliarden nicht übertrumpfen konnte.

Heinis Bildergalerie in der Villa Favorita wird weltweit überhaupt nur von einer einzigen Privatsammlung in den Schatten gestellt – und dabei handelt es sich um das englische Königshaus, das natürlich schon ein wenig länger auf der Szene ist.

Gegen solche Giganten nimmt sich ein Anfänger wie der Modemacher Giorgio Armani, dessen Kunstsammlung auf 14 Millionen Dollar geschätzt wird, schon beinahe ärmlich aus. Für das Geld hätte er ja nicht einmal die untere Hälfte von van Goghs »Sonnenblumen« gekriegt! Die stilvolle Vase vielleicht, aber sonst?

Doch in der Kunst geht es eben nicht nur um Rekorde, das haben zum Glück auch die Neureichen begriffen. Auch wer zu Hause im Badezimmer oder unterwegs auf seiner Yacht nur einen kleinen van Dyck und zwei oder drei Impressionisten hängen hat, kann seinem Leben damit ein bißchen Farbe verleihen. Man weist sich damit als kultivierter Mensch aus, und solange der Irrsinn der Käufer anhält, ist ein Gemälde auch die beste Geldanlage.

Als anerkannte Sammler zu reüssieren wird freilich auch für erfolgsverwöhnte Goldys immer schwerer, denn wenn der derzeitige Boom weiter anhält, werden selbst die Fälschungen unserer Lieblingskünstler bald ausverkauft sein.

Aber es gibt doch einen Lichtblick: Jährlich werden in Europa 60 000 Kunstwerke gestohlen! Das sollte die schlimmsten Marktlücken doch einigermaßen auffüllen.

Wer sich, wie wir, ein Highlife ohne Kunst nicht vorstellen kann und dennoch, sei es aus finanziellen, sei es aus moralischen Erwägungen, davor zurückschreckt, seinen Zweit-Tizian bei Sotheby's oder auf dem Wochenmarkt von Reggio di Calabria zu erwerben, ist natürlich ganz auf die eigene Spürnase angewiesen. Aber keine Angst, man kann auch noch einzigartige Stücke äußerst wohlfeil erwerben. Beispielsweise wurde erst vor kurzem der Hut des belgischen Malers René Magritte für läppische 45 000 DM verschleudert. Wer bei solchen Gelegenheiten nicht zugreift, wird leider sein Leben lang ein Banause bleiben!

Wie werde ich Bestsellerautor?

Unzählige Menschen sondern schon in frühester Jugend gelegentlich Lyrik ab. Aber das gibt sich dann wieder, wenn die Dichter zu der leidvollen Erkenntnis kommen, daß die Mehrzahl ihrer Anbetungsobjekte lieber besprungen als besungen werden will.
Allerdings, ein paar Trotzköpfe bleiben immer übrig und beschließen, ihr Leben ganz der Literatur zu weihen. Was treibt einen jungen Menschen auf diese gefährliche Bahn?
Erst einmal ein innerer Drang, gegen den man aber mit Kaltwasserkuren oder einer Überdosis Schlaftabletten recht erfolgreich ankämpfen kann.
Zweitens die Tanten. Tanten sagen solange: »Mein Gott, wie ist das Kind begabt!«, bis das kleine Genie selbst daran zu glauben beginnt.
Drittens aber, und schlimmstens: die schamlose Werbung, die der Literatur allenthalben den Weg ebnet.
Jährlich werden auf der Frankfurter Buchmesse Hunderttausende Titel vorgestellt, und verantwortungslose Berichterstatter feiern das in Presse und Rundfunk wie ein kulturelles Ereignis. Die öffentliche Hand ermutigt den Schriftverkehr durch Lesungen und Seminare, und jeder Nachwuchsautor, der fähig ist, einen Bleistift am richtigen Ende zu halten, kriegt erst einmal einen Föderungspreis. Das geht dann so weiter – Kleist-Preis, Prix Goncourt, Pulitzer Prize und zu allem Überfluß auch noch der Literatur-Nobelpreis.
Der Nobelpreis ist insofern eine Ausnahme, als er ja grundsätzlich an Politiker, Diplomaten und andere Dilettanten vergeben wird. Nur in Katastrophenjahren, wenn man sich zwischen dem Botschafter von Burkina Faso und dem Großwesir der Kleinen Antillen gar nicht entscheiden kann, wird der Preis oftmals auf einen richtigen Schriftsteller abgewälzt.
Selbstverständlich inkommodiert man damit keinen beliebten und bedeutenden Literaten, sondern einen gänzlich unbekannten älteren Herrn, der sich nicht dagegen wehren kann, obwohl er selbst schon längst vergessen hatte, daß er einmal seine Schubladen mit abgelehnten Manuskripten füllte.
Seither gilt es in eingeweihten Kreisen als Kriterium, daß man nicht nur unbegabt, sondern auch unbekannt sein muß, und da die Mehrzahl aller Autoren diese Qualifikation spielend erbringen kann, verzichten viele Schriftsteller ganz auf einen eigenen

Leser, in der sicheren Hoffnung, dem Nobelpreis dadurch schon auf halbem Weg entgegenzukommen.
Und eine Branche, in der schon das Versagen die Unsterblichkeit garantiert, zieht den Nachwuchs natürlich magisch an.
Weniger idealistische Naturen lassen sich allerdings auch auf andere Art verlocken. Sie sehen, in welche Höhen einen die richtige Verwendung seiner 26 Buchstaben tragen kann. Barbara Cartland, die erfolgreichste Autorin aller Zeiten, hat sich inzwischen ein Vermögen erschrieben, das selbst die Schwiegermutter ihrer Nichte vor Neid erblassen läßt – und die ist immerhin Queen.
Mario Puzo bekommt für die Taschenbuchrechte so viel, daß sich mancher Pate schon fragt, ob es nicht gescheiter ist, Verbrechen zu beschreiben als zu begehen.
Truman Capote war jahrelang der Lieblingskumpel der New Yorker Schickeria, und wenn sich Harold Robbins auf seiner Yacht im Glanz vollbusiger Starlets sonnt, dann weiß man, daß auch die Literatur zur Bereicherung des Lebens beitragen kann.
Freilich nur, wenn man nicht irgendein Schriftsteller wird, sondern ein Bestsellerautor. Aber die Voraussetzungen dazu sind denkbar ungünstig. Um ein Bestsellerautor zu sein, muß man nämlich ein riesiges Publikum ansprechen, und das wird immer schwerer. Die Fähigkeit, ganze Sätze zu verstehen, nimmt nämlich pausenlos ab. 750 000 junge Amerikaner sind beim Schulabschluß nicht einmal in der Lage, ihr eigenes Reifezeugnis zu lesen! Und der Rest der Bevölkerung kommt über die Sportergebnisse auch nicht weit hinaus. Mit einem Wort: die Leserzahl schrumpft!
Zum Glück jedoch wächst die Weltbevölkerung, und so geht es sich auf internationaler Ebene wieder aus: Die Bestsellerautoren werden uns noch einige Zeit erhalten bleiben.
Und wie wird man nun einer von ihnen?
Picken wir uns als Beispiel wahllos einen Bestsellerautor der letzten Jahrzehnte heraus. Einer, der ganz klein angefangen hat und durch sein literarisches Talent in wenigen Jahren zur absoluten Spitze vorstieß: Adolf Hitler! Als er sein Hauptwerk »Mein Kampf« vorlegte, war der Erfolg noch absolut nicht vorhersehbar. 1928 wurden davon auch nur 3 000 Exemplare verkauft, und das hätte einem anderen vielleicht schon zu denken gegeben. Aber hier können wir vom Autor Hitler bereits eine wichtige Grundregel lernen: Wer Erfolg haben will, muß daran glauben! Bei Hitler mußten schließlich noch viele andere dran

glauben, aber damals war er doch so ziemlich auf sich und die Vorsehung angewiesen.
Doch das Vertrauen auf die eigenen Fähigkeiten macht sich bezahlt! 1944 lagen auf dem Konto des inzwischen weltberühmten Schriftstellers Tantiemen in der Höhe von mehr als 5 Millionen Reichsmark. In heutigem Geld wären das immerhin 35 Millionen DM – da muß selbst der Konsalik ganz schön strampeln, wenn er mithalten will.
Eine Analyse dieses Erfolges ergibt denn auch schon ein beherzigenswertes Rezept zur Herstellung von Bestsellerautoren:

1. Der Autor braucht einen guten Namen! Adolf Schickelgruber genügt vielleicht, um im Bayerischen Rundfunk Furore zu machen, aber weltweit geht da nichts. Erst als der Autor den Namen Hitler angenommen hatte, ging ein Raunen durch die literarischen Zirkel. Jeder sagte »Aha«, und damit prägten sich die Initialen des Autors unvergeßlich in unser Gedächtnis.

2. Man braucht einen guten Titel! Hitler hat lang daran gefeilt. »Mein Dampf« wurde ebenso verworfen wie »Mein Krampf«. (»Mein Mampf« bot er später dem »Stern« als Titel für einen Gourmet-Guide an.)
Auch den ansprechenden Titel »Die Wiedererweckung der deutschen Herrenrasse durch einen österreichischen Tapezierer« hat er klugerweise fallengelassen – man soll schließlich nicht im Titel schon den ganzen Inhalt verraten, sonst kauft kein Schwein mehr das Buch.

3. Man braucht ein populäres Thema! Selbst die zeitweise etwas ungelenke Prosa des Führers konnte dem Erfolg keinen Abbruch tun, hatte er sich doch eines populären Stoffes angenommen. Natürlich gibt es dafür kein Patentrezept, denn es hängt sehr von der geographischen, wirtschaftlichen und kulturellen Lage ab, was die Bevölkerung gerade im Augenblick besonders interessiert. Man kann aber fast nie fehlgehen, wenn man ein ebenso zeitloses wie aktuelles Thema wählt, beispielsweise den Antisemitismus.

4. Man braucht ein gutes Marketingkonzept! Vielleicht wäre Hitler, trotz seines Talents, unnötige Dinge verständlich auszudrücken, einer von vielen Schriftstellern geblieben. Einer wie Rilke, Kästner oder Mann, an die man sich heute kaum noch erinnert. Aber davor bewahrte ihn sein Sinn für Marketing – oder Vermarketing, wie er auf gut deutsch gesagt hätte.

Daß er den anfangs schleppenden Absatz durch den Einsatz von versierten Keilern, den sogenannten »Brauen Kolonnen«, belebte, war schon ein guter Schachzug. Der echte Geniestreich aber war, daß er sich zum Reichskanzler wählen ließ, wodurch er die Möglichkeit hatte, den zwangsweisen Erwerb seines Werkes gesetzlich zu verankern. Man kann jungen Autoren diese Methode zur Verkaufsförderung immer wieder nur dringend ans Herz legen.

5. Man braucht einen guten Steuerberater! Wenn man es aufgrund seiner Fähigkeiten einmal zum Bestsellerautor gebracht hat, will man auch etwas davon haben. Ein Teehaus am Obersalzberg, eine Sammlung von alten Meistern aus den Niederlanden, die Ölfelder von Ploieşti oder eine Sommerolympiade – was einem Schriftsteller eben gerade das Gefühl gibt, daß das Highlife nicht ganz an ihm vorbeigeht. Also braucht man einen Steuerberater, der dem Finanzamt gewachsen ist. Hitler bediente sich dazu wieder einmal der Vorsehung und zahlte gar keine Steuer. Auch das ist ein ganz entscheidender Punkt, in dem man seinem Beispiel folgen sollte.

Wer diese Ratschläge beherzigt, hat sicherlich einen gewissen Startvorsprung gegenüber der Konkurrenz. Aber auch wenn sich der Erfolg nach dieser Methode fast von selbst einstellt: man darf sich nie auf seinen Lorbeeren ausruhen!
Hitler zum Beispiel hat gewußt, daß man ständig im Gespräch bleiben muß. Und nicht durch Exzesse oder Sex-Skandale. Das mag vielleicht bei Autoren wie Norman Mailer, Harald Juhnke oder Jeffrey Archer reizvoll wirken, aber wenn jemand ein Hausbuch für die ganze Familie wie »Mein Kampf« propagieren will, muß er schon durch andere Leistungen auffallen. Deshalb kann auch unser Publicity-Experte dem jungen Autor immer wieder nur empfehlen: Bau eine Autobahn! Kauf nicht bei Juden! Gib deinen Lesern das Gefühl, daß sie zur Weltherrschaft geboren sind! Das sind kleine Gesten, die selbst ein Hilfsarbeiter, ein Taxilenker oder ein Universitätsprofessor verstehen und freudig akzeptieren kann.
Und vergiß nie, darüber zu reden! Hitler war pausenlos unterwegs, um auf Vortragsreisen für sein Buch zu werben. Ob im Berliner Sportpalast, am Wiener Heldenplatz oder im intimeren literarischen Salon auf der Wolfsschanze, immer riß er durch seine Worte das Publikum zu Begeisterungsstürmen hin.

Daß er die Bücher anderer Autoren einfach verbrennen ließ, haben ihm manche der betroffenen Kollegen lange nachgetragen. Aber hatte Hitler nicht recht? Es gibt so viele Bücher. Eines davon möchte sich der Durchschnittsmensch irgendwann im Lauf seines Lebens einmal anschaffen. Aber wie soll er aus einem Berg von Belanglosigkeiten und Schund das Wesentliche herauspicken? Die Bücherverbrennung war da eine echte Entscheidungshilfe. Und sein berühmter Ausspruch: »Was ein Buch ist, bestimme ich!« charakterisiert sehr fein den sendungsbewußten Schriftsteller, der sich der Verantwortung für sein Werk nicht entziehen kann.
Freilich, und auch das kann der Nachwuchs am Beispiel von Adolf Hitler lernen, je größer der Erfolg eines Autors ist, desto heftiger wird er ihm geneidet! Als der Führer auch die Auslandsverbreitung von »Mein Kampf« ankurbeln wollte – zuerst durch die Annektion Österreichs und des Sudetenlandes –, fielen die Kritiken ja noch ziemlich freundlich aus. Aber als er unter der Bezeichnung »Weltkrieg II« seinen genialen Werbefeldzug startete, um das Leserpublikum ganz Europas im Sturm zu erobern, regte sich an allen literarischen Fronten bereits der Widerstand. Eine Kulturnation wie Frankreich konnte Hitlers intellektuellem Approach natürlich nicht lange widerstehen und schlug sich mit Begeisterung auf seine Seite, ebenso andere Länder mit traditionellem Kulturbewußtsein wie Italien oder Griechenland. Aber dort, wo die Zivilisation noch wenig Eingang gefunden hatte, in der Sowjetunion und den USA, traten plötzlich die Kritiker auf den Plan und verrissen sein Lebenswerk in Grund und Boden. Amerikanischen und russischen Dichtern, die um ihre eigenen Absatzmärkte zitterten, war kein Mittel zu schlecht, um den guten Ruf ihres deutschen Kollegen zu untergraben. Das Ende dieses häßlichen Konkurrenzkampfes ist bekannt. Adolf Hitler war den konzentrierten Anfeindungen der literarischen Welt auf die Dauer nicht gewachsen. Auf der Höhe seines Schaffens wählte der sensible Künstler 1945 den Freitod.
Und daraus ergibt sich wieder ein Ratschlag für zukünftige Bestsellerautoren: Man soll nie zu hoch hinauswollen. Es muß einem ja nicht gleich die ganze Welt zu Füßen liegen!
Ein Bestsellerautor zu werden, um sich sein Highlife leisten zu können, ist recht und schön! Aber wenn der Schaffensdrang zu üppig ins Kraut schießt, ist Gefahr im Verzug.
Hitler kam ja vor lauter Arbeit gar nicht mehr dazu, sein Leben zu genießen. Seine Tantiemen hätten ihm allen Luxus ermög-

licht. Hätte er sich doch lieber noch eine Autobahn gekauft, noch ein Teehaus und noch ein Schäferhündchen fürs Schäferstündchen! Aber nein, er mußte Scholochow und Pasternak auch noch die russische Steppe streitig machen!
So hat er sich gegen das Highlife versündigt und der Literaturgeschichte ein besonders tragisches Kapitel hinzugefügt. Zum Glück blieb ihm wenigstens die Erkenntnis erspart, daß ihm ein großer historischer Irrtum unterlaufen ist. Denn selbst wenn ihm ein entscheidender Durchbruch in der Sowjetunion gelungen wäre: die Aktion Zweiter Weltkrieg war völlig sinnlos! Die Russen zahlen nämlich ausländischen Autoren gar keine Tantiemen!

Noch viel schöner leben mit:

SCHÖNHEIT UND JUGEND

Das einfach Schöne soll
der Kenner schätzen;
Verziertes aber spricht der
Menge zu.

*Johann Wolfgang von
Goethe*

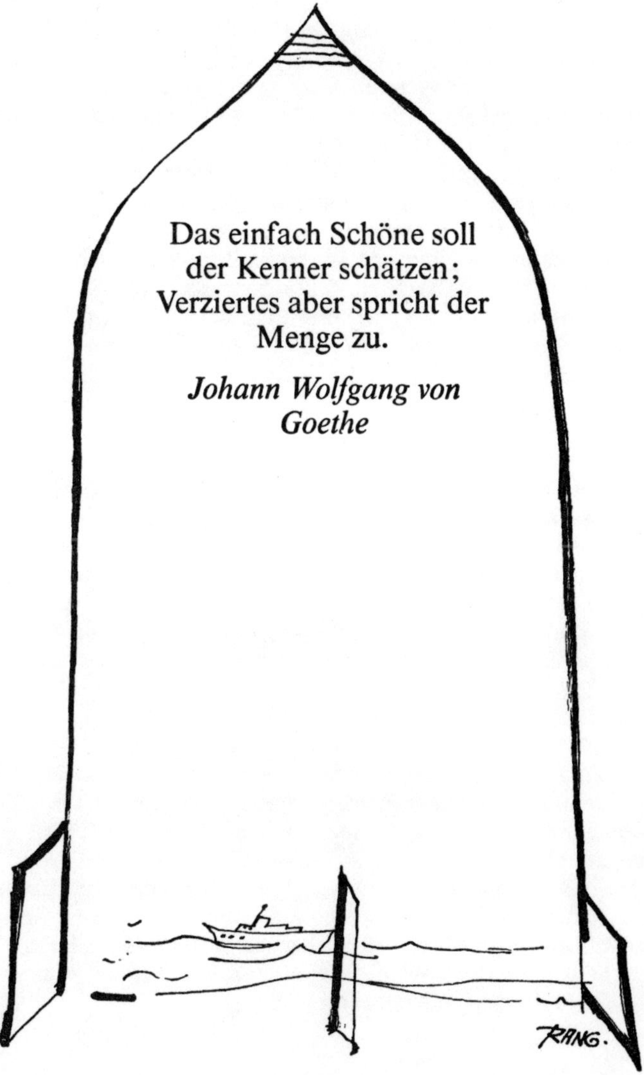

Das unfehlbare Schönheitsrezept

Eine gute Nachricht für Anhänger der Biokosmetik kommt aus Paris. Die französische Wissenschaftlerin Martine Mourrier behauptet: Küssen ist das beste Mittel gegen Falten! Endlich eine Naturheilmethode, bei der man sich keine Nadeln in die Ohren stecken oder statt des Kerzenlicht-Dinners wie ein Huhn Körner picken muß. Im Gegenteil, man kann sich höchst bequem aufs Sofa kuscheln und genüßlich an seiner Gesundheit arbeiten. 29 Gesichtsmuskeln arbeiten dabei mit, behauptet die neue Schutzpatronin der Lippenbekenntnisse. Und als wäre die Schönheit nicht genug Lohn für diese Schwerstarbeit, verbrennt ein leidenschaftlicher Kuß innerhalb von drei Minuten auch noch zwölf Kalorien. Wer sich also Taschencomputer und Kalorientabelle in die Knutschecke mitnimmt, kann jederzeit hochrechnen, wann er das letzte Stück Sahnetorte abgearbeitet hat und wie lang er noch weiterküssen muß, um sich hinterher eine Portion Pommes zu gönnen.

Freilich, jedes Ding hat zwei Seiten. So glücklich die Frauen über die neuen Erkenntnisse sein dürfen, sie werden ihnen auch manch böswillige Unterstellung eintragen. Wer einen zarten Teint besitzt, wird in den Verdacht kommen, nichts als Küssen im Kopf zu haben, und die besonders gut erhaltenen Vierzigerinnen wird man automatisch als hemmungslose Hetären einstufen. Und die männlichen Wölfe werden wieder mit einem treffenden Argument operieren können: »Also bitte, wenn du mich nicht küssen willst, hast du dir die Folgen selbst zuzuschreiben!«

Aber keine Angst, das, was uns Madame Mourrier da über die Kußtherapie verraten hat, wird ohnehin bald dementiert werden. Die mächtige Kosmetikindustrie, die sich an Tages-, Nacht- und Zwischendurch-Cremes dämlich verdient, wird sich mit der unlauteren Kußkonkurrenz gewiß nicht abfinden. Und wenn kein anderes Argument mehr hilft, wird man uns erklären, daß wir zumindest um der Arbeitsplatzerhaltung willen die billige Küsserei abstellen und wieder zu teuren Chemieprodukten greifen müssen.

Und das ist schade. Denn selbst ohne wissenschaftliche Expertisen haben viele Frauen bereits auf empirischem Wege festgestellt: Das beste Mittel, um Falten verschwinden zu lassen, ist tatsächlich ein leidenschaftlicher Kuß. Schon weil der Mann dabei meist die Augen zumacht.

Nützt uns das Jugendschutzgesetz?

Nie und nimmer!
Gerade anhand des Gesetzes zum Schutz der Jugend kann man feststellen, wie wenig man sich auf den Gesetzgeber verlassen darf!
Da läßt er sich lang und breit darüber aus, was man alles tun muß, um die Jugend zu schützen – und was passiert wirklich? Unsere Jugend geht den Bach hinunter, verliert Tag für Tag mehr von ihrem Glanz, und ehe wir noch mit der Lektüre des Gesetzbuches fertig sind, sehen wir schon ganz schön alt aus.
In Wirklichkeit ist den Politikern unsere Jugend doch schnurzegal. Schließlich garantiert nur der Altersschwachsinn eines Volkes für ihre Wiederwahl.
Wer seine Jugend wirklich vor dem Verfall bewahren will, ist letztlich wieder auf die Früchte der Kosmetikindustrie angewiesen. Das Jugendschutzgesetz jedenfalls hat bisher nichts zur Aufhebung der Naturgesetze beigetragen.
Nicht zuletzt deswegen sollten wir uns überlegen, ob wir dieses neumodische Zeug überhaupt brauchen und uns nicht lieber auf das altbewährte Oil of Olaz verlassen wollen.

Ein fernöstliches Geheimrezept

Wer regelmäßig seine delikate Giftschlangensuppe schlürft, wird sich ewiger Schönheit und Jugend erfreuen. Dieses Geheimrezept war auf der Insel Taiwan schon seit langem bekannt, aber leider werden die Taiwanesen in Zukunft keinen Gebrauch mehr davon machen können. Die Regierung hat sowohl das Verspeisen als auch die Einfuhr hochgiftigen Gewürms aus Thailand und Indonesien verboten.
Aber so sind die Politiker ja überall. Sie wollen gar nicht, daß wir jung und hübsch sind, sonst kauft doch niemand mehr die Briefmarken mit ihren verkorksten Köpfen!
Gewiß werden einige Nationalchinesen das Verbot umgehen und sich selbst ihre Suppeneinlage züchten. Wenn sie dabei jung und in Schönheit sterben, haben sie die Wirksamkeit des Rezeptes einmal mehr unter Beweis gestellt.
Die Mehrzahl der Taiwanesen müßte freilich ein Leben lang alt und häßlich bleiben, hätte dieses Volk nicht eine Eigenschaft, die es befähigt, über manche Schicksalsschläge zu triumphieren: nämlich, Echtes täuschend nachzuahmen.
Ob Sony-Recorder, Apple-Computer oder Cartier-Uhren – die besten Produkte der Welt lassen sich nur durch den diskreten Hinweis »Made in Taiwan« vom Original unterscheiden.
Und da die Regierung beim Export nicht so pingelig ist wie beim Import, werden sicher bald genügend künstliche Reptilien zur Verfügung stehen, um den Giftschlangensuppenbedarf der ganzen Welt zu decken.
So könnte das fleißige Volk aus der Not noch eine Tugend machen, und vielleicht erhält das Schönheitselixier schon auf der nächsten Hannover Messe als wohlverdiente Auszeichnung einen schwarzen Gartenzwerg mit goldener Nase. Dieser heißt »Plagiarius« und wird alljährlich an Firmen vergeben, die besonders dreiste Kopien auf den Markt bringen.
Und die häßlichen Menschen haben dann als Trost wenigstens ein schönes Einkommen.

Fitneß total

Direkt an der Quelle der Fitneßbewegung, in Kalifornien, ist nun eine Studie erschienen, die das Weltbild der Erfolgsgeneration ins Wanken bringen könnte. Wer sich sinnlosen Turnübungen hingibt, muß mit Allergieanfällen rechnen. Dabei kann man noch von Glück reden, wenn man mit Juckreiz, Ausschlägen und Husten davonkommt. Denn es können auch Halskrankheiten, Atembeschwerden und niedriger Blutdruck auftreten, ja selbst unerwartete Todesfälle sind nicht auszuschließen!

Nun war ja die gesunde, körperliche Betätigung dem intelligenten Menschen immer schon ein Greuel. Die zum Selbstzweck degenerierte Grätsche, der unproduktive Bauchaufzug und der jeder Grundlage entbehrende Liegestütz – um nur die harmlosesten Ausschweifungen chronischer Turner zu nennen – galten großen Geistern wie Diogenes, Einstein und Orthofer immer als menschenunwürdige Zeitverschwendung. Dennoch hat sich im Laufe der Jahrhunderte eine starke Lobby dafür breitgemacht. Schon im alten Sparta kochten sich einige unbelehrbare Gymnastiker am Feuer der Jugend ihr Süppchen. Im alten Deutschland war es Turnvater Jahn, der die unschuldigen Kinder durch rituelle Leibesübungen auf den Grundwehrdienst vorbereiten wollte.

Und in der Neuen Welt wurde die Fitneß schließlich zur offiziellen Weltanschauung erhoben. Die Wortführer der Intellektuellen Kaliforniens, von Arnold Schwarzenegger bis Jane Fonda, verbreiteten die neue Heilslehre, und dort, wo früher fette, glückliche Millionäre ihre Hausbar hatten, haben heute fitte, unglückliche Millionäre ihr Olympiastadion. So, wie früher die Mafiosi stolz ihre Mätressen vorzeigten, zeigen heute die Manager ihre Muskeln.

Diese unheilvolle Entwicklung – durch Abtötung des Geistes dem Fleisch zu huldigen – wurde natürlich in allen Medien verherrlicht und war sogar auf Platte ein großer Hit. Olivia Newton-John sang »Let's get physical«, wobei sie allerdings mehr auf die physischen Reaktionen irgendeines Herrn John anspielen wollte als auf den großen Physiker Newton. Denn der war bekanntlich so intelligent, daß er sich lieber einen Apfel auf die Birne fallen ließ, als das Gesetz der Schwerkraft mit 50-Kilo-Hanteln zu demonstrieren.

Der Autor hat den Mißbrauch des eigenen Körpers zu sportlichen Perversionen immer aufs schärfste gegeißelt. Aber was gilt

der Rufer in der Wüste, wenn heute schon jedes Kamel so fit ist, daß es in hohem Bogen über ein Nadelöhr springt? Man wurde einfach überrollt.
Zuerst von den Joggern. Dann von den Bodybuildern, den Trimmern, den Sauna-Fetischisten – jeden Tag erfindet ein cleverer Geschäftsmann irgendeine Belästigung, die noch gesünder ist als das, woran die Anhänger der letzten Moderichtung verstorben sind.
Leider verpflichtet der Anspruch auf gesellschaftliches Ansehen den Menschen unserer Tage zu irgendeiner Art der körperlichen Züchtigung. Aus diesem Grunde müssen die beliebtesten Methoden der Selbstkasteiung auch hier erwähnt werden. Treffen Sie Ihre Wahl!

Jogging: Gelaufen sind die Menschen schon immer. Und sie hatten allen Grund dazu. In der Steinzeit waren die Saurier hinter ihnen her und in der Neuzeit die Rocker. Früher nannte man Leute, die vor allem davonlaufen, Feiglinge, heute nennt man sie Jogger. Feig sein bringt kein Prestige, ist aber billiger. Man braucht dazu keinen Feigheitsanzug, keine Feigheitsschuhe und keinen Feigheitskurs auf Videokassetten. Feigheit ist verpönt, weil sie im Gegensatz zum Jogging kein Wirtschaftsfaktor ist. Der alte Begriff für einen laufenden Menschen »er hat Fersengeld gegeben« ist eigentlich erst durch die Jogger so richtig erfüllt worden. Auch das indianische Sprichwort: »Wenn dich die Pumas hetzen, nimm deine Adidas in die Hand« hat eine neue Bedeutung bekommen.
Regelmäßiges intensives Joggen kann Sie von allen möglichen Zivilisationskrankheiten befreien. Damen von der Unschuld und Herren von der Brieftasche beispielsweise, wenn Sie im Morgengrauen durch den New Yorker Central Park oder die Frankfurter Kaiserstraße joggen.
Joggen befreit aber auch vom täglichen Streß: Sie kriegen davon mit ziemlicher Sicherheit einen Herzinfarkt, kommen in die Intensivstation und müssen nicht mehr joggen.

Pumping Iron: Ein gleichnamiger Film hat dieses Laster weit verbreitet. Zu deutsch heißt es »Eisen pumpen«. Also das ist doch Quatsch! Wenn Sie schon jemanden finden, von dem Sie sich etwas pumpen können, dann verlangen Sie doch gleich Gold!

Bodybuilding: Wozu? Jede anständige Mutter ist zirka neun Monate damit beschäftigt, einen Body zu builden, und wir sollten froh sein, daß sie uns diese Mühen abgenommen hat. Natürlich ist nicht jeder Mensch mit dem Resultat zufrieden, aber der zweite Buildingsweg ist meist eine Sackgasse. Was haben Sie schon von einem überdimensionalen Trigeminus, wenn dann im Vergleich dazu andere lebenswichtige Organe noch lächerlicher wirken?

Trimmen: Früher hat man nur Hunde getrimmt. Heutzutage auch Frauchen und Herrchen. Kein Wunder, daß mancher Philosoph den Eindruck hat, die Menschheit sei auf den Hund gekommen.

Walking: Seit sogar Ärzte – und bei denen dauert es immer ein bißchen länger – die Gefahren des Joggens erkannt haben, ist das gezielte Spazierengehen Mode geworden. Das heißt, daß Sie jetzt Ihre ganze Jogging-Ausrüstung wegschmeißen müssen, um sich eine Walker-Kleidung anzuschaffen. Die gibt es bereits, mit allen Finessen. Denn eines ist klar: Der wichtigste Faktor für ein gesünderes Leben ist der Wirtschaftsfaktor.

Wandering: Das Wandern haben wir von den Vögeln gelernt. Nicht umgekehrt. Und in der Beziehung ist Europa den Vereinigten Staaten einmal voraus. Wir hatten schon Völkerwanderungen, als die USA noch nicht einmal Völker hatten. Deshalb wurden auch deutsche Worte wie »Wanderlust«, »Rucksack« oder »Dachshund« original in die Sprache der Amerikaner – ansonsten eher eine Veballhornung des Englischen – übernommen. Wandern hat einen hohen Prestigewert, da es oft in unwegsamem Gelände stattfindet, das mit dem Auto nicht erreichbar ist. Noch prestigeträchtiger ist freilich der Besitz eines Autos, das groß genug ist, um darin zu wandern.

Laid-back: Das kommt erst übermorgen. Und ist unheimlich rekreativ: Sie bleiben einfach im Bett und rühren sich nicht von der Stelle. Natürlich wird sich diese Fitneßmethode erst durchsetzen, wenn die Industrie ein vollständiges Programm dafür entworfen hat. In der Konstruktionsabteilung von Adidas arbeitet man bereits an Bettschuhen mit hundertprozentig ergonomischer Liegesohle. Und in den Tresoren von Lacoste liegt angeblich schon das Design für eine atemberaubende Kollektion liegeleichter Oberbekleidung. Die Firma will demnächst ihr Spitzenmodell unter der Markenbezeichnung »Pyjama« auf den Markt werfen.

Noch viel schöner leben mit:

REISEN UND RENOMMIEREN

Auf Auslandsreisen sollte
man das Wichtigste stets
bei sich tragen:
Paß, Reiseschecks und
Vorurteile.

Darc Lanson

Reisen bildet

Es gibt eine berühmte Theorie, die da lautet: Alle Menschen sind gleich.
Ebensogut könnte man behaupten: Alle Theorien sind falsch. Die Wahrheit liegt natürlich irgendwo in der Mitte. Viele Theorien sind falsch, und viele Menschen sind verschieden.
Mit den Verschiedenen wollen wir uns hier allerdings nicht befassen, es gibt schließlich genug Lebende, die bearbeitet werden wollen.
Und bei den Lebenden gibt es natürlich gewisse Unterschiede. Weniger anatomische als nationale. Um seinen Nachbarn, die nie aus dem eigenen Schrebergarten herauskommen, ein internationales Flair vorzugaukeln, muß man natürlich über solche Finessen Bescheid wissen. Leider gelingt es aber den modernen Globetrottern, Jetsettern und anderen Gesellschaftsreisenden nie, mit der einheimischen Bevölkerung in Kontakt zu kommen. Sie residieren schließlich nur in Ketten-Hotels wie Hilton's und Sheraton's – man nennt diese Touristen deshalb auch scherzhaft »Betten-Burger« –, und selbst wenn sie einmal Kontakt zum Volk suchen, indem sie ein Zimmermädchen ins verbreiterte Rückgrat zwicken, ist das in Genf, Wien oder Brüssel ja doch eine Türkin oder sonst was Exotisches. Durchaus kneifenswert und wahrscheinlich menschlicher als das Haus selbst, aber halt auch nichts Einheimisches. (Eine Frage in Klammern: Gibt es im Ankara-Hilton vielleicht Schweizer Zimmermädchen? Wir konnten das nicht eruieren und bitten um Leserzuschriften. Eigentlich wär's ja logisch, oder?) Da die Reisenden also immer nur die gleiche Atmosphäre genießen, ganz egal, wo sie sind, könnten sie eigentlich auf Lebenszeit im Frankfurter Hilton bleiben. Aber wovon sollten sie dann schwärmen, um den Zurückgebliebenen zu imponieren?
Damit es nicht zu ungezielter Eigeninitiative kommt, haben wir dieses Problem wissenschaftlich gelöst. Die Summe aller Fakten und Vorurteile ergibt ein treffendes Bild der wichtigsten Nationen, und wer künftighin etwas zur Völkerverständigung beitragen will, braucht gar nicht mehr zu verreisen. Alles, was er seinem neidischen Nachbarn über die internationale Szene berichten will, kann er dem folgenden Kapitel entnehmen. Und das Schöne dabei ist: Selbst wenn seine Putzfrau oder sein Mechaniker tatsächlich in dem betreffenden Land gewesen sein sollte, werden sie die nationale Kurzcharakteristik vollinhaltlich bestä-

tigen. Daß es sich dabei hauptsächlich um erotische Charakteristika handelt, ist selbstverständlich. Schließlich fährt man doch nicht ins wilde Ausland, um sich über die Geschicklichkeit der Eingeborenen bei der Herstellung von Kamelsätteln zu informieren.

Eine Auswahl europäischer Menschentypen

Der Franzose: Ein Franzose, der auf der Straße schläft, wird Clochard genannt, ein Franzose, der in einem Lokal schläft, heißt Garçon. Seine weibliche Kollegin ist die Garçonniere. Alle Franzosen waren im Untergrund. Wer zu jung ist, um in der Résistance gewesen zu sein, war zumindest in der Metro. Auch waren alle Franzosen irgendwann einmal in der Legion – entweder in der Ehrenlegion oder in der Fremdenlegion.
Der Franzose liebt geregelte Verhältnisse und hat deshalb meist ein Verhältnis mit der Frau seines besten Freundes. Besonders die Pariser sind sehr sexbesessen – 87 Prozent träumen davon, einmal eine Reise in das sündige Hamburg zu unternehmen.

Die Französin: Die normale Französin ist zuerst Bébé, dann Midinette und später Concierge. Sie betrügt ihren Mann regelmäßig, aber nie während der Hauptmahlzeiten. Abwegige Sexualpraktiken sind für die Französin kein Tabu: Nahezu 50 Prozent der Befragten geben an, daß sie es schon einmal bei Licht gemacht haben.
Die Leibspeise der Franzosen sind Kutteln und Knoblauch. Deshalb küßt man einander auch nicht gerne auf den Mund, sondern macht's lieber französisch. Die durchschnittliche Französin tut es am liebsten überhaupt nicht. Daß die Französinnen oh la la haben, ist lediglich eine Erfindung des Fremdenverkehrsverbandes.
Vielleicht tragen mehr Französinnen schwarze Unterwäsche als Frauen anderer Nationen, allerdings sind viele inzwischen auch schon dazu übergegangen, sie öfter zu waschen.

Der Schweizer: Der normale Schweizer heißt Blümli, Pflümli oder Schüblig und ist ein Bankdirektor, der in seiner Freizeit

Uhren herstellt. Oder umgekehrt. Umgekehrt sind überhaupt viele Schweizer. Sex ist in der Schweiz weitgehend unbekannt, in einigen Kantonen vermehrt man sich noch durch Zellteilung – daher kommt beispielsweise die Bezeichnung »Appenzeller«. Der »Emmentaler« hingegen kommt ohne Löcher nicht aus.

Die Schweizerin: In der Schweiz werden hauptsächlich Berge bestiegen. Die Frauen hingegen sind ein nahezu unerforschtes Gebiet und rangieren in der internationalen Statistik unter »ferner schliefen . . .«.
Die meisten Schweizerinnen kommen mit Skiern zur Welt und verbringen die meiste Zeit im Schnee. Dort treffen sie wenigstens ab und zu so richtig männliche Typen, die sich mit animalischer Lust an ihre Fährten heften. Diese Wesen heißen entweder Bernhard Russi oder Bernhardiner.

Der Deutsche: Der deutsche Mann braucht keinen Sex, denn er hat einen Mercedes. Und wenn er keinen Mercedes hat, hat er zumindest eine deutsche Frau, da vergeht ihm sowieso die Lust auf Sex. Der deutsche Mann ist entweder Studienrat und glaubt an Wotan und Brandt, oder er ist Vorstandsmitglied und glaubt an christlich-soziales Wirtschaftswachstum. Donnerstag würde er gerne bumsen, aber gerade da ist Kegelabend. Progressive Deutsche bezeichnen sich jetzt als »grün«, und das stimmt zumindest auf dem Sektor der Erotik. Im Gegensatz zum »Fräuleinwunder« hat in Deutschland kein »Männleinwunder« stattgefunden.

Die Deutsche: Die deutsche Frau ist blond, raucht nicht und heißt Gretel. Das sagt man ihr aber nur, wenn man sie hänseln will. Moderne Frauen heißen natürlich Emma, und wenn der Mann die Hand oder ein anderes Glied gegen sie erhebt, schneiden sie es ab. Als Nonkonformisten beziehen sie ihre Kleidung aus dem »Dritte-Welt-Katalog« von Quelle. Auch unter den Frauen gibt es heute »Grüne«. Das sind die Witwen.
Deutsche Frauen sind ein begehrter Exportartikel. In Ländern, die der westlichen Zivilisation anheimgefallen sind, werden sie oft als »blonde, blauäugige Japanerinnen« gehandelt.

Der Österreicher: Der Österreicher ist bekanntlich entweder Sängerknabe, Hofrat oder Lipizzaner. Das sind drei Typen, mit denen man sexuell nicht besonders viel anfangen kann. Immerhin ist der Österreicher einer, der es nie aufgibt. Er beginnt mit »Küß die Hand«, und es soll ganz Ungestüme geben, die auf diese Art schon bis zum Schlüsselbein vorgedrungen sind.

Da der Österreicher hauptsächlich in der Vergangenheit lebt, ist er der ideale Partner für Frauen, die eine haben.

Die Österreicherin: Die Österreicherin gilt seit langer Zeit als Mittelding zwischen Wäschermädel und Maria Theresia. Wo immer das liegen mag, liegt es falsch. Die Österreicherin übertreibt weder die Reinlichkeit noch die Ratio. Daß sie nicht gerne nein sagt, liegt weniger an ihrem Temperament als an ihrem Phlegma. Natürlich hatte Schnitzler recht, wenn er sie als »das süße Mädel« charakterisiert hat – allerdings spielt sie diese Eigenschaft nur voll aus, wenn der zu beerbende Mann nachweislich Diabetiker ist.

Der Italiener: Der Italiener ist der größte Liebhaber der Welt. Das sagt er selbst. Darüber kann er sieben Nächte lang jede Woche erzählen. Also muß man es ihm glauben. Hin und wieder kommt er dennoch so früh nach Hause, daß seine Gattin noch wach ist und ihn zwingen kann, Kost und Quartier abzudienen. Nudel um Nudel, Tira-mi-su um Tira-mi-su. Auf diese Art entstehen zahlreiche Bambini, die später wieder als Papagalli den guten Ruf des Landes aufrechterhalten können.

Sex hat in Italien eine ehrwürdige Tradition – noch lang vor den Südamerikanern haben die Italiener den rein verbalen Sex erfunden.

Die Italienerin: Die Italienerin ist ein schwarzhaariger Vulkan. Außer wenn sie auf Italiener Eindruck machen will, dann ist sie eine fade Blondine wie Monica Vitti oder Ilona Staller. Leider hat sie keine hohe Lebenserwartung, denn zu den Orgien der italienischen Playboys werden grundsätzlich keine Erwachsenen zugezogen. Es sei denn, sie wären reicher oder adeliger als der Veranstalter.

Frauen über fünfzehn werden in Italien generell als Mamma

bezeichnet. Obwohl von ihren Männern vernachlässigt, werden sie als Familienbesitz betrachtet. Wenn man sie zu sexuellen Perversionen animiert, indem man beispielsweise guten Morgen zu ihnen sagt, lernt man gleich auch ihre ganze männliche Verwandtschaft kennen. Als Erkennungszeichen tragen die Herren abgesägte Schrotflinten mit dem Spitznamen »Lupara«.

Die Engländerin: Alle Engländerinnen sind nice. Nice ist auch das Wetter und fish and chips. Oder zu Weihnachten der Plumpudding. Deshalb gibt es auch Unterschiede – manche Engländerinnen sind mehr Fisch und manche mehr plump wie der Pudding. Einfach nice, eben. Engländerinnen gehören zweifellos zu den aufregendsten Frauen des British Empire. Zwei Seelen schlummern in ihrer Brust: Margaret Thatcher und Lady Chatterley. Lady Chatterley schlummert tiefer. Englische Frauen sehen nicht so aus, aber sie wissen, was Liebe ist. Kein Pferd ist vor ihnen sicher.

Der Engländer: Dem Engländer wird oft vorgeworfen, daß er das eigene Geschlecht allen anderen vorzöge. Das stimmt nicht ganz. Was er wirklich vorzieht, ist ein doppelter Scotch und ein reinrassiger Jagdhund. Außerdem lieben englische Männer ihren Regenschirm und die Prügelstrafe, besonders die Prügelstrafe mit ihrem Regenschirm. Die meisten Engländer arbeiten für den Geheimdienst und werden deshalb von Damen umschwärmt, die darauf geschult sind, sie im Bett zum Reden zu animieren. Wenn ein Engländer heiser ist, hält ihn nichts im Bett.
Englische Männer werden hauptsächlich von englischen Frauen geliebt, die sich kein Pferd leisten können. Da die Briten selbst im Ehebett auf ihr »Understatement« stolz sind, hat die Krone, aus Sorge um den Fortbestand der englischen Rasse, eine wichtige Verfügung getroffen: Wenn die Hymne ertönt, muß alles stehen.

Der Schwede: Die Schweden leben in einer freien Gesellschaft. Sex ist dort so normal und selbstverständlich wie Zähneputzen. Und wem macht das Zähneputzen schon Spaß? Schwedische Männer heißen meist Olaf, Ingemar oder Volvo. Sie trinken gerne und werden dann sehr laut, aber erst kurz bevor sie unter den Tisch fallen. Auf den ersten Blick sehen schwedische Männer wie strahlende Göttergestalten aus. Im Privatgebrauch rangieren sie in der Sparte »Galanterie und erotische Finesse« nur knapp hinter dem beliebten Nilfisk-Staubsauger. Schwedische Männer haben schon viel Großes für die Welt geleistet. Für manche Frauen stellte sich allerdings selbst beim Anblick von Ingemar Stenmark oder Nils Holgersson schon die Frage: Würden Sie sich von diesem Mann die Zähne putzen lassen?

Die Schwedin: Alle Schwedinnen sind blond, außer dem überwiegenden Teil, der eine andere Haarfarbe hat. Die meisten heißen Liv oder Ingrid und verkörpern in Bergman-Filmen jene unbeschwerten, fröhlichen Psychopathinnen, die uns als schwedische Durchschnittshausfrauen so ans Herz gewachsen sind. Schwedische Frauen haben lange Haare und lange Beine und manchmal beides an derselben Stelle.
Die Schwedinnen haben einen legendären Ruf, und tatsächlich, alles was man sich von ihnen erhofft, findet man auch in Skandinavien. Bei den Däninnen.

Der Japaner: Der Japaner ist der ideale Ehemann, weil er nie nach Hause geht, sondern auch nach Dienstschluß noch mit den Firmenkollegen zusammensitzt, anstatt die eigene Frau zu belästigen. Daß in Japan jetzt die 40-Stunden-Woche eingeführt werden soll, könnte allerdings viele Ehen gefährden. In der Liebe ist der Japaner ein echter Kamikaze und fliegt besonders auf ausländische Schönheiten, denn der Export geht ihm über alles. Seine überraschenden Angriffe hinterlassen bei den Damen einen tiefen Eindruck, wie die beliebte Schönheitstänzerin Pearl Harbour gerne bestätigen wird. Im eigenen Land halten sich die japanischen Männer eher zurück und machen lieber Kameras oder Harakiri. Daß trotzdem die meisten Familien zu einem Sony kommen, ist ein Triumph der Technik.

Die Japanerin: Jede zweite Japanerin ist eine mandeläugige Kirschblüte und deshalb nur für den Botaniker interessant. Ein anderer wesentlicher Teil der weiblichen Bevölkerung besteht aus Geishas, die allerlei Künste beherrschen: Lesen, schreiben, Tee kochen und Laute schlagen. Auf Wunsch schlagen sie natürlich auch leise, aber das kostet extra. Überhaupt sollen Touristen, die wegen der Harmonie von Yin und Yang in den Fernen Osten reisen, auch den Yen nicht vergessen. Japanerinnen haben meist Namen wie Yoko oder Koko-san, die irgendwie an Hygieneartikel erinnern. Deshalb sind sie auch furchtbar reinlich und waschen jeden Mann vor der Benützung gründlich. Daß macht Spaß, aber nur bei altmodischen Japanerinnen, die noch keine Waschmaschine verwenden.

Urlaubstrend

Was im Urlaub besonders zu beachten ist, wurde glücklicherweise noch vor Beginn der Saison von der »Bunten Illustrierten« enthüllt: »Man reist wieder mit Kind, aber nur, wenn es ›trendy‹ ist.«
Die häßlichen Gören mit den abgeschabten Knien, die Sie zu Hause haben, können Sie also vergessen! Außer Benetton-Babys und Valentinoagern kommt nichts in Frage. Sie wollen sich doch nicht zum Gespött von ganz Ibiza machen!
Verstecken Sie das Kleinzeug während der Saison irgendwo im Keller, oder sagen Sie Hänsel und Gretel, sie sollen sich gefälligst im Wald verlaufen. Ein total ungestyltes Kind hat am Strand nichts zu suchen. Das ist ja schlimmer als die Ölpest!
Falls Sie aber vor Antritt des Urlaubs nicht rechtzeitig für den trendgemäßen Nobelnachwuchs gesorgt haben, müssen Sie dennoch nicht unbedingt auf die Reise verzichten. In einer Zeit, wo es von Leihmüttern nur so wimmelt, werden doch auch Leihkinder aufzutreiben sein.

Feiertage und Feste

Der frühere Weimarer Staatsminister und Kieferspezialist Goethe, der sich auch als Dichter einen gewissen Namen machen konnte, hat einst das geflügelte Wort in den Äther flattern lassen: »Saure Wochen, frohe Feste!«

Nun ist heute niemand mehr sonderlich an sauren Wochen interessiert, aber die frohen Feste gehören immer noch zum festen Bestandteil unserer Lebensqualität. Neben den ganz persönlichen Terminen – Omas Geburtstag, Hugos Beförderung, Gruppensex bei Nölle-Neumann – gibt es auch noch eine Reihe offizieller Festtage, die das Highlife wesentlich bereichern können. Im wesentlichen werden diese Feiertage von drei humanistischen Organisationen verordnet: dem Staat, der Kirche und der Handelskammer.

Zu den staatlichen oder nationalen Feiertagen zählen hauptsächlich solche, die irgendwas mit Unabhängigkeit und Unterdrückung, Sieg oder Friedensschluß zu tun haben. Als äußeres Zeichen dafür, daß der Staat wieder seine Tage hat, hängt jedem anständigen Bürger die Fahne zum Haus heraus.

Zu den beliebtesten gehören in Südamerika Führers Geburtstag, in Nordamerika der 4. Juli, und St. Patrick's Day überall auf der Welt, wo das notwendige Minimum von einem Iren zusammenkommt, um ihn zu feiern.

Unter den kirchlichen Feiertagen brillieren Maria Lichtmeß in der Alpenregion, das Laubhüttenfest in Israel und Ramadan im Londoner Dorchester-Hotel.

Als der Wirtschaft geweihte Feste gelten besonders der von Al Capone ins Leben gerufene Valentinstag, aber auch der Vatertag und Weihnachten.

Die meisten öffentlichen Feiertage zeichnen sich dadurch aus, daß sie arbeitsfrei sind, wobei Österreich in der Weltrangliste wahrscheinlich die Spitzenposition einnimmt. Das Volk der Tänzer und Geiger braucht eben besonders viel Zeit zum Tanzen und Geigen.

Für den Mann von Welt und die Dame von Halbwelt freilich sind die offiziellen Feiertage, an denen sich auch Krethi und Plethi in den guten Anzug werfen, um sich aus gegebenem Anlaß die Nase zu befeuchten, nicht unbedingt die Grundfesten süßen Lebens.

Der echte Goldy hat in seinem Kalender nebenbei noch eine Reihe von Terminen vermerkt, die zur richtigen Zeit am richtigen Ort zelebriert werden müssen.

Auf keinen Fall versäumen darf man natürlich folgende Gelegenheiten zum Feiern:

Silvester: Die Jahreswende feiert der Kenner am Trafalgar Square in London. Hier kann man einmal im Jahr das überschäumende britische Temperament und den ausgelassenen Charme des Inselvolkes kennenlernen. Die Bilder der feuchtfröhlichen Open-air-Party werden auch regelmäßig in alle Welt gefunkt, so daß man gute Chancen hat, ins Fernsehen zu kommen. Besonders wenn man zu den zahlreichen Schwerverletzten gehört, die diese Veranstaltung gerne produziert.

Das chinesische Neujahrsfest: Da die Chinesen sich bis heute keinen anständigen Kalender leisten können, findet dieses Fest erst statt, wenn wir unseren Neujahrskater längst vergessen haben. Durch die Verwendung von einheimischer Musik und ebenso melodisch klingenden Feuerwerkskörpern ist es ein sehr lautes Fest. Genießer feiern das chinesische Neujahrsfest deshalb auf der Malediveninsel Huduveli, wo sich der Lärm in Grenzen hält, da es dort keine Chinesen gibt.

Der 1. Mai: Der erste Mai wird traditionell auf dem Roten Platz in Moskau gefeiert. Zwar ist es auch mit sehr guten Beziehungen fast unmöglich, einen Platz auf der Ehrentribüne zu bekommen, weil dort die ältesten ZK-Mitglieder seit Jahren festgeschraubt sind, aber das muß nicht sein, denn gerade an diesem Tag will ja auch die westliche High-Society ihr Nahverhältnis zur Masse demonstrieren. Der Goldy teilt mit einfachen Menschen aus dem Volke, die ihm vom KGB zugeteilt werden, seine Wodkaflasche und schwenkt grüßend die Zobelmütze, wenn der Kreml seine neuen Superwaffen vorbeirollen läßt. So demonstrieren beide Seiten, daß Völkerverständigung kein leeres Wort sein muß.

Der 14. Juli: Er ist das Fest von Freiheit, Gleichheit und Brüderlichkeit und wird deshalb natürlich in Frankreich gefeiert, wo diese Ideale ansonsten so spärlich vertreten sind, daß man sie eigens einmal jährlich erwähnen muß.
In Paris tanzt jung und alt drei Tage lang fröhlich durch die Straßen, wobei der Gast vom Tripper bis zum Taschendieb-

stahl alles geboten bekommt, was die Seine-Metropole seit jeher ausgezeichnet hat.

Sommersonnenwende: Das Sonnwendfest ist ein alter germanischer Brauch, bei dem junge Nazis Bücher von artfremden Autoren verbrennen und dann über das Feuer springen. Aber natürlich gibt es heute keine Nazis mehr. Selbst in der Steiermark muß man jetzt schon Turner als Ersatz nehmen, und darunter leidet das Fest beträchtlich.

Nur bei den Schweden ist der Brauch noch in seiner heidnischen Form erhalten und wird dort mit Volkstanz und Aquavit umrahmt wie früher bei den einfachen Trollen aus Dalarna und Sjöderholmsbotton.

Der Kenner freilich feiert die Angelegenheit mit dem Ringelreihn weißgekleideter Jungfrauen heute in Rimini, weil sich die meisten blonden Schwedinnen zu dieser Zeit dort versammelt haben.

Wer die Jungfrauen wörtlich nimmt, sollte allerdings nicht die Mittsommernacht abwarten, sondern schon nachmittags beim Kinderfest am Planschbecken teilnehmen. Bei Schwedinnen auf Urlaub kann sich zwischen 15 Uhr MEZ und 3 Uhr MEZ ziemlich viel verändern.

Oktoberfest: Das Oktoberfest findet, wie schon sein Name sagt, im September statt, und das auch noch in München. Das Fest wird von den Brauereien veranstaltet, um auch den Bayern das Biertrinken anzugewöhnen. Natürlich schrittweise, deshalb sind die Gläser nicht vollgeschenkt. Auch die High-Society vergnügt sich hier einmal auf bodenständige Art und mischt sich im Zelt mit gemeinem Pofel. Den größten Prestigegewinn trägt jener davon, der auf der Toilette am nähesten neben Franz Josef Strauß stehen darf. Aber wie alles in Bayern wird auch das vorbildlich demokratisch geregelt. Die besten Plätze werden in der Bayerischen Staatslotterie ausgespielt.

Opernball: Der Höhepunkt der Festsaison in Wien ist der Opernball. Etwas Vergleichbares gibt es in keinem anderen Land der Welt, und darüber ist nicht nur Österreich glücklich. Am Opernball besteht Frackzwang, allerdings nur für Herren. Wer etwas auf sich hält, sollte nicht »oben ohne« erscheinen – das heißt in diesem Fall ohne Orden auf der Brust.

Natürlich nur bei Herren. Bei Damen genügt es, wenn sie nicht ohne Brust erscheinen. Wer zur internationalen Jeunesse dorée gehören will, muß einmal im Leben den Opernball eröffnet haben. Schon um Österreichs Charakter kennenzulernen. Denn wo gibt es das noch: Die konservativste Clique der Welt tanzt ausgerechnet Linkswalzer!

Was bisher erwähnt wurde, ist natürlich nur eine oberflächliche Auswahl von wichtigen Festterminen. Wer zu den oberen Zehntausend gehört, ist eigentlich das ganze Jahr unterwegs und mit Feiern so beschäftigt, daß er kaum Zeit findet, die zweitklassigen Einladungen in den Papierkorb zu werfen.

Bei den Salzburger Festspielen, in Bayreuth und Spoleto trifft man einander sowieso, bei den Filmfestspielen in Cannes und der Biennale detto. Auch der Karneval in Venedig galt eine Zeitlang als très chic. Inzwischen haben die Venezianer den Kanal voll und wollen durch Bürgerinitiativen den Karneval abschaffen. Die 700 000 Besucher beim letztenmal waren ihnen doch zuviel. Und das, obwohl der Carnevale in den letzten Jahren immer pittoresker wurde, tauchten doch neben den altmodischen Kostümen der Einheimischen immer mehr deutsche Halbschuhtouristen mit schillernden Windjacken und originellen Rucksäcken auf.

All diese offiziellen Feste freilich sind für die Goldys nur ein Anlaß, um sich für die privaten zu verabreden. Denn erst damit werden ja die eigentlichen Maßstäbe gesetzt.

Zur jährlichen Eröffnungsparty im Metropolitan Museum kann man sich ja vielleicht noch hineinschwindeln und Henry Kissinger oder der Comtesse Maxime de la Falaise den Rücken kratzen, und sogar bis ins Weiße Haus sind schon Leute vorgedrungen, die dort sehr deplaciert wirkten – man denke nur an Ronald Reagan.

Aber zu einer intimen Feier auf der Zobeldecke in Adnan Kashoggis Privatflugzeug kommt der normal Sterbliche ebenso schwer wie zur Geburtstagsparty von Marie Hélène Rothschild im Hotel Lambert auf der Ile St-Louis.

Und wer bei Barbara Hennessy von den Tellerchen essen will, die einst Napoleon für seine Schwester in Sèvres herstellen ließ, muß schon zu den 40 wirklich guten Bekannten gehören, die sich zu Weihnachten dort versammeln.

Für das Highlife auf höchster Ebene braucht man also doch bedeutend mehr als den bloßen Ehrgeiz, dabeizusein.

Aber welche Voraussetzungen sind vonnöten, um in die feinsten Kreise vorzustoßen?
Geld ist immer gut, ein Nobelpreis schändet nicht, aber ein guter Schneider ist Voraussetzung. Mit genügend Frechheit und einer exquisiten Garderobe kann man sich fast bei allen wichtigen Veranstaltungen einschleichen. Ein bißchen geschickte Konversation, und man gehört bereits zu dem äußeren Kreis der »Haben wir uns nicht in St. Moritz gesehen oder war es auf Schloß Sandringham – haben Sie nachher noch etwas vor? Wir gehen mit den Rockefellers zur Agnelli-Party – Trump ist auch dort – Sie kennen doch Trump? Warum kommen Sie nicht mit, Mister – äh, wie war doch der Name?«-Clique.
Wer mit dieser Art von Hochstapelei nicht zurechtkommt, kann den Aufstieg auch noch anders erzwingen.
Indem er selbst eine Gesellschaft gibt. Man braucht dazu ein bißchen Geld, viel Alkohol und einen Fotografen mit guten Beziehungen, der zumindest ein Bild in den Fachzeitungen der Snobiety placieren kann.
Der eigentliche Erfolgstrick aber besteht darin, einen Gast zu erwischen, der eigentlich bei besseren Leuten eingeladen wäre. Es ist gar nicht so schwer, einen solchen zu kapern, denn wer sich jahrelang in denselben Kreisen gelangweilt hat, will sich auch einmal woanders langweilen, man muß ihn nur in der Stimmung ansprechen, wenn ihn gerade sein ganzes bisheriges Leben ankotzt. Also irgendwann bei Tageslicht.
War dieser – nennen wir ihn Mr. X – erst einmal bei Ihrer Gesellschaft, kann er natürlich nicht mehr zugeben, daß es die größte Pleite des Jahrhunderts war, denn sonst kratzt er an seinem eigenen Ruf. Und was ergibt sich daraus?

»Mein lieber X., wir haben Sie gestern so vermißt! Wirklich Xi, wo waren Sie denn nur?«
»Ich bin untröstlich, Comtesse – eine andere Verpflichtung – es ließ sich nicht vermeiden . . .«
»Sie haben doch nicht vielleicht eine kleine Freundin, Sie Schlimmer . . .«
»Nichts dergleichen, Comtesse! Rein gesellschaftlich – nur ein Empfang bei den Pofels . . .«
»Die Stahl-Pofels oder die Öl-Pofels?«
»Nein, nicht die. Irgendwas en gros halt!«
»Aber Sie verstehen, der alte Baron Jauerling war da, und diese

Kiki Kondor, von der man in nächster Zeit angeblich soviel hören wird – sie kommt vielleicht ins ›Penthouse‹ ...«
»Ach, der Baron Pofel hat ein Penthouse ...«
»Wirklich nicht erwähnenswert, Comtesse!«
»Na das muß doch schon etwas sein, wenn Sie dafür auf unsere Gesellschaft verzichten, Xilein, das dürfen S' uns nicht wieder antun! Bringen Sie doch nächstes Mal einfach Ihre Freunde mit ...«

Voilà! Ihre Rechnung – mag sie auch ganz schön geschmalzen sein – ist aufgegangen. Demnächst sind Sie Gast bei Comtesse Schneigeleig, und von da an kann's nur noch aufwärtsgehen. Denn schon in der Bibel steht, daß nur dem gegeben wird, der gibt. Und das bezieht sich vor allem auf Einladungen.

Noch viel schöner leben mit:

VIRUS UND VORSICHT

Verehre die Wege der
Vorsehung auch da, wo
sie Deinen blöden Augen
ungerecht scheinen.

Johann Gottfried Herder

All about Aids

Ob Aids von der CIA erfunden wurde, wie ein paar besonders phantasievolle Insider behaupten, oder von einem konkursreifen Gummiproduzenten, ist eigentlich egal. Entdeckt und salonsfähig gemacht wurde das HIV-Virus jedenfalls von Dr. Luc Montagnier am Pariser Pasteur-Institut.

Oder von Dr. Robert Gallo am amerikanischen National Cancer Institute.

Zwei Jahre lang tobte ein erbitterter Streit zwischen den Gelehrten – schließlich kann der kleine Bösewicht, den sie da lokalisiert hatten, unter anderem auch einen Nobelpreis verursachen. Und außerdem ging's ja auch noch um das Patent für das Aids-Testmittel, das bringt immerhin 5 Millionen Dollar Tantiemen im Jahr – da kann der hippokratische Neid schon wieder mal zu Ehren kommen.

Inzwischen haben sich die Medizinmänner geeinigt und teilen die Goldmine miteinander. Die Aktien der Franzosen stehen allerdings noch ein bißchen besser, denn die haben unterdessen noch ein paar ganz gemeine Aids-Viren entdeckt, die sich mit den herkömmlichen Tests nicht feststellen lassen. Da winken also neue Testmittel und neue Einnahmen.

Wenn die gesamte Weltbevölkerung erst einmal durchgetestet ist und sich die Testmittel amortisiert haben, wird die Wissenschaft vielleicht auch darangehen, ein Heilmittel für Aids auf den Markt zu bringen.

Dann wird der reichste Mann der Welt wahrscheinlich ein Doktor med. sein.

Vielleicht ist es sogar Dr. Montagnier. Oder Dr. Gallo. Aber die Konkurrenz schläft natürlich auch nicht. Und außerdem könnte es, wie so oft, passieren, daß nicht der Entdecker den Rahm abschöpft, sondern der Pharmaproduzent, der ein Monopol auf das neue Medikament hat.

Enorme Summen stehen jedenfalls auf dem Spiel, und insofern ist auch Aids ein Faktor, der bei bestimmten Zielgruppen ein Highlife auslösen kann. Allerdings nicht bei den Befallenen, und so ist die Virusinfektion ein Trend, dem nicht einmal die sonst allem Neuen aufgeschlossene Schickeria folgen will.

Gewiß, man kennt die Geschichte: Zwei Snobs treffen einander im Kaffeehaus. Sagt der eine zum anderen: »Jetzt müßte man Aids haben! In ein paar Jahren hat das jeder!« Aber das sind Ausnahmeerscheinungen. Der Rest der Bevölkerung verharrt in stummer Panik. Und da sich die Krankheit nicht mehr an die von der Vorsehung ohnehin nur widerwillig geduldeten, zweitklassigen Lebewesen wie arbeitslose Afrikaner, heroinsüchtige Teenager und triebgeschüttelte Homosexuelle hält, sondern auch Menschen wie Rock Hudson, Liberace oder Michael Bennett aus ihrem Prominentendasein reißt, zittert auch die High-Society.

Zwar ist Aids als Sterbeursache noch längst nicht so populär wie Herzkrankheiten, Krebs und ähnliche Zivilisationserscheinungen, aber die Medien haben sich dieser Leiden mit besonderer Wollust angenommen und vergleichen es heute schon mit der schwarzen Pest.

Ein bißchen voreilig. Die Pest raffte immerhin in ihrer stärksten Phase allein im alten Wien an einem einzigen Tag 1 200 Menschen dahin. Und innerhalb von drei Jahren insgesamt ein Drittel der europäischen Bevölkerung.

Auch wenn man den düsteren Prognosen glaubt, wird Aids da nicht mithalten können.

Tatsache ist: man kann den Virus kriegen und muß sich dazu nicht einmal sonderlich anstrengen. Selbst wer die intensive körperliche Betätigung mit wechselnden Geschlechtspartnern als Energieverschwendung ablehnt, kann eines Tages mit Aids aufwachen. Es ist seltener der Fall, aber es kommt vor. Die Übertragung ist beispielsweise auch durch eine Bluttransfusion möglich. In der westlichen Welt wohl kaum noch, aber in Indonesien hat man gerade verkündet, daß sich Entwicklungsländer eben keine Bluttests leisten können, und weiterhin verwenden, was ihnen zur Verfügung steht. Es empfiehlt sich für Reisende in exotische Länder also, ständig einen Reservekanister Eigenblut mit sich zu tragen oder wenigstens einen Flachmann für den dringendsten Fall.

Gefährdet sind auch Menschen, die sich Heroin spritzen und aus Ersparnisgründen ihre Nadeln mit anderen Süchtigen teilen. Um sie vor Aids zu bewahren, sind nun sogar Regierungsstellen schon bereit, sie gratis mit sauberen Wegwerfnadeln zu versorgen.

Das ist eine sehr hilfreiche Maßnahme. Zumindest für die Statistik, denn die Leute sterben dann nicht an Aids, sondern an Heroin, und das regt ja niemanden mehr auf.

So winzig das HIV-Virus auch sein mag, es hat einen dunklen Schatten über die Welt geworfen, und auch das Highlife beginnt bereits unter dieser Bedrohung zu leiden. Die Zeit der munteren

Orgien ist vorbei, das Bäumchen-wechsle-dich-Spiel, die lauen Sommernächte im Schlauchboot sind nur noch Erinnerung. »Ricordi di Riccione«, wie der Fischer heute voll verhaltener Wehmut um Mitternacht in der Taverne singt, zu einem Zeitpunkt, zu dem er seinerzeit schon fünf deutschen Mädels die Grundzüge von Amore espresso expliziert hatte.
Nun könnte man sich natürlich fragen, ob so ein Virus nicht vielleicht intelligenter ist als ein Mensch. Ob er uns nicht einen – zugegeben etwas drastischen – Denkanstoß geben wollte. Ist das moralische Konzept unserer Epoche wirklich so wunderbar, daß es durch kein anderes ersetzt werden kann? Eigentlich besteht es doch nur in der Auffassung, daß der Mensch sich selbst verwirklichen müsse. Was ausschließlich durch wahlloses Herumbumsen mit möglichst vielen Partnern allerlei Geschlechts zu erreichen ist. Eine Nacht ohne Aufriß, ein Tag ohne Orgasmus ist die einzige Perversion, die nicht geduldet wird. Wir haben schließlich nur ein Leben, und da fragt man sich nicht lange, ob das eines ist. Alles ist erlaubt, und die außerehelichen Pflichten müssen erfüllt werden. Mit Gefühl braucht man Herz und Hirn nicht mehr zu strapazieren, das wird an die wesentlichen Organe delegiert. Es lebe der Quick-Fick! Wir haben endlich erreicht, was unserer Epoche zusteht: die McDonaldisierung des Geschlechtsverkehrs!
Mit solchen und ähnlichen Überlegungen könnte man sich nun die Zeit vertreiben. Die allgemeine Angst gäbe uns die Chance, vom libidinösen Leerlauf Abstand zu gewinnen und eine neue, vielleicht sogar bessere Konzeption für das menschliche Miteinander zu entwickeln.
Zum Glück wurde der Gedanke, sich der Seuche zu bedienen, um daraus neue Wertvorstellungen abzuleiten, bisher nur von den falschen Leuten forciert. Hollywood-Produzenten, die um das gewinnbringende Image ihrer Stars bangen, werden bald nur noch keusche Lustspiele anbieten, deren gewagteste Szenen in einem leidenschaftlichen Händchenhalten gipfeln.
Bei solchen Propheten ist es nicht verwunderlich, daß der Rest der Bevölkerung den Gedanken an eine etwaige moralische Erneuerung wieder fallenläßt wie eine heiße Kartoffel und sich lieber zu einem Kompromiß mit dem Virus entschließt.
Safer Sex! Highlife mit Hülle!
Überall wird heute für Kondome geworben: im Fernsehen und auf Plakaten, von Staatsoberhäuptern und Gummiplantagenbesitzern, auf T-Shirts und Bierdosen. Und bald werden alle Bay-

ern einen Stempel kriegen: »Warnung des Gesundheitsministers: Liebe kann Ihre Gesundheit gefährden!« Die deutsche Gesundheitsministerin, Frau Süßmuth, hat im Karneval sogar schon die erste Aids-Lyrik unters Volk gestreut:

»Gefährlich wird's und gar nicht heiter,
geht der Spaß zu zweit jetzt weiter.
Am Aschermittwoch ist alles vorbei –
Aids nicht!«

Zu einem Schlußreim hat es bei dem unbekannten Künstler nicht mehr gereicht, aber gerade die moderne, offene Form gibt auch dem größten Blödsinn oft einen Touch von intellektueller Eigenwilligkeit.
Freilich, diese ganzen Verhütungskampagnen waren doch mehr für das gemeine Volk bestimmt. Für die High-Society muß man sich schon etwas Besseres einfallen lassen. Und es wird kommen! Das Designer-Kondom!

Überzieher mit dem gewissen Etwas

Designer-Kondome werden in Zukunft viele andere Statussymbole überflügeln. Markenhersteller, die sich bisher ihre Zeit mit der Anfertigung von Armbanduhren, Toiletteartikeln, Jogging-Schuhen oder Luxushemden vertrieben haben, werden dann ihren eigenen First-Class-Überzieher auf den Markt bringen. Und wie wir festgestellt haben, können sie zur Einführung durchaus dieselben Werbetexte verwenden wie bisher.

Ein Kunstwerk, erfühlt in Harmonie mit dem eigenen Körper, als unwiderstehliches Zeichen dafür, daß man wieder eins ist mit dem, was im Leben wirklich zählt.
Denn je mehr man die Zeit zu schätzen weiß, desto intensiver will man sie genießen. Einfach genießen.

(Girard-Perregaux, Uhren)

The French have a word for it ...

(Courvoisier, Cognac)

For a moment there were just the two of you. And the whole world to discover. Omega. For all your significant moments.

(Omega, Uhren)

Cerruti. L'envie de jouer.

(Cerruti 1881, Parfüm)

All the French you'll ever need to know!

(Mariner, Unterwäsche)

Wear it well into the night.

(Pierre Cardin, Parfüm)

Avia. For the survival of the fittest.
The Avia 490. Tough enough to take on the whole Club.

(Avia, Laufschuhe)

When the end of the day is just the beginning.

(Jovan, Parfüm)

Unfortunately, there are some running problems even the Brooks Chariot KW can't solve.

(Brooks, Laufschuhe)

Renault GTA:
STICKS LIKE GLUE.

(Renault, Auto)

The difference between dressed and well dressed.

(Bally of Switzerland, Leder)

Fidelio Collection.
A triumph of dignity in styling
Ultra thin – Water resistant
A beautiful way to dress for success.

(Raymond Weil, Uhren)

Wo man Eterna trägt.
Eine Welt, in der Durchschnitt nicht genügt . . .
Für Eterna Verpflichtung zu immer neuen Spitzenleistungen.
Ständige Herausforderung, in der Welt der Rekorde den Rekord zu halten.

(Eterna, Uhren)

Wie wird der Strich gestrichen?

Aids ist inzwischen zum Tagesthema Nr. 1 geworden und führt in allen Medien zu fruchtbaren Diskussionen. Svante Nycander prophezeit uns bereits in einem Leitartikel der schwedischen Zeitung »Dagens Nyheter«: »Dieser Nonsensaustausch wird sicher weitergehen, auch wenn inzwischen die halbe Bevölkerung an Aids gestorben ist.«

Aber da kann einfach niemand abseits stehen, und so hat auch der »Spiegel« längst einen schönen Diskussionsbeitrag geliefert. Unter Mitwirkung des Soziologen und Sexualforschers Martin Dannecker und des Staatssekretärs im bayerischen Innenministerium Peter Gauweiler kam man zu interessanten Erkenntnissen.

Herr Gauweiler war der Auffassung, daß man aidskranke ausländische Strichjungen lieber nach Hause schicken sollte.

Herr Dannecker fand das gemein, weil die Jungen meist nicht freiwillig strichen. »Dahinter steckt«, wie er sagte, »durchgängig soziale Not. Das Leben auf dem Strich ist ein armseliges Geschäft.«

Irgendwie muß es aber noch armseligere Geschäfte geben, denn als Herr Gauweiler von Arbeitsbeschaffungsmaßnahmen für die Lustknaben sprach, meinte der »Spiegel«: »... damit werden Sie keinen Strichjungen von der Straße wegbringen, der sonst im Durchschnitt 3 000 Mark monatlich mit Prostitution verdient.«

Eine überraschende Wendung, die Herrn Gauweiler zu dem gefährlichen Satz provozierte: »Aber ich kann ihm doch nicht diese 3 000 Mark im Monat geben.«

Worauf der »Spiegel« die Falle zuschnappen ließ und kühl replizierte: »Warum eigentlich nicht?«

Ja, meine Herren Politiker, warum ist Ihnen diese Idee, um die Straßen sauberzuhalten, nicht schon früher gekommen? Warum zahlt der Staat nicht schon längst jedem Strichjungen ein fixes Gehalt? (Über Aufstiegsmöglichkeiten, Pensionsansprüche und die Höhe der Abfertigung sprechen wir später.)

Natürlich kriegt man damit nicht alle von der Straße weg, denn manche verdienen ja mehr. Dafür könnte man aber ein paar Gunstgewerblerinnen aus den unteren Einkommensschichten in den Staatsdienst übernehmen. Schon als kleine, charmante Geste gegenüber der Frauenbewegung.

So könnten vielleicht einige Virusinfektionen vermieden wer-

den, aber um ganz sicher zu gehen, daß sich nicht andere Chorknaben in den verwaisten Tornischen und Bahnhofstoiletten breitmachen, müßte man noch etwas weitergehen.
Am einfachsten wäre, jedem Mann, der nicht arbeiten will, 3 000 Mark netto anzubieten. Leute, die lieber die Hand auf- als den Hintern hinhalten, wird es doch noch zur Genüge geben.
Den schrulligen Typen, die es weiterhin vorziehen, ihre Kohle vor dem Hochofen bei VW zu machen, soll man natürlich nichts in den Weg legen. Aber es bleiben bestimmt ein paar Millionen Männer übrig, die sich auch mit drei Tausendern im Monat ein bescheidenes Dolcefarniente einrichten können und dafür gerne versprechen, nicht nachts auf der Toilette fremde Herren anzusprechen.
Nur so kann man die Lustgefühle eindämmen, die sich jetzt noch strichweise regen. Warum zaudern die Politiker noch? Bezahlen müssen das ohnehin die restlichen Staatsbürger. Und sie werden es gerne tun, in der Gewißheit, daß ihnen niemand einen Strich durch die Rechnung macht.

Verkehrsdelikte

Auch im weiteren Verlauf der Diskussion zwischen dem Politiker Gauweiler und dem Sexualforscher Dannecker kam es zu hochinteressanten Aussagen, die wir hier – das freundliche Einverständnis des »Spiegels« voraussetzend – wörtlich zitieren möchten:

Gauweiler: ... In Hessen mußten jetzt aufgrund einer Eingabe des dortigen Datenschutzbeauftragten Simitis die Amtsärzte in den Strafvollzugsanstalten des Landes die Daten über die Virusträgerschaft von Häftlingen löschen. Das kann dazu führen, daß ein junger Mann, der wegen irgendeines Verkehrsdeliktes in ein hessisches Gefängnis kommt, möglicherweise mit einem Aids-Infizierten die Zelle teilen muß, vergewaltigt wird und sich ansteckt. Finden Sie das richtig?

Dannecker: Nein. Ich lasse mich von Ihnen auch nicht in die Ecke drängen, es moralisch richtig zu finden, daß ein Infizierter das Virus weitergibt. Aber man muß sich in bestimmten Situationen seinen Schutz zum Teil auch selber verschaffen ...

Das ist eine der interessantesten Ansichten zur Eindämmung von Aids, die uns bislang zu Gehör gekommen ist. Zwar findet sogar Sexualspezialist Dannecker moralisch doch nicht so richtig, daß man beim Vergewaltigen gleich Viren weitergibt. Aber irgendwie entspannen muß man sich ja auch im Knast, gelle? Und wer weder auf Vergewaltigung noch auf Aids so richtig anspringt, der muß eben selbst etwas zu seinem Schutz tun.
Wenn Sie also das Gröbste vermeiden wollen, halten Sie sich an folgende einfache Selbstschutzregeln:

1. Wenn Sie wegen eines staatsgefährdenden Verbrechens (beispielsweise falsches Parken mit zuwenig Abstand von einer Politesse) ins Gefängnis geworfen werden, verlangen Sie eine keimfreie Einzelzelle.

2. Wird Ihnen dieser Wunsch verwehrt, verlangen Sie von der Direktion eine scharf geschliffene Axt oder eine leichte Handfeuerwaffe, um die amourösen Gelüste ihrer Zellengenossen in Grenzen zu halten.

3. Wird Ihnen auch dieser Wunsch verwehrt, bitten Sie Ihren inzwischen schon ungeduldig werdenden Schänder um ein notariell beglaubigtes Gesundheitszeugnis.

4. Sollte man Ihnen auch diese höfliche Bitte abschlagen, wenden Sie sich mit einigen einschlägigen Gebeten direkt an den Himmel (bei der landläufigen Vergewaltigung kommt man mit einem Rosenkranz und zwei »Gegrüßet seist du Maria« erfahrungsgemäß locker durch) und ersuchen um vorübergehende Immunität.

5. Sollte in dieser Richtung nichts laufen, dann überlegen Sie sich zumindest fürs nächste Mal, was in der Aids-Bekämpfung als Grundregel Nr. 1 gilt: Parken Sie niemals falsch!

Mag sich also das, was Herr Dannecker so verbreitet, auf den ersten Blick ziemlich abstrus anhören, in der Fortführung gewinnt es doch einen praktischen Sinn. Da soll noch irgendwer sagen, ein Sexualexperte könnte keinen Beitrag zur Verkehrserziehung leisten!

Safer Sex

Immer wieder wird gefragt: Was kann man tun, um einer Ansteckung mit Aids zu entgehen?
Nun, man kann sich zum Beispiel die Syphilis anschaffen, dann schläft ohnehin niemand mehr mit einem.
Eine etwas drastische Methode vielleicht, aber immer mehr Menschen machen davon Gebrauch – in den USA hat sich 1987 die Zahl der Fälle um 23 Prozent erhöht. Die meisten Erkrankungen wurden aus New York und Kalifornien gemeldet – aber da kommen ja praktisch alle neuen Trends her.
Aber das ist noch nicht alles, was man tun darf, wenn man von Aids verschont bleiben will. Aufklärungsbroschüren verraten, daß man auch Händeschütteln kann, daß die Krankheit durch Husten und Niesen nicht übertragen wird und die Benützung von öffentlichen Verkehrsmitteln, Bädern und Toiletten keine Gefahren birgt.
Je nun! Ein zünftiger Schnupfen, eine Straßenbahnfahrt oder eine kurze Rast in der öffentlichen Bedürfnisanstalt ist vielleicht kein vollwertiger Ersatz für die früher übliche Form leidenschaftlicher Begegnungen. Aber ist Sex überhaupt noch in irgendeiner Form erlaubt?
Doch, doch. Die holde Kunst der Selbstbefriedigung hat nichts von ihrem Zauber eingebüßt, und manche zu Unrecht wenig bekannte Perversionen können keinerlei Schaden anrichten – man denke nur an die Dendrophilie oder den Kandaulesismus.
Wer freilich die Liebe von Mensch zu Mensch, mit allem Drum und Dran – Bussi, Missionarsstellung, Zigarette danach und ähnlichen Finessen – im Auge hat, muß sich auf sieben dürre Jahre gefaßt machen. Mehr noch!
Denn da auch die schönsten Gummiwaren keinen hundertprozentigen Schutz garantieren, muß man sich leider auf die Erkenntnis des Münchner Universitätsprofessors Frösner verlassen: »Es gibt nur eine einzige wirksame Methode, um die Aids-Epidemie zu stoppen: Alle Menschen müssen ihrem Partner mindestens zehn Jahre lang absolut treu sein!«
Zehn Jahre Doppelbett hat er uns aufgebrummt! Ohne Bewährung. Ohne Hafterleichterung, ohne Hoffnung auf Begnadigung.
Zum Glück trifft es ja nur eine Minderheit. Die meisten Menschen haben den Begriff Partnerschaft schon längst aus ihrem Terminkalender gestrichen. Und wir, die wir nur uns selbst lieben, können uns die nächsten zehn Jahre wieder einmal ins Fäustchen lachen!

Noch safer Sex

Alles, was der Mensch heute tut, birgt ein gewisses Sicherheitsrisiko. Kluge Menschen versuchen sich dagegen zu schützen, so gut es geht.

Der beliebte Oberguru Bhagwan Shree Rajneesh hat verfügt, daß man ein ärztliches Attest über einen Aids-Test vorlegen muß, ehe man ihn in Poona besuchen darf. Wahrscheinlich verbreiten sich die Viren durch Meditation besonders stark! Immerhin weiß der durch und durch erleuchtete Herr, wieviel es geschlagen hat – und das, obwohl ihm der Zoll bei seiner Ausweisung aus Amerika 21 Uhren im Wert von bis zu 40 000 Dollar abgenommen hat. Das grenzt fast ans Wunderbare, aber solche Heiligen geben's halt nicht billiger, und wenn man sich heute schon aussuchen kann, welchem Wahn man verfallen will – warum nicht einem Bhagwan? Auch wenn er vor der Erleuchtung ein Attest verlangt.

Aber wozu in die Ferne schweifen? In England hat man den ersten keimfreien Singles-Club gegründet, und das Beispiel hat sofort in anderen Ländern Schule gemacht. Die Mitglieder werden untersucht, und wer gesund ist, erhält einen Club-Ausweis. Dann darf er natürlich nur noch mit Leuten verkehren, die sich ebenfalls ausweisen können. Aber je nach der Zahl der Mitglieder ist das im ärgsten Fall noch halb so schlimm wie eine Ehe. Selbst wenn die Romantik einer Beziehung ein bißchen darunter leidet, wenn die letzte Eroberung sich schon auf dem Eisbärfell vorm Kamin ausbreitet, und es fällt einem plötzlich ein, daß man vergessen hat, nach dem Ausweis zu fragen. Zumal die Damen dann ja oft noch mit Ausreden kommen, deren Wahrheitsgehalt nur schwer überprüfbar ist. Beispielsweise: »Weißt du, Liebling, ich steck meine Papiere immer in den BH, und der ist mir heute in der U-Bahn gestohlen worden.« Oder: »Wenn mein Mann merkt, daß ich den Club-Ausweis mitnehme, denkt er sich immer gleich was Schlechtes.«

Schutzmaßnahmen dieser Art sind zwar besser als gar keine, aber wer von den Bhagwans oder sonstigen Singles denkt schon daran, welche Gefahrenquellen es sonst noch gibt? Zum Beispiel den Katalysator!

Der Kraftfahrzeugexperte der österreichischen Ärztekammer, Dr. Fritz Lautner, behauptete etwa öffentlich: Katalysatorautos verbreiten Aids, Herpes und fördern bestimmte Krebsformen!

In Österreich läßt sich das nur schwer verifizieren, weil da die

Leute den Katalysator ebenso ablehnen wie Aids. Aber der steirische Mediziner sieht ja weit über seine Grenzen hinaus: »Seit Ende Juli 1985 ist die Erkrankung Aids nur dort besonders häufig manifestiert, wo auch die Katalysatortechnik im Automobil eingeführt worden ist.«

Möglicherweise hat er recht. Und vielleicht ist die Zahl der Aids-Opfer in Afrika nur deshalb so hoch, weil die Eingeborenen, statt die österreichische Ärztezeitung zu abonnieren, pausenlos mit den neuesten Hondas, Nissans und Mitsubishis durch den Busch kurven. Wir werden es nie erfahren. Der Urwald gibt seine dunklen Geheimnisse nicht preis.

Ebenso gefährlich wie der Umweltschutz ist der Sport. Auch das hat man erst später erkannt, aber nun wird zügig durchgegriffen. Der englische Fußballverband gab an alle Spieler Verhaltensmaßregeln aus, wodurch besonders ein alter britischer Brauch ins Abseits gedrängt werden soll: »Nach einem Torschuß Zungenküsse vermeiden!«

Das senkt vielleicht die Aids-Statistik, sicher aber das Niveau des englischen Fußballs. Unter diesen Umständen schießt doch keiner mehr aufs Tor!

Seit die englischen Spieler wissen, daß Zungenküsse erst durch vorangegangene Torschüsse zum Selbstmordkommando werden, wollen sie die blöde Kickerei überhaupt sein lassen. Das nächste Cup-Finale zwischen Manchester United und dem FC Liverpool wird im Schmusen ohne Ball ausgetragen.

Aber gibt es nun wirklich etwas, was man tun kann, um jede mögliche Ansteckungsgefahr zu bannen? Gewiß, der Vatikan hat uns schon die völlige geschlechtliche Enthaltsamkeit zur Verfügung gestellt. Nur ist das eben ganz schlechtes Marketing! Unser Highlife ist zwar einigermaßen flexibel, und die Devise »Safety first« wird durchaus akzeptiert, aber ersatzlos streichen kann man einen wesentlichen Genußfaktor doch wieder nicht. Man muß zumindest eine Alternative bieten.

Und diese haben zum Glück die Japaner, die schon mit der Erfindung des Videorecorders und des Walkmans einen Großteil zwischenmenschlicher Beziehungen abbauen konnten, für uns bereit. Schon kaufen die Spekulanten in Tokio fieberhaft Brauereiaktien auf, denn ein Börsenexperte hat prophezeit, daß die Japaner mehr Bier trinken werden, wenn sie aus Aids-Angst ihre sexuellen Aktivitäten einschränken.

Nur zu! Auch wir werden die Bierflasche als zweites Standbein für das Highlife benutzen. Wir werden uns mit einem Goldfassel etwas Kleines, Helles in die finstere Zeit bringen, auch wenn die Dortmunder Actien steigen und wir uns das Geld fürs Tuborg borgen müssen, wir werden am Carlsberg unser Gipfelkreuz errichten, ehe uns die Japaner einholen. Und wenn sie es sonst auch immer geschafft haben, die Konkurrenz zu übertrumpfen, indem sie alles noch kleiner machen – bei einer Maß Bier werden sie es nicht schaffen! Das Patent haben die Wirte am Münchner Oktoberfest!

Immerhin, für den Tip müssen wir ihnen dankbar sein. Erstens ist das eine geschmackvolle Art, dem Virus ein Schnippchen zu schlagen. Und zweitens: einen saferen Sex gibt's fei' gar net. Nach sieben Liter hätt' ja net amol mehr der König Ludwig seinen Schwan bestiegen. Also Prost!

Vorsicht ist die Mutter der Telefonzelle

Wir sind gewiß die letzten, die an dem Geschäft mit der Panikmache partizipieren wollen. Aber man darf deswegen auch nicht jede Jubelmeldung unkritisch zur Kenntnis nehmen.
Da schreibt zum Beispiel hocherfreut die »Bunte«: »Aids-Angst unbegründet. Beim Telefonieren aus öffentlichen Fernsprechzellen werden keine Erreger übertragen.«
So kann man das nun wieder nicht sagen! Gewiß, wir alle kennen die Qualitäten der Bundespost. Oft sind die Leitungen so verstopft, daß nicht einmal die Gespräche übertragen werden, geschweige denn irgendwelche anderen Erreger. Aber auszuschließen ist beides nicht.
Beim Telefonieren kann sehr wohl ein Virus übertragen werden! Und dabei ist ihm ganz egal, ob man während des Geschlechtsverkehrs nur ein einfaches Ortsgespräch führt oder einen long distance call macht.
Und die streßgeplagten Manager unserer Zeit haben einfach so viele Termine, daß sie immer mehrere Dinge gleichzeitig erledigen müssen.
Selten in öffentlichen Fernsprechzellen, das ist wahr. Aber in einer Notsituation? Wenn das Autotelefon kaputt ist? Und das zutiefst menschliche Bedürfnis nach Kommunikation übermächtig wird? Sind nicht gerade zu diesem Zweck die öffentlichen Fernsprechzellen da?
Solange diese Gefahr einfach negiert wird, werden immer wieder Spitzenkräfte aus Wirtschaft und Kultur ins Verderben rennen. Und da fragt man sich doch, Herr Burda: War die Meldung in Ihrem Blatt nur schlecht recherchiert, oder ist der Konkurrenzkampf unter den Topmanagern schon wieder in eine neue Phase getreten?

Noch viel schöner leben mit:

MODE UND CHIC

Jedes geglückte Kleid
ist in erster Linie
ein geschmackvolles
Inhaltsverzeichnis.

Emilio Schuberth

Geschmack hat viele Namen

Viel Neues gibt es in der Mode längst nicht mehr, aber das ist kein Wunder, denn auch die führenden französischen Nobelschneider stecken ihren unerschöpflichen Einfallsreichtum hauptsächlich in die Präsentation ihrer Modelle.

Eine Idee sticht da besonders ins Auge: Die teuren Textilien werden bei der Vorführung nicht mehr auf die simple Art nach Nummern vorgestellt – Zahlen erscheinen nur noch später auf der Rechnung –, sondern mit dekorativen Namen und Erklärungen.

So präsentierte das Haus Balmain »eine antike Chor-Robe in dramatisch schwarzem Crêpe«. Dramatisch schwarz – das erinnert an die Lunge eines walisischen Kohlenkumpels, an die Füße eines römischen Strichmädchens, an die Überzeugung von Franz Josef Strauß – aber das ist natürlich nicht jedermanns Geschmack. Vor allem in Form einer Chor-Robe kommt das wohl nur für Bischof Tutu in Frage.

Aber wie wäre es mit einer Kreation von Yves Saint-Laurent: »Weiße Lilie in einer rosa Vase«? Man darf dann nur nicht vergessen, dem Kleid täglich frisches Wasser zu geben.

Aber wer durch und durch originell sein möchte, müßte eigentlich zu einem anderen Modell aus der YSL-Collection tendieren. Es heißt schlicht und ergreifend: »Ich werde immer gegen einundzwanzig Uhr auf dich in Interlaken warten.«

Wer hätte gedacht, daß die Modeschöpfer neben all ihrer aufreibenden kreativen Tätigkeit für Basar und Boutique auch noch Zeit für lyrische Ergüsse finden! Poesie, die die Seele in Schwingungen versetzt und die Brieftasche zum Schmelzen bringt!

Noch ist es freilich nicht ganz klar, ob sie der Menschheit damit einen Gefallen erwiesen haben. Aber an solch kleinlichen Maßstäben darf man Kunst eben nicht messen. Ist es nicht genug, daß sie um ihrer selbst willen existiert?

Dafür muß man künftig auch kleine Schwierigkeiten beim Shopping in Kauf nehmen. Und die wird's geben. Schon einer geschulten Fachkraft zu erklären: »Ich möchte gern, daß unser Kuß auf der Rolltreppe kein Ende nimmt« in Größe 38, könnte zu ernsthaften Spannungen mit dem Verkaufspersonal führen. Und welcher Ehemann greift im Modesalon schon gerne zum Scheckbuch, wenn er sich dafür die Drohung einhandelt, man werde nun ständig nach Einbruch der Dunkelheit in Interlaken auf ihn warten?

So werden denn viele Frauen von den wahren Gedichten der Haute Couture nur träumen können. Aber man kann sich sein modisches Highlife ja auch in Heimarbeit zubereiten. Kreative, phantasievolle Frauen haben ja schon längst ein paar lyrische Modelle im Schrank. Beispielsweise die 14 Herbstkostüme unter der Sammelbezeichnung »Liebling, ich hab' nichts anzuziehen« und den Pelzmantel: »Wenn ich dich noch einmal mit deiner Sekretärin erwische, kostet dich das einen Nerz!«

Muß ein Panther wirklich pink sein?

Wer in der Liebe die ideale Partnerin sucht, muß natürlich besonders auf ihren Charakter achten. Und worin enthüllt sich der Charakter? In der Unterwäsche! Das behauptet zumindest der New Yorker Psychologe Simon Culbert, der nebenbei seinen wissenschaftlichen Ehrgeiz durch Dessous-Forschung befriedigt. Sicher, das Schnüffeln in feiner Damenwäsche ist eine sehr anregende Tätigkeit, und wenn man damit auch noch reich und berühmt werden kann, darf man es Mister Culbert nicht verargen. Und zudem könnte ja auch noch für Millionen unglücklich Verliebter ein schöneres Leben in der Luft liegen, wenn seine Theorien wirklich stimmen.
Also sehen wir uns die Erkenntnisse, die Kollege Culbert durch seinen innigen Kontakt mit Hemdhöschen und Baumwollslips gewonnen hat, einmal genauer an. Ganz kurz gefaßt, kann man sie auf folgenden Nenner bringen: Wer weiß trägt, ist treu, aber scheu; die Lady in Red hat den meisten Sexappeal, blau verrät Unsicherheit, schwarz Flatterhaftigkeit, und wer gar keine Dessous trägt, stellt zu hohe Ansprüche. Die Traumfrau hingegen präsentiert sich in Pink!
Nichts gegen Miß Pinky, aber – wozu führen solche Theorien? Das, was hier zitiert wurde, geistert durch alle Zeitungen der Welt, macht Dr. Culbert berühmt und verunsichert Millionen.
Sogar einige Leser dieses Buches haben schon einmal irgendwie gespürt, daß sich das wahre Highlife bis in die unergründliche Tiefe der Unterhose erstreckt, und denken nun vielleicht, sie hätten den Schlüssel zum immerwährenden Glück gefunden.
Mit Schaudern sehen wir schon das handgestickte Motto über der doppeltbreiten Lustwiese, das uns die neue Religion verkündet: *»THINK PINK!«*

Um das zu verhindern, müssen wir, bei allem Verständnis für die Neigungen des verehrten Kollegen Culbert, seinen Erkenntnissen hier die Stirn bieten. Auch wenn es sich dabei um wissenschaftlich wohlfundierte Tatsachen handeln mag, wird uns nichts davon abhalten, sie in den Bereich des unfreiwilligen Humors zu verweisen. Ha, ha, Herr Culbert!
Unser Experte, der beliebte Sexualtheoretiker Jan Hagel, dessen Ruf als Wäschefetischist von zahlreichen Gerichtshöfen in aller Welt bestätigt wurde, kam nämlich in einer eigens für dieses Buch angefertigten Studie zu völlig anderen Ergebnissen. So behauptet Hagel zum Beispiel, daß die vielzitierten Erkenntnisse des New Yorker Psychologen zu einem erfüllten Liebesleben aber schon gar nichts beitragen können.
Wo lernt man denn schon eine Frau kennen? In der Oper, in der Straßenbahn, beim Zahnarzt, im Büro – immer dick vermummt in allerlei Oberbekleidung. Wie will man denn da feststellen, ob sie charakterlich zu einem paßt? Und selbst wenn die Betreffende da etwas nachhilft, gilt noch immer die alte Faustregel: Eine Dame, die einem in der Öffentlichkeit ihre Unterwäsche zeigt, ist keine!
Im Bett aber, wo die Dame beweisen darf, ob sie scheu, unsicher oder exzessiv lasterhaft ist, behält sie die Unterwäsche hoffentlich nicht an, weil sie sonst nur schön blöd wäre. Aber wenn sie nackt ist, trägt sie gar keine Unterwäsche, und solche Frauen soll man nach Culberts Theorie gar nicht an sich heranlassen!
Ja, lieber Herr Culbert, wann soll die Frau einem eigentlich mit der Unterwäsche winken, um ihre charakterlichen Vorzüge ins rechte Licht zu rücken? Nehmen wir an, sie tut es auf dem schmalen Grad zwischen der ersten Begegnung an der Bushaltestelle und dem Bett.
Kecke Finger haben ihr das Musselinkleidchen aufgeknöpft, und nun steht sie da in ihrem schafwollenen Unterzeug. Dem Tierfreund pocht freudig das Herz, Herr Culbert, aber uns? Außer der Farbe spielt doch wohl auch das Material der Verpakkung eine Rolle und – nicht zu vergessen – das Design!
Und selbst wenn man sich nur nach der Farbe richtet – kann man sich bei dem sündigen Schwarz wirklich auf eine leicht verkommene Schlampe einstellen? Vielleicht war das, was uns jetzt glauben macht, ins Schwarze getroffen haben, noch vor vier Wochen weiß, und nach einer unbefriedigenden Liebesnacht lacht uns die unreine Jungfrau scheu, aber vernehmlich aus?
Und was heißt schon: Die ideale Partnerin trägt Pink? Etwas

Dümmeres ist ja nun wohl selten niedergeschrieben worden. Das kann doch nur dazu dienen, daß die Reizwäschefabrikanten auch noch ihre Ladenhüter an die Frau bringen! Das hieße im Klartext doch genausoviel wie: Die ideale Partnerin kocht ihrem Liebsten Gulaschsuppe! Nichts anderes? Jeden Tag?
Mag sein, daß unser Experte Jan Hagel seine Gedanken zum vorliegenden Thema in etwas krasser Form abgesondert hat. Vielleicht, weil er Kollegen Culbert den internationalen Ruhm neidet, den dieser aus einem simplen Damenhöschen schöpft. Andererseits kennen wir Hagels reinen und lauteren Charakter und sind überzeugt, daß er mit seinen Forschungsergebnissen tatsächlich etwas zum Highlife der Liebenden beitragen kann. Und nur aus diesem Grund wollen wir auch den rein wissenschaftlichen Erkenntnissen Culberts jene Maximen gegenüberstellen, die der berüchtigte Erotomane Jan Hagel nach intensiven Versuchen am lebenden Objekt der Nachwelt hinterlassen hat.

Jan Hagels 6 Thesen über den Gebrauch von Unterwäsche

1. Beurteile den Charakter einer Frau nie nach ihrer Unterwäsche. Es gibt Biester, die in Samt und Seide einhergehen, aber auch edle Naturen, die sich bei den Dessous auf einen Hauch Chanel 5 beschränken.

2. Es ist nichts dagegen einzuwenden, daß Frauen köstliche Unterwäsche tragen – aber denke immer daran, wer das letztlich bezahlen muß!

3. Die Farbe kann eine Rolle spielen, muß aber nicht. Strumpfhosen sind in jeder Farbe eine scheußliche Erfindung. Hingegen erzielten schwarze Strapse bei den letzten Tests im Windkanal noch immer den Erektionsfaktor 100.

4. Eine »Pink Lady« ist schon als Cocktail nicht jedermanns Geschmack. Aber noch viel schlimmer ist eine Frau, die ständig in rosa Unterwäsche herumläuft. Ihre wesentlichen Eigenschaften dürften Einfallslosigkeit und Mangel an Phantasie sein.

5. Variatio delectat! Und wenn die Frau nicht regelmäßig die Wäsche wechselt, gibt es ja noch die Möglichkeit, regelmäßig die Frau zu wechseln.

6. Dessous sind eine belanglose Erfindung der Textilindustrie und allen möglichen Moden unterworfen. Aber das, was drin

steckt, ist ein klassisches Modell aus der Werkstatt des größten Damenschneiders aller Zeiten. Man sollte sein Augenmerk in erster Linie auf diese zeitlose Kreation richten!

Dessous oder Dessert?

Geschmackvolle Unterwäsche zu finden war nicht immer leicht. Marken wie »La Perla« oder »Triumph« haben zwar immer versucht, neben verschiedenem anderen auch das Niveau zu heben, aber die meisten übrigen Firmen präsentieren in ihrer Kollektion doch ständig wieder die Stilrichtung »Impression Bordellaise«.
Endlich hat sich nun auf diesem lange vernachlässigten Gebiet der gute Geschmack durchgesetzt. Bei Leva in Florenz erhält man Wäsche in jeder Geschmacksrichtung von Pfefferminz bis Grand Marnier. Büstenhalter al cioccolata werden die Leckermäulchen ebenso begeistern wie Unterhöschen mit Erdbeergeschmack, speziell für Bettnäscher.
Wie man hört, hat die Wäsche noch einen weiteren Vorzug: sie löst sich in Wasser auf und schmilzt in der Sonne. Ausgepichte Genießer lassen sich die Dessous ihrer Süßen natürlich auf der Zunge zergehen, aber auch Diabetiker dürfen unbesorgt mal ihre Braut vernaschen, wenn sie dieselbe vorher kurz in die Badewanne oder ins Solarium gelegt haben.

Noch viel schöner leben mit:

RELIGION UND GLAUBEN

Der Beweis für eine gute Religion ist, daß man darüber scherzen kann.

G. K. Chesterton

Karriere als Kirchenfürst

Wer ohne Schwielen an den Händen vornehm, aber doch schnell zu Geld kommen möchte, sollte möglichst bald den Einstieg in eine ebenso ertragreiche wie krisensichere Branche wagen: das Glaubens-Business!

Man darf sich in diesem Zusammenhang nicht von banalen Horrormeldungen entmutigen lassen. Daß der Vatikan einen jährlichen »Betriebsabgang« von etwa 100 Milliarden Lire hat, liegt nicht zuletzt auch daran, daß er bei dubiosen Geschäften mit dem Mafia-Unternehmen Banco Ambrosiano beinahe das Chorhemd verlor. Außerdem ist das Christentum in einem vorbildlichen Strukturwandel begriffen – der Übergang von der Theokratie zur Bürokratie scheint bestens zu gelingen. In Deutschland und Österreich etwa, wo die Mitgliedsgebühren für Gläubige wie eine reguläre Steuer eingetrieben werden – gerne auch mittels »Binnen«-Briefen und Pfändungen –, hat sich der Apparat schon recht erfreulich aufgebläht. Bald wird der Tag kommen, wo der gesamte Kirchensteuereingang nur noch dazu ausreicht, die Steuereinhebung zu finanzieren, und für die Kirche gar nichts mehr bleibt. Um so mehr, als viele achtbare Menschen aus der Kirche austreten, weil sie a) neben dem Finanzminister nicht noch einem zweiten Schröpfkopf ausgeliefert sein wollen, b) weil sie, dem Datenschutz mißtrauend, nicht bereit sind, irgendeinem Angestellten der Kirchenbeitragsstelle und seinem kleinen elektronischen Spielzeug (die ja nicht ans Beichtgeheimnis gebunden sind) ihre Vermögens- und sonstigen Verhältnisse detailliert offenzulegen, und c) weil sie inzwischen gemerkt haben, daß man auch fromm sein kann, ohne einen weiteren überflüssigen Verwaltungsapparat durchzufüttern.

Freilich, so schnell geht es mit einem Unternehmen dieser Größenordnung nicht bergab, und über Defizite hat die katholische Kirche schon seit Jahrhunderten geklagt, um ihre Anhänger zu größerer Spendierfreudigkeit anzuregen. So dürftig, wie die Gründer dieser Religionsgemeinschaft einst existieren mußten, haben denn auch späterhin die Würdenträger der Kirche nie gelebt. Im Gegenteil, Glanz und Gloria waren nie ganz zu trennen, und wenn hie und da im Laufe der Geschichte ein armer Bettelmönch barfuß zur Buße aufrief, wurde das von manchen Kirchenfürsten schon als berufsschädigendes Verhalten betrachtet. Kochbuch und Weinkarte studierte der Klerus meist ebenso eifrig wie die Bibel, und ein Tischgebet als Aperitif regte denn auch so richtig zu gottgefälligem Schlemmen an. Und wenn man mal fastete, dann kamen eben statt Ochs und Schwein die feinsten Flossentiere auf die Tafel, dazu eine Reihe schmackhafter Vögel, die man kurzweg zu Fischen ernannt hatte. Und wenn das nicht reichte, dann gab es noch eine beliebte Fastenspeise namens Kaviar!

Auch die Liebe kam nicht zu kurz, und wie es der toleranten Haltung der Kirche entsprach, wurde sie Männlein und Weiblein gleichmäßig zuteil. Man muß gar nicht bis auf die Borgias zurückgehen, um festzustellen, daß in der Kirche viel mehr Wasser gepredigt wurde als getrunken.

Politische Intrigen und finanzielle Manipulationen haben ebenfalls eine große Tradition unter führenden Christen. Seit Judas für 30 Silberlinge seinen Glauben verkauft hat, ist allerdings vieles anders geworden – vor allem die Preise! Aber im Schoße des Vatikans sind auch jene Schäflein sicher, die sich vielleicht einmal irgendwo um ein paar Nullen geirrt haben. Erzbischof Paul Marcinkus jedenfalls kann einem Haftbefehl der italienischen Justiz nicht Folge leisten, weil er als Vertreter des Kirchenstaates immun gegen solche Belästigungen ist. Und außerdem kann er ja wohl kaum etwas Unrechtes getan haben, da er trotz seines hohen Amtes noch einen über sich hat, der ihn kontrolliert. Zufälligerweise – durch Gottes Fügung oder Personalmangel – ist das auch Erzbischof Paul Marcinkus, ein Mann, der über alle Zweifel erhaben ist.

Eine Karriere als katholischer Kirchenfürst hat also durchaus ihre reizvollen Seiten. Und selbst wenn Kardinal Ratzinger, der ein wichtiges Ministerium des Vatikans leitet, dafür nur 1,6 Millionen Lire erhält – jeder Italienurlauber weiß: das reicht zwar für den täglichen Spaghettibedarf, aber man muß sich beim Tretbootfahren schon sehr einschränken –, deswegen soll man diesen Beruf nicht gleich verteufeln. Irgendwo muß da noch ein Rest im Kleingeldbeutel sein. Wenn man bedenkt, was allein die Dienstreisen vom Chef kosten!

Und sollte wirklich einmal Mangel an Bargeld herrschen, bleibt noch der Immobilienbesitz. Zum Beispiel der Vatikanstaat, 0,44 Quadratkilometer in zentraler Lage. Ein paar winzige bauliche Veränderungen, und der Vatikan ist das schickste Apartmenthaus von Rom! Für ein Penthouse mit direktem Zugang zur Sixtinischen Kapelle würde so mancher Popstar glatt die halben Einnahmen seines letzten Open-air-Konzerts hinblättern! Und was McDonald's für einen Drive-Imbiß mit Hunderten reser-

vierten Parkplätzen am Petersplatz bezahlen würde, könnte der Kirche sogar aus einer ernsteren finanziellen Klemme helfen.
Mutter Teresa, die kleine Nonne mit dem übergroßen Herzen für Arme und Kranke, hat einmal gesagt: »Gott ist mein Bankier!« Und obwohl sonst die Stimme der letzten Christen selten bis nach Rom dringt, dürfte man diesen Ausspruch auch in klerikalen Kreisen verstanden haben. Falsch natürlich. Aber die Idee, daß der liebe Gott eigentlich ein Bankier ist und seine Filialleiter in aller Welt die Zinsen kassieren, könnte nun doch manchen bei seiner Berufswahl inspirieren.
Menschen mit konservativer Einstellung, die ebenso gerne Reisen wie Politik machen und Verhütungsmaßnahmen höchstens bei der Nächstenliebe akzeptieren, können es also in der Kirche weit bringen. Frauen sind von dieser Karriere leider ausgeschlossen. Aber das sind sie ja bei anderen renommierten Geldinstituten auch.

Religionen für jeden Geschmack

Damit dieses Buch nicht in den Verdacht gerät, einseitig und voreingenommen für die katholische Kirche zu werben, wollen wir uns auch noch kurz mit anderen Religionsgemeinschaften befassen. Im Prinzip sind die meisten einander ja sehr ähnlich: Man verspricht dem Menschen ein besseres Jenseits, und damit er das möglichst bald genießen kann, setzt man ihn auf den Scheiterhaufen oder läßt ihn im Krieg gegen Andersgläubige verbluten.
Natürlich gibt es ein paar Ausnahmen, aber die Anhänger verschiedener Naturreligionen werden dieses Buch nicht lesen und selbst die Adepten des Zen-Buddhismus würden die Auflagenhöhe nur so geringfügig beeinflussen, daß wir sie hier vergessen können.
Bleiben wir also bei den marktbeherrschenden Religionen. Römisch-katholisch hatten wir schon. Über die Protestanten muß man sich nicht länger verbreitern. Ein Brite sagte vor mehr als 150 Jahren einmal recht zynisch: Eigentlich sei alles dasselbe Theater, nur wäre der Katholizismus die Komödie und der Protestantismus die Tragödie. Da darf es nicht verwundern, daß gewisse Protestanten noch vernagelter sind als die ärgsten Katholen, weil sie zwar das Geldverdienen als Tugend betrachten,

aber sonst fast gar nichts, was Spaß macht – da schaut überhaupt kein Highlife heraus.
Was den Hinduismus betrifft, weiß man allgemein nur, daß er Kühe für unantastbar erklärt und Menschen für unberührbar. Mehr braucht man auch nicht zu wissen. Bei allem Respekt für diese Religion – Kühe zu verehren und Menschen wie Vieh zu behandeln kann auch nicht der Weisheit letzter Schluß sein. Aber es wird schon irgendwas zu bedeuten haben.
Über den jetzt so aktuellen Islam kann man wirklich nur Positives sagen. Schon deshalb, weil man mit strengen Vergeltungsmaßnahmen rechnen muß, wenn man etwas Negatives sagt. Mohammedanische Führungspersönlichkeiten verstehen nämlich weder Spaß noch Kritik. Aber was gäbe es auch an der Verwüstung des Libanon zu kritisieren, an einem gottgefälligen Regime wie im Iran, im Irak, in Libyen oder Syrien? Das sind doch vorbildliche Wegweiser in die anbrechende Spätsteinzeit! Lediglich die Missionierungsmethoden der Söhne Allahs irritieren westliche Beobachter noch ein wenig. Aber vielleicht muß man den Koran im Original lesen, um jene Stelle zu finden, wo Entführung, Erpressung, Gewalttätigkeit und Mord an Unschuldigen als besonders fromme Werke gepriesen werden.
Oder vielleicht steht es gar nicht im Koran, daß man hie und da ein Schiff entführen und einen alten Mann im Rollstuhl über Bord kippen muß?
Daß man kleine Kinder in einem Pariser Kaufhaus in die Luft jagen soll oder ein paar Touristen auf dem Flugplatz von Rom niedermetzelt?
Daß der Name Allahs manchmal nur als Deckmantel für den alltäglichen Wahnsinn dient?
Von den Geistlichen dieser Konfession wird ja immer wieder betont, daß der Islam eine Religion der Nächstenliebe und der Toleranz sei. Aber könnten sie diese Behauptung nicht einmal mit einem kleinen praktischen Beweis untermauern? Damit die nächste Hausfrau, die einem Terroranschlag zum Opfer fällt, wenigstens den Eindruck hat, für eine gute Sache zu sterben? Oder damit es gar nicht erst so weit kommt?
Den Islam als eine der großen Weltreligionen zu achten, fällt uns nicht schwer. Es fällt uns nur schwer zu glauben, daß er so gedacht war, wie er heute von manchem seiner Vertreter praktiziert wird.
Aber erstens weiß man halt zu wenig darüber. Und zweitens könnte vielleicht manches anders sein, wenn der Rest der Welt

agt, daß es ihm so nicht gefällt. Da aber die Weltmächte Drohungen und Beschimpfungen der Mullahs und anderer islamischer Würdenträger durchaus freundlich aufnehmen, um die Handelsbeziehungen nicht zu gefährden, wird sich nichts zum Besseren wenden.
Wichtiger, als neue Anschläge zu verhindern, ist es den westlichen Nationen schließlich, im Iran und im Irak, im Libanon und in Libyen Geld zu verdienen. Amerika und Frankreich liefern die Waffen für den Golfkrieg, Deutschland ist der führende Handelspartner des Iran, Argentinien liefert Teheran die nötige Atomtechnologie...
Für soviel Geldgier und Charakterlosigkeit muß man natürlich auch ein paar kleine Opfer bringen. Mal da, mal dort – wo gerade eine Bombe hochgeht. Aber das haben die Regierungen und die Konzerne sicher schon eingeplant. Kosten-Nutzen-Rechnung nennt man das.
Pardon, es scheint, als wären wir ein wenig vom Kern des Themas abgekommen. Aber ist das nicht auch irgendwie symptomatisch, daß man heute immer, wenn man über Religion sprechen will, zu Krieg und Geld, Gewalt und Geschäft abgleitet?
Und leider macht es die Sache auch nicht viel besser, wenn wir uns jetzt kurz dem jüdischen Glauben zuwenden. Daß Hitler ihn ablehnte, spricht eindeutig für den jüdischen Glauben, daß Meir Kahane dafür ist, spricht schon wieder ein bißchen dagegen. Aber vielleicht sollte man eine Religion lieber danach beurteilen, was sie ihren Anhängern bringt. Und zwar heute. Denn die Vergangenheit des Judentums ist eine so unvorstellbare Leidensgeschichte, daß sie in diesem Rahmen keinen Platz findet.
Aber was bringt die Religion den Kindern Israels heute? Offen gesagt, Zores in jeder Menge!
Daß die Israelis ihre kleine Nation gegen eine Übermacht von feindlichen Nachbarn verteidigen müssen, ist schlimm genug, und seit sich Ephraim Kishon auf sein Schweizer Bankkonto zurückgezogen hat, haben die Leute in Tel Aviv noch weniger zu lachen. Aber mit solchen Schicksalsschlägen wird das tapfere Volk fertig. Schwieriger ist es, mit gewissen inneren Widerständen zu leben. Es gibt nämlich kaum in einer Religion strengere Regeln als bei den orthodoxen Juden. Ganz abgesehen von der Bekleidung und den Essensvorschriften, die sie aus Moses Zeiten herübergerettet haben, wollen sie, ähnlich wie die islamischen Fundamentalisten, das moderne Leben politisch, wirtschaftlich und kulturell an ihre heiligen Bücher anpassen.

Aber Mohammed und Moses haben mit ein paar vertrackten Erfindungen der Neuzeit noch nicht gerechnet, und so kommt es manchmal zu Konflikten zwischen den Weisheiten der Vergangenheit und den Notwendigkeiten der Gegenwart. Dann müssen sich in Israel die Schriftgelehrten damit befassen, ob man am Sabbat wirklich keinen Lift benützen und kein Feuerwehrauto fahren darf. Oder es kommt zu einer seltsamen Verordnung des Rabbiners: daß etwa in Midgal Frauen nicht mehr an Begräbnissen teilnehmen dürfen. Weil in irgendeiner mittelalterlichen Schrift geschrieben steht, daß Frauen bei Begräbnissen Unglück bringen. Und man kann das nicht einmal als völlig falsch empfinden, denn zumindest für die Frau, die an ihrem eigenen Begräbnis teilnimmt, ist das doch eher ein Unglück.
Aber es gibt noch größere Probleme. Beispielsweise die Weizenernte. Denn obwohl Gott auf dem Berge Sinai dem Moses empfahl, im siebenten Jahr die Felder nicht zu bebauen, wurde aufgrund einer Übereinkunft mit dem Obersten Rabbinat in diesem Shnat Shmitta die Aussaat vorgenommen, wobei durch den symbolischen Verkauf des Landes an einen Goj alles vor Gott und dem Gesetz abgesichert erschien.
Aber nun behauptet Shaf, die orthodoxe Partei der Thora-Wächter, das ginge nun doch nicht an, und so stehen 250 000 Tonnen Weizen auf den Feldern und wissen nicht, wohin. In den Mühlen Israels werden sie schwer Unterschlupf finden, denn da bliebe jedem Orthodoxen der Bissen Brot im Halse stecken. Und wenn die Mühlen das Getreide nicht verarbeiten, müssen die Bauern mit 50 Millionen Dollar subventioniert werden. Wieder eine der biblischen Landplagen für das zerrüttete Staatsbudget – aber diesmal hausgemacht.
Man könnte nun noch eine Reihe weiterer Glaubensbekenntnisse unter die Lupe nehmen, aber es wird wohl kaum etwas am Gesamteindruck ändern: mit den Fundis läßt sich heute kein Staat mehr machen.
Im übrigen stehen wir vollinhaltlich hinter Friedrich dem Großen, der da meinte, jeder solle nach seiner Fasson selig werden.
Ein Highlife in dem von uns angestrebten Sinne steht freilich bei den oberwähnten Religionen nicht an erster Stelle ihres Forderungskatalogs. Wer das anstrebt, wird notgedrungen noch ein Kapitel weiterlesen müssen.

Der Himmel auf Erden

Wenn man leben will wie Gott in Frankreich, siedelt man sich am besten in Amerika an. Verschiedene Religionsgemeinschaften haben diesen Weg gewählt – die Puritaner, die Mormonen, die Shaker und die Zeugen Jehovas, um nur einige zu nennen – und sind nicht schlecht dabei gefahren.

Natürlich haben bessere Sekten ihre Anhänger heute in aller Welt, aber wenn dann eines Tages die Frage auftaucht, wo man das im Glaubenseifer angehäufte Kapital gewinnbringend anlegen soll, kommt man doch automatisch auf die USA. Selbst koreanische Götter und indische Gurus zieht es zum Ursprung, zur reinen Quelle des Kapitalismus, wenn sie den idealen Platz suchen, um ihre Konzerne zu errichten.

Wo, ist also klar. Bleibt nur noch die Frage: wie? Wie verbessert man seine Lebensqualität durch die Religion. Nun, als Anhänger einer Glaubensgemeinschaft hat man da wenig zu erwarten. Am besten ist, man gründet eine.

Nun wird es nicht gleich jeder so weit bringen wie Mister Moon, dem heute wahrscheinlich die halbe Welt gehört, oder der große Bhagwan, dem man ruhig ein paar Millionen entwenden kann, ohne daß es in der Buchhaltung sonderlich auffällt, oder ein paar andere exotische Sektenführer, von deren Reichtum man sich kaum eine Vorstellung macht.

Aber natürlich hat auch nicht jeder von uns das Herz, seine hauptsächlich jugendlichen Anhänger zu Bettelei oder Prostitution abzurichten, damit sie das nötige Kapital anschaffen.

Doch man kann ruhig auch mit subtileren Methoden arbeiten. Die »Church of Scientology« hat mit ihren krausen Theorien vornehmlich Intellektuelle angesprochen. Und doch, als der selbsternannte Heilsapostel dieser Kirche, der Sektengründer Ron Hubbard, vor kurzem ins Jenseits überwechselte, lag wie zufällig ein Nachlaß von fast 30 Millionen Dollar herum. So etwas muß einem für den Anfang eben genügen.

Freilich darf man heute sein Waschmittel für die Seele nicht mehr als Klinkenputzer auf die übliche Vertretertour anbieten. Die Heiligen der Letzten Tage kriegen doch kaum irgendwo einen Fuß in die Tür, und wer die armen Gestalten, die für Jehova zeugen, mit ihrem »Wachtturm« an der Ecke stehen sieht, zweifelt doch ein bißchen, daß sie auf den richtigen Gott gesetzt haben.

Wer seine frommen Absichten heute gegen alle Widerstände

durchpeitschen will, muß schon ein knallhartes Marketingkonzept entwerfen. Religion braucht einen würdigen Rahmen – beispielsweise das Fernsehen!
Die schönste Karriere, die man im Glaubens-Business machen kann, ist denn auch die eines Televangelisten. Die Fernsehprediger, die in den USA vor einem Millionenpublikum ihre Show abziehen, haben alles, was uns das Highlife so erstrebenswert macht: Ruhm, Reichtum und Macht. Und steuerfrei ist die Frömmigkeit auch noch!
Gottes Wort zu verbreiten ist auf jeden Fall angenehmer, als zu arbeiten. Deshalb hat auch bald ein Lastwagenfahrer eine Erleuchtung, bald ein Nachtportier eine Erscheinung, ein Ex-Boxer fühlt sich wiedergeboren und ein Börsenmakler berufen – und flugs gründet jeder eine neue Tochterfirma der Ewigen Seligkeits Ges.m.b.H.
Aber ganz oben ist man erst, wenn man eine eigene Fernsehshow hat. Selbstverständlich sind solche Jobs sehr begehrt, aber manchmal wird doch einer frei. Sogar die Stelle des erfolgreichsten Show-Geistlichen wäre beinahe vakant geworden. Denn eines Nachts trat Jesus Christus an sein Bett und teilte ihm mit, daß er ihn zu sich nehmen müsse, wenn er nicht binnen weniger Wochen 8 Millionen Dollar auftreiben könne. Nun ist man solche Drohungen ja sonst eher von irgendeinem Paten gewöhnt, aber sei es, daß die Mafia auch schon den Himmel übernommen hat oder daß der liebe Gott zuviel Mario Puzo liest – der betroffene Todeskandidat namens Oral Roberts schilderte diese alltägliche Begegnung der dritten Art jedenfalls seinen treuen Anhängern. Und weil ja niemand am Ableben eines Mannes schuld sein wollte, der mit dem lieben Gott persönlich im Geschäft ist, spendete man eben die paar Millionen.
Ob die pünktliche Zahlung wirklich der Grund war, daß Gott ihn nicht zu sich rief? Vielleicht hat es dem HERRN auch einfach die Sprache verschlagen, als er von dem schamlosen Erpressungsversuch seines Sohnes erfuhr. Oder kam die höchste Instanz zu der Einsicht, daß der Himmel einfach nicht die richtige Endstation für solche Geistliche ist?
Jedenfalls wurde der Posten von Oral Roberts nicht frei, und ob der Posten seines Konkurrenten vom Christian Broadcasting Network Pat Robertson frei wird, ist auch noch unsicher – das hängt davon ab, ob man den beliebten Fernsehpfarrer tatsächlich als Präsidenten ins Weiße Haus wählt.
Aber ein anderer Prominenter mußte seinen Platz an der Seite

des HERRN räumen: Jim Bakker, das Idol der Pentecostals. Er stolperte über eine hübsche Sekretärin und verlor neben seiner Unschuld auch die Führung seines Kirchenkonzerns. Ein schwerer Verlust, denn seine Tätigkeit hatte ihm, nach offiziellen Schätzungen, allein 1986 mehr als anderthalb Millionen Dollar eingebracht. Dazu kamen noch ein paar hunderttausend für die mitarbeitende Ehefrau und kleinere Vergünstigungen wie Autos, Villa, Personal und eine vollklimatisierte Hundehütte – letztere wurde von den neuen Managern der Glaubensgemeinschaft inzwischen für 4 500 Dollar versteigert. Zumindest der Hund der Bakkers wird sich also in Zukunft einschränken müssen. Aber er hat eben seine Pflicht versäumt und das Herrl nicht rechtzeitig ins Bein gebissen, als es zum Seitensprung ansetzte.
Jedenfalls ist klar, daß Religion, besonders für einen armen Hund, durchaus der Schlüssel zu einem besseren Leben vor dem Tode sein kann. Wer aber seine Karriere auf dem Fundament des Glaubens errichten will, muß ein paar einfache Grundregeln befolgen.

Die zehn Gebote für Religionsstifter

1. Gründe deine eigene Kirche! Die Konkurrenz ist zwar groß, aber der Bedarf ist noch lange nicht gedeckt!

2. Stelle dich selbst in den Mittelpunkt deiner Heilslehre! Alle Punkte deiner Offenbarung müssen auf deine Person abgestimmt sein. Wenn du stotterst, mach das Stottern zur Pflicht, wenn du Plattfüße hast, verankere den Plattfuß in einem Dogma – dann kann dir niemals einer die Führungsposition streitig machen.

3. Bereite dich gründlich auf dein heiligmäßiges Leben vor. Am besten durch ein Studium an der Harvard Business School.

4. Laß deiner Phantasie freien Lauf! Je dümmer das ist, was du den Leuten erzählst, desto mehr Anhänger wirst du finden!

5. Wähle deine Worte sorgfältig. Am einfachsten ist, du sprichst immer von Moral, wenn du Geld meinst.

6. Denke daran, daß vor Gott alle Menschen gleich sind! Nimm nicht nur von den Reichen, sondern auch von den Armen. Es gibt viel mehr Arme, und das leppert sich auch ganz schön zusammen.

7. Versprich deinen Anhängern alles, was nicht einklagbar ist! Seelisches Wohlbefinden, göttliche Gnade, gesegnete Pfingsten, Trost im Gebet und einen Himmel mit Tee und Feingebäck. Das ist eine kostengünstige Methode, die sich seit langem bewährt hat.

8. Jage deinen Anhängern Furcht und Schrecken ein! Zitternde Finger spenden leichter.

9. Nimm, was du kriegst! Aber bleib dabei, daß du es nur für Gott tust. Und Gott zahlt keine Steuern.

10. Erkenne die wahren Bedürfnisse der menschlichen Natur! Erhebe vorsichtshalber alle bekannten Sünden gleich zum religiösen Gebot. Dann mußt du dir keine Hemmungen auferlegen, und deine perversen, versoffenen, korrupten Anhänger werden begeistert sein.

Und noch eines ist wichtig: Man darf nie seine eigene Religion ernst nehmen! Schließlich ist man in die Branche eingestiegen, um mehr Spaß am Leben zu haben. Wer nach jeder falschen Prophezeiung gleich Gewissensbisse kriegt, wer sich gleich in Sack und Asche hüllt, wenn ihm wieder mal ein Wunder danebengeht, ist für eine Karriere als göttliche Führungskraft völlig ungeeignet. Nur wer in Demut die kleinen Vergünstigungen auf sich nimmt, die der HERR seinem Topmanagement auferlegt, wird eines Tages der wahren Erkenntnis teilhaftig.
Und die Erkenntnis lautet: Die Ewigkeit dauert zwar ewig, aber die Lieferfristen für einen Rolls-Royce sind auch ganz schön lang, wenn man nicht zu den besonders wichtigen Stammkunden gehört. Deshalb ist es wichtig, auch hienieden Reichtum und Einfluß zu erwerben – und was aus dem Leben erst ein Highlife macht, ist für einige Auserwählte eben die unendliche Bereicherung durch die Religion.
Amen!

Für unseren internationalen Leserkreis abschließend einen Kommentar unseres Auslandskorrespondenten Jan Hagel:

»Religion is spreading!
Two hundred years ago only a few red
Indians worshipped Manitou.
Nowadays almost the entire population of the
United States worships money too.«

Noch viel schöner leben mit:

STATUS UND PRESTIGE

Es ist nur gut, daß Armut
kein Statussymbol ist.
Sonst könnten sich auch
das nur mehr die
Reichsten leisten!

Ruby Saphire

Was man über Uhren wissen muß

Früher wurden Uhren wahrscheinlich hergestellt, um die Zeit anzugeben. Sie waren zumeist an Kirchtürmen befestigt, so daß jeder, der nicht gerade kurzsichtig war, feststellen konnte, wie spät es ist. Die Zeit war sozusagen noch gratis. Natürlich gibt es auch heute noch Kirchtürme. Aber rundherum stehen die Bürotürme renommierter Geldinstitute und verdecken den Blick auf die Uhr. Folglich muß man sich selbst eine kaufen, und deshalb heißt es heutzutage: Time is money!

Auch am Bahnhof gibt es meist eine Uhr, damit man feststellen kann, um wieviel Minuten man seinen Zug verpaßt hat. Alte Schlösser prunken meist mit einer Sonnenuhr, aber gerade in den sonnigsten Gegenden der Welt, wo man sie richtig ausnützen könnte – in der Sahel-Zone oder auf den Cayman-Inseln – herrscht wieder ein bedauerlicher Mangel an alten Schlössern. Völlig wetterunabhängig ist aber die telefonische Zeitansage.

Freilich, eine Sonnenuhr ist schlecht am Handgelenk zu tragen, und eine Telefonzelle hat man nicht immer mit. Nicht zuletzt deshalb wurde von einem menschenfreundlichen Feinmechaniker die Armbanduhr erfunden. Früher dienten solche Uhren vornehmlich der Zeitmessung und waren ein ausgesprochener Luxusgegenstand – aber Zeit hatten ja sowieso nur die Reichen.

Heute ist nur noch die Zeit ein Luxusartikel, Uhren hingegen hat jedermann. Sie dienen als Schmuck, Rangabzeichen in der Gesellschaftshierarchie, als Sammelobjekt, Modemust, Geldanlage oder Lifestyle-Requisit. Und bei manchen kann man sogar noch immer die Zeit ablesen.

Aber das ist heutzutage eigentlich mehr eine Draufgabe, die in der Werbung nicht groß herausgestrichen wird. Bei der Swatch kommt es darauf an, daß sie verrückt ist, die Chopard enthält freischwebende Diamanten, die IWC da Vinci einen Kalender bis ins Jahr 2100. Das sind Kriterien!

Normale Uhren sind zumindest kratzfest, antiallergisch, kußecht und nach uralter Schweizer Tradition in Japan hergestellt.

Manche Armbanduhren dienen gleichzeitig als Feuerzeug, Klein-Computer, Pulsmesser, Fernsehapparat, Herzschrittmacher, Datenspeicher, Barometer, Kompaß oder Raketenabschußbasis. Aber das wichtigste an einer Armbanduhr ist heutzutage zweifellos, wie wasserdicht sie ist.

Wenn man die Zeit an ihren Uhren mißt, kommt man in Sekundenschnelle zu dem Schluß, daß der Zeitgenosse kein brennen-

deres Verlangen hat, als unterzutauchen. Selbst noble Firmen, deren Produkte – aus 24karätigem Gold mit taubeneiergroßen Brillanten besetzt – sich ohnehin nur vom Geldzählen erschöpfte Kapitalisten-Greise im Sauerstoffzelt leisten können, entblöden sich nicht, stolz zu vermerken, daß man mit dieser Uhr 30, 50 oder 100 Meter tief tauchen könne. Als ob der Swimmingpool in Beverly Hills oder die Badewanne im Altenheim in dieser Tiefe besonders reizvoll wäre.
Natürlich gibt es eine gewisse Anzahl von Menschen, die sich den Ozean gern von unten ansehen. Aber glauben die wirklich, daß ein Tintenfisch eine Rolex von einer Junghans unterscheiden kann? Daß die Quallen sich beim Anblick einer Audemars-Piquet vor Bewunderung auf die Schenkel schlagen? Was wollen die Sporttaucher, die mit einem halben Pfund Gold am Handgelenk in der Karibik planschen, unseren schuppigen Freunden eigentlich beweisen? Daß sie dümmer sind als die Karpfen oder farbenprächtiger als der Goldfisch?
Man kann nur hoffen, daß viele von ihnen durch das extrem tauchfreudige Luxusmodell in die Tiefe gezogen und dort verbleichen werden. Heute versinken ja so selten mit Schätzen beladene Piratenschiffe, daß in ein paar hundert Jahren der Meeresboden völlig verarmt sein wird, wenn die Sporttaucher nicht in die Bresche springen.
Tun sie es, dann können die Schatzsucher im Jahr 2099, knapp bevor der ewige Kalender ihrer IWC nachgestellt werden muß, wenigstens noch hin und wieder einen guten Fang machen. »Bei Cap Hatteras soll im Herbst 1998 ein Rolexträger untergegangen sein«, wispert man sich dann in Fachkreisen zu, und die Abenteurer der Welt schwärmen aus, um den versunkenen Schatz zu heben, wie einst die »Titanic« und das Flaggschiff des Captain Kidd. »Eine Corum vor Montego Bay – mit Mann und Maus untergegangen!« – »Und der Fredl Strommer mit seiner Swatch ist nie von den Seychellen zurückgekehrt!« Die Uhrenindustrie sorgt für die Zukunft.
Allerdings: es gibt mehr Uhren als Taucher. Und so ist vielleicht das Ganze doch nur ein Gimmick für die Angeber. Also nehmen Sie die Angaben nicht so ernst. Probieren Sie Ihre Uhr erst einmal in der Badewanne aus. Schauen Sie, wer länger unter Wasser bleiben kann! Das Schlimmste, was passieren kann, ist, daß im Jahr 2099 eine Crew von Abenteurern in Ihrer Wanne taucht. Und leicht frustriert ist, wenn die Armbanduhr nicht mehr funktioniert!

Das aktuellste Modell

Wenn man den üblichen Zeitungsenten Glauben schenken darf, dann hat eine gewisse Firma »Swiss Watch International« neben anderen swatchsinnigen Modellen nun auch eine Anti-Aids-Uhr herausgebracht. Für die Aids-Watcher gibt es ein Modell, dessen Rückseite sich öffnen läßt und zur Aufbewahrung eines Kondoms dient.
Eine lobenswerte Absicht, die vielleicht aber doch nicht die potentesten Käuferschichten erfaßt.
Um die High-Society zum safer Sex zu animieren, müßte beispielsweise die Firma Swatch eine Ebel Beluga von 18 Karat herausbringen, deren Rückseite mit einer aufblasbaren Brooke Shields gefüllt ist.
Für diese Idee verlange ich keine Lizenzgebühren, aber vielleicht schenkt mir die Firma das neue Modell. Es genügt sogar, wenn sie mir eine Ebel Beluga ohne Brooke Shields schickt. Oder Brooke Shields ohne Swatch.

Tips für Sammler

Uhren sind begehrte Sammelobjekte, die ständig im Preis steigen.
Natürlich eignen sich nicht alle Stücke gleich gut für eine Sammlung. Kirchturmuhren, zum Beispiel, sind schwer unterzubringen, denn außer dem Papst hat ja heute kaum noch jemand eine eigene Kirche. Sonnenuhren wiederum stellen zu große Ansprüche an die Natur. Man kann ja wirklich nicht verlangen, daß die Sonne dem Sammler zuliebe pausenlos scheint – weit zweckmäßiger wären heute Uhren, die mit saurem Regen betrieben werden.
Dennoch ist das Uhrensammeln, nicht erst seit es die superflachen Armbanduhren gibt, ein beliebtes Hobby. Auch sperrigere Stücke fanden stets ihre Liebhaber. So war Kaiser Karl V. nur glücklich, wenn er in seinem privaten Uhrenmuseum weilen durfte. Gerade der Mann, in dessen Reich die Sonne nicht unterging, befaßte sich so intensiv mit der Zeitmessung, daß seine Untertanen munkelten, er habe einen regelrechten Tick-tack-Tick.
Geradezu als Nationalsport wurde das Uhrensammeln früher

von den Russen betrieben. 1945 konnte man in Deutschland und Österreich kaum einen Rotarmisten treffen, der nicht mehrere Uhren am Arm trug. Daß die Sowjets so gerne Uhren von den Deutschen nahmen, hat eine historische Uhrsache. Sie betrachteten die Chronometer quasi als Gegengeschenk, hatte doch schon 1918 Genosse Lenin dem deutschen Arbeiterführer Karl Liebknecht eine silberne Sprungdeckeluhr zum Präsent gemacht.
Anscheinend ein ziemlich robustes Stück, denn die Uhr kam 1987 in München unter den Hammer und überstand das so klaglos, daß ein Käufer dafür 190 000 DM bot.
Leider kam das für Liebknecht zu spät. Hätte er rechtzeitig gewußt, wieviel seine Uhr wert ist, hätte er gar kein Proletarier werden müssen.

Tips für erfolgreiche Sammler

Daß der linke Liebknecht ausgerechnet einen Chronometer besaß, den der Hofuhrmacher des Zaren hergestellt hatte, brachte ihm, wie erwähnt, nicht viel ein. Und wenn der Laie heute eine Mickey-Mouse-Uhr erwirbt, die speziell für den seinerzeitigen US-Präsidenten Carter angefertigt wurde – diese Uhr wird mit Erdnußbutter betrieben –, dann kann ihm passieren, daß in ein paar Jahren selbst der beschlagenste Mickey-Mouse-Experte nicht mehr weiß, wer Carter war.
Die einfachste Faustregel für den Anlagensammler lautet daher: Cartier ist immer noch besser als Carter.
Regel Nummer zwei: Gold und Edelsteine geben der Uhr eine gewisse Langlebigkeit, denn sie bleibt dadurch wenigstens vom Materialwert her interessant. Mag Ihnen Ihre Swatch auch noch so originell vorkommen – Plastik notiert derzeit an der Börse nicht besonders hoch.
Regel Nummer drei: Es ist immer gut, wenn eine Uhr nummeriert und von ihrem Schöpfer signiert ist. Namen wie Breguet, Bulgari oder Baume et Mercier klingen recht hübsch.
Manchmal nützt allerdings auch der klangvollste Name nichts. Wenn Ihr Uhrmacher zum Beispiel Made in Hongkong heißt, vergessen Sie den Wertzuwachs!
Ein todsicheres Geschäft ist das Uhrensammeln überhaupt nur, wenn man es so betreibt wie einer der klügsten Geschäftsleute

unserer Zeit, Scheich Jamani. Er fand besonderen Gefallen an den Modellen der Schweizer Renommierfirma Vacheron & Constantin. Also kaufte er sie. Die Firma natürlich.
Oder zumindest so viele Aktien davon, daß künftig auch für ihn der alte Zunftspruch der eidgenössischen Uhrmacher wahr wird: »Time is money.«

Wie man sein Highlife mittels Wasserkraft betreibt

Der Swimmingpool ist heute das Rangabzeichen des gemäßigten Bürgertums. Ein Adelsprädikat ist es freilich nicht mehr, und man darf von den Rockefellers und Gettys, von den Rothschilds und Orthofers nicht erwarten, daß sie jedem gleich das Du-Wort anbieten, der ihnen berichtet, daß er vier Quadratmeter Naßfläche hinterm Haus liegen hat.
Der echte Goldy deckt seinen Flüssigkeitsbedarf schließlich noch anders. Er besitzt einen See in den Alpen, ein Loch in Schottland (inklusive Ungeheuer), einen Golf in Mexiko, einen Fluß in Kanada, eine Option auf die Niagarafälle oder ein größeres Stück des Pazifischen Ozeans.
Und einen Swimmingpool!
Keinen Pool von einigermaßen olympischen Dimensionen zu haben wäre für die Superreichen so undenkbar wie das Fehlen von goldenen Armaturen am Bidet. Das sind einfach die primitivsten hygienischen Voraussetzungen. Nicht, daß die Wassersucht in gehobenen Kreisen heftiger grassiert als anderswo.
Aber wo sollten Beautiful-People ihre ganze Schönheit demonstrieren, wenn nicht lässig dahingeräkelt am Ufer des Pools? Wo sollten alte Millionäre ihre jüngsten Eroberungen vorführen? In der Küche oder der Bibliothek kann man doch schlecht nackte Blondinen umherstiefeln lassen, bloß damit die Gäste sich vor Neid in den Hintern beißen!
Der Swimmingpool ist also in erster Linie eine Notwendigkeit, allerdings kann er durch Inhalt und Form wieder zu einem respektablen Statussymbol werden. Wenn zum Beispiel irgendein pickliger Pop-Star ersoffen im Swimmingpool treibt, ist es eindeutig der Inhalt, der das Niveau des schlichten Beckens hebt. Wenn man schon aus Gründen des guten Tons aber nicht die Absicht hat, mit den Rolling Stones oder anderen Überbleibseln

der Rock-Steinzeit übers Wasser zu wandeln, muß man sich etwas in bezug auf die Form einfallen lassen.
Der früh verglühte Pianist Liberace zum Beispiel ließ sein Schwimmbecken in der Form eines Steinway-Flügels errichten. Das war ganz logisch, denn ein Klavier ermöglichte ihm schließlich, sich einen Pool zu leisten. Weniger logisch ist es, daß etliche Hollywoodstars einen Swimmingpool in Herzform anlegen ließen, denn gerade dieses Organ war es nicht, dem sie ihre Karriere verdanken. Aber wie uns ein Anatomieprofessor versicherte, schwimmt sich's darin leichter.
Allerdings gelten Tasteninstrumente (ausgenommen Spinetts) und Herzen (ausgenommen Artischockenherzen) heute als Kitsch, und wer sein Highlife am Becken nicht nur genießen, sondern auch als Beispiel gewürdigt wissen will, muß sich schon etwas Originelleres einfallen lassen.
Hilfe findet er dabei bei Howard Fields & Associates, einem kalifornischen Unternehmen, daß sich auf Swimmingpool-Design spezialisiert hat.
Wo immer es gilt, ein paar Kubikmeter Wasser in die richtige Form zu bringen, ist Mister Fields der aktuelle Experte. Natürlich hat er seinen Preis, und mit jeder Pfütze gibt er sich auch nicht ab. Sein letztes Projekt für Washingtons Grand Hyatt Hotel kostet schon eine Million Dollar. Aber dafür ist es auch ein richtiger See mit vielen kleinen Fischlein, einem riesigen Wasserfall und einem Inselchen, auf dem ein Klavier steht.
Da fehlt ja wirklich nur noch das Unterwasserorchester von Harry James und Esther Williams, die als badende Venus aus den Fluten steigt und uns ankündigt, daß die fünfziger Jahre ausgebrochen sind!
Aber selbst ein Top-Designer wie Howard Fields kann noch übertroffen werden. Denn den teuersten Swimmingpool der Welt besitzt das Roosevelt-Hotel am Hollywood Boulevard. Obwohl er den Besitzer nichts gekostet hat, denn der Maler, der ihm sein neuestes Muster verpaßte, arbeitete gratis. Allerdings war es kein Geringerer als David Hockney, ein Künstler, dessen Werke sonst bis zu einer halben Million Dollar pro Stück erzielen. Auf die Ausmaße des Schwimmbeckens umgerechnet, ergäbe das eine schwindelerregende Summe!
Somit ergibt sich für den Swimmingpool als Statussymbol eine völlig neue Bemessungsgrundlage.
Mit Länge und Breite wird niemand mehr protzen können. Unter neureichen Wasserratten wird es ab sofort heißen: »Wir

mußten unseren Pool jetzt neu streichen lassen – von Roy Lichtenstein!« – »Also, ich hätte Ihnen Andrew Wyeth empfohlen – da kann man sich wirklich darauf verlassen, daß die Farbe hält!« Oder: »Mit Beuys waren wir gar nicht zufrieden, aber seit wir den neuen Dalí haben, schwimmt meine Tochter täglich zwei Längen!«

Wirklich vornehme Leute werden sich an solchen Gesprächen natürlich nicht beteiligen, sondern höchstens einmal ganz beiläufig einstreuen: »Ich hab' da neulich einen kleinen Fragonard entdeckt – nichts Aufregendes, aber er paßt farblich genau zu meinem Bikini!« Oder: »Ich glaube, unsere Impressionisten vertragen das Chlor nicht!«

Einen erheblichen Prestigegewinn kann man sicher verbuchen, wenn man seinen Gästen erst einmal bescheiden erklärt: »Ich glaube, die Thermen des Caracalla machen sich ganz gut in unserem Garten!«

Aber der wirkliche Kenner wird doch – wie schon eingangs erwähnt – neben dem Swimmingpool noch das Besondere suchen. »Wann, sagten Sie, wird bei Sotheby's der Rubicon versteigert? Was? Den hat schon Julius Cäsar überschritten? Sagen Sie das bloß nicht meiner Frau, die kriegt schon einen Anfall, wenn Dean Martin ins Waschbecken pinkelt! Aber ich mag diese lausigen Spaghettiwickler irgendwie. Und den Rubicon müssen wir sowieso neu fassen und das Wasser auswechseln, bevor er geliefert wird. Hauptsache, er schlägt sich farblich nicht mit dem Nildelta, aber das war so ein Gelegenheitskauf. Sie wissen ja: zwei Pyramiden gratis und ein Originalfluch aus der 4. Dynastie – meiner Frau fallen jetzt alle Zähne aus, also irgendwie amortisieren sich diese Antiquitäten ja immer...«

Item, deshalb, darum und nichtsdestotrotz: Wasser hat zwar nach Auskunft der Fachleute keine Balken, dem guten Schiff »Highlife« vermag es aber sehr wohl den nötigen Auftrieb zu geben!

Sie wünschen, Sir?

Dienstboten können sehr viel zum Prestige eines gepflegten Haushalts beitragen, sind aber nicht immer in ausreichender Menge erhältlich.

Zwar gibt es alle diese illegalen Einwanderer aus ziemlich unterentwickelten Ländern, aber die meisten sind ja nicht der Unterdrückung durch irgendeinen perversen Staatsmann entflohen, um sich der Unterdrückung durch einen perversen Privatmann hinzugeben. Die haben das Dienen ziemlich satt und wollen auch lieber als Zeitungsverkäufer oder Klofrauen das große Geld machen.

Außerdem hat man doch diesen verschiedenfarbigen Rassen gegenüber immer ein gewisses Vertrauensdefizit. Ob das nun Pygmäen, Tamilen oder Asylanten sind, irgendwie kann man oft das spannendste Derby und die stilvollste Royal Performance nicht so recht genießen, wenn man diese Leute allein zu Hause mit dem Tafelsilber weiß.

Schon weil ihre Mentalität von unserer so verschieden ist! Wenn man sich ein Thai-Mädchen aus dem Versandkatalog bestellt, kann man letzten Endes nie sicher sein, ob es nun wirklich staubwedeln will oder nur auf billige Sexabenteuer aus ist. Unergründlicher Orient!

Und selbst bei verbürgter Qualitätsproduktion muß man auf der Hut sein! Der »1A philippinische Hausboy mit Zertifikat« entpuppt sich oft als billige Kopie aus Taiwan.

Früher, als die Demokratie noch nicht so hart durchgegriffen hatte, konnte man ja die Dienstboten sogar noch in der engeren Nachbarschaft rekrutieren. Und zumindest konnte der Hausherr sich noch von Frau und Kindern bedienen lassen.

Das ist in einem besseren Haus heute völlig ausgeschlossen. Immer wenn der Hausherr seine Socken sucht, ist die Frau gerade in einer Vorstandssitzung oder beim Friseur, und die Kinder tauschen gerade im Schulhof ihre Kaschmirpullover gegen frische Einwegspritzen.

Die Kinderarbeit ist natürlich noch nicht ganz abgekommen – außer bei den eigenen Kindern – aber Au-pair-Mädchen beispielsweise sind auch nicht mehr so eine Mezzie wie früher. Die rechte Dankbarkeit für den Familienanschluß fehlt, und die ersten Sprachkenntnisse nützen sie oft, um ein besseres Essen zu fordern oder die Annäherungsversuche des Hausherrn mit einem klaren Nein zu beantworten.

Aber es gehört nun einmal zum Highlife, daß man jemanden hat, der einem beim Flaschenöffnen, Händewaschen und Lusterputzen hilft, und so tobt in der Society ein harter Kampf ums Personal. Deutsche Hausburschen gelten als solide Kapitalinvestition, einen kreativen französischen Saladier läßt man nur mit Leibwächter aus dem Haus, und die böhmische Köchin wird zu Weihnachten in Gold aufgewogen.
Das wertvollste Statussymbol aber ist und bleibt selbstverständlich der englische Butler. Natürlich reicht der vorhandene Vorrat längst nicht mehr aus. Der World Wildlife Fund hat sich anscheinend so darauf konzentriert, den albernen Pandabären vor dem Aussterben zu bewahren, daß ihm die drohende Gefahr für den *Butlerius britannicus* völlig schnurz ist. Nie wird im Fernsehen gezeigt, wenn ein Butler ein Kind kriegt, und so hat diese Sorte die Vermehrung fast völlig eingestellt.
Aber noch hat die High-Society eine Chance, sich ihr Maskottchen zu erhalten. Durch die Privatinitiative eines Gentleman, der dem Buteln wieder Auftritt gegeben hat. Auch als Nouveau riches muß man nicht mehr verzweifeln: Wer keinen Butler geerbt hat, kann sich einen abrichten lassen!
Dafür gibt es jetzt »Ivor Spencer's International School for Butler Administrators and Housekeepers (Trained British Style)«.
Von einem perfekten Butler darf man zwar keine besondere Arbeitsleistung erwarten, weil er den halben Tag damit beschäftigt ist, sich die Hände zu waschen, die Zähne zu putzen oder die Krawatte zu wechseln, um immer makellos zu sein. Aber er trägt schon mal eine Visitenkarte von der Haustür ins Arbeitszimmer oder zieht mißbilligend die Augenbraue hoch, wenn Lord Whimsey zu spät zum Tee kommt, weil er erstochen im Rhabarberbeet liegt.
Und dafür sind 25 000 bis 60 000 Dollar im Jahr doch eigentlich eine Bagatelle. Vor allen für US-Unternehmer: die können ihren Butler auch noch von der Steuer absetzen, wenn sie ihn dazu überreden können, irgendwann einmal in der Betriebskantine zu servieren.
So kann auch der Portier von General Toilet Seats oder die Sekretärin von Safety Pins Unlimited einmal erleben, daß ihr Ketchup von einem echten Butler vorgelegt wird.
Wobei der Butler für diese seelische Grausamkeit sicher von seinem Herrn entsprechend entschädigt wird. Leider werden in solch heiklen Situationen noch immer Fehler gemacht, denn man lernt eben nicht in jeder Volksschule, wie der Chef sich sei-

nem Butler gegenüber zu verhalten hat. Aber zum Glück füllt Ivor Spencer auch diese Bildungslücke. In einem zweitägigen 1 000-Dollar-Kurs wird dem Boß beigebracht, was der Butler von ihm erwartet.
Kein Zweifel: Erst die Symbiose von Boß und Butler macht das richtige Highlife aus. Manchmal fragt sich allerdings, wer von beiden den besseren Teil erwischt hat.

Mit Muskeln protzen

Kann man, auf das übliche Gesinde bezogen, den Prestigewert eines englischen Butlers noch übertreffen? Lange Zeit war allein der Gedanke daran lachhaft. Aber die Zeiten werden nicht besser. Gutes Benehmen in Reinkultur, wie es der diskrete Butler verkörpert, reicht heute nicht mehr aus, um dem Reichen seinen Platz in der Gesellschaft zu sichern. Und so hat sich ein neuer Typ – mit Haaren auf der Brust, Whiskeyflasche im Pistolenhalfter und einem Blick, zäh wie Elchleder – zum Statussymbol hochgeboxt: der Leibwächter!
Leibwächter hat es immer gegeben. Römische Kaiser hatten ihre Prätorianergarde, Friedrich von Preußen seine »Langen Kerls« und Idi Amin seine speziell auf Regimegegner gedrillten Krokodile. Später sah man dann in Begleitung großer Staatsmänner immer so halbschlappe Gestalten, die durch ihre schlecht sitzende Kleidung und durch billige Sonnenbrillen meilenweit als Geheimagenten erkenntlich waren. Das Kostüm ist heute noch in vielen Ländern Vorschrift, damit Attentäter den Präsidenten leichter identifizieren können und nicht irrtümlich auf unschuldige Bodyguards schießen.
Privatleute aus dem Kreis der Beautiful-People ertragen natürlich den Anblick solcher Kleidung nicht lange und staffieren ihre Leibwächter lieber mit den Überschußgütern der Fernsehserie »Miami Vice« aus. Dieses System hat sich auch bewährt, denn Leibwächter in Versace-Modellen werden heute schon öfter niedergemacht als ihre Dienstgeber in den karierten Bermudashorts von Woolworth.
Freilich, um ein altes Sprichwort zu zitieren: Eine Schwalbe macht noch keinen Status! Oder besser gesagt: Ein Leibwächter macht noch keinen Sommer!
Oder wenn wir ganz auf literarische Ausschweifungen verzich-

ten wollen: Ein hinkender Ex-Polizist, der vor der großen Soiree auf ihrem Klopfbalkon im Dekolleté der weiblichen Gäste nach verborgenen Handfeuerwaffen sucht, ist die unterste Norm. Ungefähr so eindrucksvoll und prestigeträchtig wie der Wasserhahn in Ihrem Badezimmer.

Jeder, der heute etwas auf sich hält, hat einen Leibwächter. Sogar Leute, die wissen, daß sie durch ein jähes Ableben vielleicht zum erstenmal einen positiven Eindruck in ihrer Umgebung hinterlassen könnten – und da spannt sich der Bogen von Politikern über Mafia-Bosse bis ganz hinunter zu den TV-Serien-Stars –, schieben stets irgendeinen bulligen Bodyguard vor sich her.

Status bringt es erst, wenn man zum Schutz von Leib und Leben etwas Besonderes aufwarten kann. 007 persönlich. Das Ungeheuer von Loch Ness. Bella Abzug. Die gesamte Pinkerton-Agentur. Die US-Kavallerie! Oliver North!

Aber das heißt sogar für allgemein anerkannte Goldys nach den Sternen zu greifen!

Was nun jedoch nicht zu dem Trugschluß verführen sollte, daß man gänzlich eines Leibwächters entbehren und trotzdem seines Highlifes froh werden könnte.

Irgendeinen kräftigen Kretin braucht man schon, um sein Ansehen aufrechtzuerhalten, auch wenn man eigentlich glaubt, daß man selbst alle Voraussetzungen dazu erfüllt. Der Mann muß da sein, auch wenn er nur aus aufblasbarem Kautschuk wäre.

Hauptsache, er macht einen schlagkräftigen, bißfreudigen Eindruck und überzeugt alle Welt, daß er eine wichtige Persönlichkeit bewachen muß, die auf der Wunschliste von zahlreichen internationalen Bösewichten rangiert.

Denn was ein Prominenter heute am meisten fürchtet, ist ja nicht eine tatsächliche Entführung, sondern eher das Gegenteil: Seine ganze Clique könnte dahinterkommen, daß ihn absolut niemand haben will!

Statussymbole: bärig, aber billig

Statussymbole müssen nicht unbedingt teuer sein – auch diese Erkenntnis kommt aus den USA. Gerade dort, wo man sich mit höchstem Kapitaleinsatz gegenseitig zu übertrumpfen versucht, hat man nun auch den Wert der Originalität entdeckt.
Deutsche Bundeswehr-Leibchen gelten in Manhattan als tres chic, und der Mercedes-Stern ist zum begehrtesten Modeschmuck der jungen Generation geworden.
In London hängt man sich noch lieber das VW-Emblem um – als Ausdruck dafür, daß man Very Wicked, also ein richtiger finsterer Bösewicht ist. Als Trendsetter fungierte dabei die Rock-Formation »Beastie Boys«, die durch ihren Halsschmuck Tausende Fans dazu animierte, parkende Autos abzugrasen.
Statussymbole, die also praktisch nichts kosten. Außer man erwirbt sie auf legalem Wege. Was der echte Goldy natürlich tun wird. Und wenn ein Vater ein halbes Dutzend Mercedes-Limousinen erwirbt, um seinen sechs Töchtern den heißbegehrten Stern zu schenken, dann geht die Sache doch wieder ins Geld.

Statussymbole, die für jedermann weiterhin erschwinglich bleiben, sind hingegen die köstlichen Gummibärchen!
Wie die »Herald Tribune« berichtet, sind deutsche Gummibärchen in Amerika zum »cult candy craze of the yuppie generation« geworden. 1986 wurden bereits 31 Millionen Kilogramm dieser wohlschmeckenden Tiere nach USA verschifft. Und der Bedarf steigt weiter.
Die Amerikaner sind nun einmal daran gewöhnt, ständig den Mund vollzunehmen. Aber der Kaugummi, der früher das Mundwerk in Bewegung hielt, steckt in einer Krise. Auf Flughäfen wie in Orlando und Tampa wurde er bereits verboten, ebenso auf dem Gelände von Disney-World: Die Kosten, um die klebrige Masse von Fußböden, Bartheken und Sitzgelegenheiten zu entfernen, sind einfach zu hoch.
Da kommt ein Bär, der keine Spuren hinterläßt, gerade recht, und ganz Amerika liegt ihm zu Füßen. Lediglich die Texaner bevorzugen Gummiratten, aber das überrascht ja niemanden, der einmal »Dallas« gesehen hat. Eine Gummi-Alexis für die oberen Zehntausend von Denver dürfte da auch nicht mehr lange auf sich warten lassen.
Aber das Image der Bären kennt keine Konkurrenz, und da sie

bei Bloomingdales in New York City zum lachhaften Preis von 3,75 Dollar pro Pfund angeboten werden, ist ihnen eine weite Verbreitung sicher. Im Zweikampf um das Statussymbol für jedermann mit dem Lacoste-Krokodil hat der Haribo-Bär die Nase vorn.

Noch viel schöner leben mit:

MEDIZIN UND GESUNDHEIT

Unsere Generation wird
bestimmt noch den
absoluten Triumph der
Medizin erleben –
vorausgesetzt, wir
kommen nicht vorher in
ärztliche Behandlung!

Anonymus II.

Woran krankt die Gesundheit?

Das wichtigste im Leben ist die Gesundheit. Die primitive, unwissende Masse zumindest behauptet das seit jeher. Und gerade deshalb ist verwunderlich, daß selbst angesehene Meinungsforschungsinstitute, die mit exakten wissenschaftlichen Methoden bei der Voraussage über die Erfolgsaussichten eines Kanzlerkandidaten oder eines anderen Vollwaschmittels prinzipiell meilenweit danebenhauen, in puncto Gesundheit mit dem Rest des Volkes durchaus übereinstimmen.
Das liegt hauptsächlich daran, daß hier nicht nur der Meinungsforscher, sondern auch die Masse irrt. Natürlich wünscht sich jeder Gesundheit. Aber doch nicht jederzeit und ausnahmslos. Man wüßte doch nicht einmal, wie schön es ist, gesund zu sein, würde einen nicht manchmal ein leises Ziehen im Zeh, ein dumpfes Pochen der Prostata oder ein vages Knirschen im Knie an die Vergänglichkeit alles Irdischen erinnern.
Und vor allem hätte man ohne die kleinen Leiden ab einem gewissen Alter überhaupt keinen Gesprächsstoff mehr. Junge Menschen können ja über alles reden. Über Ralph-Lauren-Polos, Hautunreinheiten, Boris Becker oder ähnliche Modetrends der Saison. Und sogar über die schrecklichsten Abfallprodukte der Unterhaltungsindustrie wie Don Johnson oder den deutschen Beitrag zum Eurovisions-Songcontest.
Etwas ältere Personen haben immer noch genügend wichtige Gesprächsthemen: Autos, Weiber, Selbstverwirklichung und Geld. Aber eines Tages ist es soweit, daß einen selbst so heiße Themen wie der voreheliche Geschlechtsverkehr oder die neueste Falco-LP nicht mehr vom Sitz reißen.
Dann muß man notgedrungen auf die Gesundheit zurückgreifen – beziehungsweise auf das, was einem dazu fehlt. Und sollte man einmal absolut nichts Erwähnenswertes finden, bleibt einem als letzter Ausweg noch immer die Hypochondrie.
Die Gesundheit in ihrer unvollkommenen Form ist also ein wichtiger gesellschaftlicher Faktor. Nichts regt die Kommunikation besser an als ein geheimnisvolles Leiden. Nichts bringt mehr Leben ins Gespräch als der Tod.
Mitleid, Angst, Schadenfreude, Besserwisserei – irgendeine menschliche Reaktion kann selbst die kleinste Krankheit provozieren. Völlige Gesundheit könnte nichts als Neid erregen und ist deshalb in Wahrheit gar nicht das Traumziel derjenigen, die »Gesundheit« ganz oben auf den Fragebogen schreiben.

Wie wir alle, muß auch die Gesundheit ihre kleinen Schwächen haben, um geliebt zu werden. Der Tennisellbogen, die Wetterfühligkeit oder sonst irgendein Wehwehchen, so klein, daß es nicht recht weh tut, und doch bedeutend genug, um einen lateinischen Namen zu tragen, gibt doch dem Leben erst die richtige Würze.

Und zum Glück findet sich für jeden etwas. Sollte es anfangs auch nur eine eingebildete Krankheit sein, kann man durch eine ärztliche Behandlung daraus noch immer eine echte machen. Durch Selbstbehandlung natürlich auch, aber wozu lange herumexperimentieren, wenn es genügend Leute gibt, die darauf studiert sind?

Und viele Ärzte sind ja wirklich Experten, wenn es darum geht, einer Krankheit zum Durchbruch zu verhelfen. Untersuchungen aus Israel beispielsweise haben ergeben, daß 10 bis 30 Prozent der Krankenhausaufenthalte therapiebedingt sind. Das heißt schlicht ausgedrückt: In bis zu einem Drittel aller Fälle ist der Patient weniger durch die Krankheit als durch die Behandlung gefährdet!

Bei einer medikamentösen Therapie herrscht denn auch nach Meinung des Wiener Universitätsdozenten Dr. Magometschnigg »eine miserable Konstellation«. Wenn man sich selbst behandelt, ist man selber schuld. Wenn man zum Arzt geht, auch. Denn die Zahl der Fehldiagnosen beträgt etwa 60 Prozent. Daß nach einer falschen Diagnose auch die falschen Medikamente verordnet werden, liegt auf der Hand. Außerdem haben fast alle Medikamente neben den Hauptwirkungen auch noch unerwünschte Nebenwirkungen. War die Diagnose zufällig richtig, hat man zur erwünschten Hauptwirkung ziemlich sicher noch eine nicht gewollte Nebenwirkung.

War die Diagnose falsch, hat man eine unnötige Hauptwirkung und eine ebenso unnötige Nebenwirkung.

Wenn man Glück hat, war die Diagnose so falsch, daß einem die gewollte Hauptwirkung nicht schadet, aber die unerwünschte Nebenwirkung gut tut.

Genauere Zahlen über dieses medizinische Glückspiel, wie sie Dr. Magometschnigg in seinem Artikel über die »Problematik unkontrollierter Therapie« bringt, wollen wir hier nicht zitieren, weil wir weder die Patienten verunsichern noch die gelehrten Doctores in Bausch und Bogen verärgern wollen.

Außerdem sind ja Mediziner in einem Kapitel über Gesundheit nicht so wichtig. Im Ernstfall sind die Ärzte natürlich die vorletzte Instanz – die manchmal noch verhindern kann, daß wir allzufrüh mit der letzten Instanz konfrontiert werden. Aber hier geht es doch eigentlich nur darum, welche Krankheiten sich ein Gesunder – mit oder ohne ärztliche Hilfe – halten kann, um seinen gesellschaftlichen Verpflichtungen nachzukommen.

Über die Krankheit als Gesprächsthema könnte man theoretisch sagen: Je schlimmer, desto besser!

Wenn es weit entfernte Bekannte betrifft oder, noch besser, die lieben Neger in Afrika, ist uns kein Leiden zu viel.

In der Praxis muß man sich allerdings davor hüten, auf dem Teppich des Gastgebers ein paar Zehen zu verlieren oder das Dienstmädchen mit der Maul- und Klauenseuche anzustecken.

Eine wirkliche Krankheit kann die Gesellschaft natürlich nicht tolerieren. Echtes Leid ist peinlich. Früher, als man Krankheit und Tod als einen Teil des Lebens akzeptierte, war das anders. Inzwischen haben die Pharmakonzerne und andere moralische Instanzen, die das Wohl ihrer Aktionäre im Sinn haben, neue ethische Maximen aufgestellt. Krankheit ist Schwäche. Versagen. Niedertracht. Krankheit ist eine Krankheit! Schließlich gibt es doch gegen fast alles ein Mittelchen, das man mit letzter Kraft schlucken kann!

Echte Krankheit also verletzt unser moralisches und ästhetisches Empfinden. Wer sich mit echten körperlichen und geistigen Gebrechen interessant machen will, wird es noch bitter bereuen. So was akzeptiert man heute nicht einmal mehr im Krankenhaus, geschweige denn in der besseren Gesellschaft.

Aber welche Leiden sind nun wirklich für eine gepflegte Konversation zu empfehlen?

Ganz oben in der Wertskala rangiert natürlich die *»alte Kriegsverletzung«*. Jeder englische Kolonialoffizier, egal ob er von einem afrikanischen Zwergaffen eine Kokosnuß auf den Schädel gedonnert bekam oder sich bei der heldenhaften Truppenbetreuung die Syphilis holte, hatte einen lebenslänglichen Freibrief für alle Schrullen und Unarten unter Hinweis auf diese *alte Kriegsverletzung,* die sich besonders bei Vollmond oder Portweingenuß bemerkbar macht. Aber Vorsicht! Es gibt zwar noch genug Kriege auf der Welt, nur sind die doch recht gewöhnlich, und wer etwas auf sich hält, nimmt gar nicht mehr daran teil. Kein Wunder, daß jüngere Männer, die sich auf eine *alte Kriegsverletzung* berufen, teilweise als Proleten oder Schwindler entlarvt werden.

Ein ebenso altes, aber noch einsatzfähiges Leiden ist die *Poda-*

gra. Früher, durch besonders ausschweifendes Leben vor allem in geistlichen Kreisen verbreitet, ist die *Podagra* inzwischen Allgemeingut geworden. Und wenn auch heute lieber Detailbegriffe wie erhöhter Cholesterinspiegel oder verminderte Alkoholresistenz ins Treffen geführt werden, gibt es für die Folgen von Fraß und Völlerei doch noch immer keine liebenswertere Umschreibung als die *Podagra.*

Das Image des normalen *Wadenbeinbruchs* hat inzwischen sehr gelitten, weil ja heute schon jeder Schi läuft, sogar die Bergbauern. Besser ist der bewährte *Tennisellbogen,* aber Spitze ist natürlich der aktuelle *Squash-Daumen.* Freilich wird es auch dieser bald billiger geben müssen, denn wie erst kürzlich bekannt wurde, steht der *Golf-Zeh* vor dem endgültigen Durchbruch.

Migräne, Hysterie, Kreislaufkollaps und *Hämorrhoiden* sind nicht besonders intellektuell, aber zum Fünfuhrtee völlig ausreichend.

Schwachsinn kann nur noch zur persönlichen Bereicherung dienen, in der Gesellschaft fällt heute niemand mehr damit auf.

Taubheit, die durch den ständigen Fortschritt der Phonindustrie bald zu den verbreitetsten Leiden gehören wird, wird wunderbare neue Kommunikationsformen ergeben. Zum Beispiel, wenn sich zwei Dreißigjährige gegenübersitzen.

Sie: (brüllt) Was hast du gesagt?

Er: (brüllt) Keine Ahnung! Ich höre schlecht!

Die *Alzheimer Krankheit,* benannt nach einem schlesischen Gelehrten, ist an sich eine schlimme Sache. Man weiß nicht, woher sie kommt, und man kann sie nicht heilen. Allein in der Bundesrepublik werden jährlich 50 000 Menschen davon betroffen und sind dem völligen geistigen Verfall ausgeliefert. Dennoch kümmert sich niemand darum, sie hat nicht eine halb so gute Presse wie ein paar hundert Aids-Fälle. Wahrscheinlich, weil sie nicht durch Geschlechtsverkehr übertragen werden kann.

Natürlich sollte man die Alzheimer nicht kriegen – sonst hat man ja nichts mehr davon. Aber man könnte den geheimnisvollen Namen benützen, um endlich einmal so zu sein, wie man ist.

Wer in diesem Angebot noch nichts gefunden hat, muß schon im Medizinischen Lexikon weitersuchen. Wir möchten an dieser Stelle nur noch einmal vor einem übersteigerten Gesundheitsbewußtsein warnen. Erinnern wir uns doch daran: Schon die alten Römer haben die Drohung ausgestoßen, daß in einem gesunden Körper auch ein gesunder Geist wohnt. Und wer will sich schon als Minderheitenproblem profilieren?

Ganz schön krank

Eine der interessantesten Krankheiten, die besonders für Frauen der Oberschicht geeignet erscheint, ist *»Bulimie nervosa«.*
Leider konnten die meisten Befallenen ihre Krankheit bisher nicht so richtig genießen, weil sie nicht einmal wußten, daß es eine ist. Aber nun hat man einen Namen dafür gefunden, und jede Frau, die nicht normal ist, kann auf einen Anfall von *Bulimie nervosa* – kurz »Bully« – verweisen.
Millionen leiden bereits darunter, vor allem gebildete Frauen zwischen 15 und 35 – wieder ein schlagender Beweis dafür, daß mit unserem Bildungssystem etwas nicht in Ordnung sein kann!
Diese Krankheit wird nämlich weder durch Viren noch Bazillen hervorgerufen, sondern, wie Jane Wardle vom Londoner Institut für Psychiatrie feststellte, »durch ein erbarmungsloses, irrealistisches Schönheitsideal«.
Die alte Volksweisheit »Schönheit muß leiden« ist damit hundertprozentig bestätigt. Warum ausgerechnet der Skelett-Look zum Schönheitsideal wurde, ist damit freilich noch nicht geklärt, aber Jane Wardle hat wenigstens verraten, wie man ihn erreicht: »Wir beschließen mit dem Kopf, nichts mehr zu essen. Der Körper weiß nichts davon!«
Da muß es natürlich zu inneren Turbulenzen kommen! Unter zivilisierten Körpern gehört es schließlich ganz entschieden zum guten Ton, daß der Kopf sich zumindest kurzfristig mit dem Bauch abspricht, ehe er schwerwiegende Entscheidungen trifft.
Frauen jedenfalls, die aus modischen Ursachen nicht mehr normal essen können, mit dem Erfolg, daß bei ihnen als einzige weibliche Rundungen die Pupillen übrigbleiben, sind nicht schön, sondern krank.
Aber irgendeine Krankheit braucht der Mensch ja schon zu Konversationszwecken, und da steht *Bulimie nervosa* natürlich gesellschaftlich turmhoch über dem chronischen Bandwurm oder der gemeinen Brandblase.
Ihren eigentlichen Zweck erfüllt die Krankheit freilich nicht immer. Mögen besonders dekorative Knochen auch dem Schönheitssinn prominenter Modeschöpfer entsprechen – die dadurch angestrebte sexuelle Anziehungskraft hält sich bislang in Grenzen. Die Modeschöpfer selbst sind meist anderweitig orientiert und die landläufigen Männer hinwiederum dem Fleischgenuß nicht gänzlich abhold.
Wer also will eigentlich eine Frau, die beim Orgasmus klappert?

Wie man leidet, ohne sich anzustrengen

Zwei besonders interessante Krankheiten, die man im Notfall heranziehen kann, um seine Bekannten zu beeindrucken, sollen an dieser Stelle erstmals einem größeren Publikum vorgestellt werden.

Bei der ersteren handelt es sich um einen brandneuen medizinischen Hit aus den Vereinigten Staaten. Irgendwie wohl basierend auf der guten alten Herpes, aber doch mit einem ganz eigenwilligen, neuen Akzent, könnte dieses Leiden bald die Konversation im Salon dominieren.

Die Sache nennt sich Epstein-Barr-Syndrom und äußert sich in geradezu maßloser Schlappheit. Wenn man am Montagmorgen gerade noch mit letzter Kraft den Telefonhörer abheben und dem Chef mitteilen kann, daß man sich die nächsten paar Jahre arbeitsfrei nimmt – das ist Epstein-Barr!

In germanischen Kreisen, wo die Pflichterfüllung über alles gestellt wird, kann man mit dieser Krankheit wahrscheinlich nicht viel anfangen, zumal man Zustände dieser Art schon immer unter Faulheit und Drückebergertum registriert hat. Und daß Epstein-Barr, nicht ganz zu Unrecht, als jüdische Erfindung gilt, wird die Sache in national-gesinnten Kreisen auch nicht populärer machen.

In Italien braucht man den Virus überhaupt nicht, dort gibt es ohnehin das unheilbare »Dolcefarniente«. Die Engländer machen beim ersten Herannahen der Symptome von geistiger Erschöpfung und allgemeiner Arbeitsunlust eine Teepause, die je nach der Stärke der Teesorte und der Gewerkschaft zwischen 30 Minuten und lebenslänglich schwankt.

Auch dort ist also keine große Marktlücke für das Epstein-Barr-Syndrom zu finden.

So richtig eingeschlagen hat es bisher nur in Hollywood, wo sich nach Aussage der Zeitschrift »US« Filmschaffende vom Drehbuchautor bis zum Produzenten gleich rudelweise dieser neuen Abschlaffungsmöglichkeit bedienen. Zwar verbietet uns das Datenschutzgesetz, die Krankenscheine der Hollywood-Kreativen genauer unter die Lupe zu nehmen, aber wenn man sich die neuesten amerikanischen Kinohits ansieht, kann man auf Anhieb einige sehr prominente Persönlichkeiten ausmachen, die keine andere Entschuldigung haben können als Epstein-Barr.

Und da Hollywood noch immer einen gewissen Einfluß auf den aktuellen Trend hat, ist an einem weltweiten Durchbruch des

oberwähnten Syndroms nicht zu zweifeln. Tatsächlich hat es alle Chancen, sich zu einem wesentlichen Bestandteil des Highlifes zu entwickeln.
Dank unserer vorbildlichen Bemühungen, unseren Lesern ständig die neuesten Leidensmöglichkeiten zu offerieren, können trendbewußte Interessenten schon jetzt an dem kommenden Boom teilhaben. Sie brauchen sich nur den etwas komplizierten Namen merken und dann alle viere von sich strecken – wer das nicht schafft, sollte sich noch einmal sehr gewissenhaft fragen, ob er überhaupt zum Highlife geeignet ist!
Die zweite Krankheit, die wir allen, denen sonst nichts fehlt, ans Herz legen möchten, ist zwar uralt, hat aber im Lauf der Jahrhunderte nichts von ihrer herben Frische und ihrer allgemeinen Beliebtheit eingebüßt. Sie nennt sich Triskaidekaphobie und umgibt allein dadurch schon alle, die das aussprechen können, mit der prickelnden Aura des waidwunden Intellektuellen. Es ist ja auch ein mehr geistiges als körperliches Leiden, wenn der wohltönende, von den alten Griechen zur Verfügung gestellte Begriff erfordert vom Betroffenen nichts anderes, als sich vor der Zahl 13 zu fürchten. Jähes Erschrecken, blindwütige Panik, etwas Schaum vor dem Mund und ein wenig mit den Fäusten auf der Gastgeberin trommeln, wenn 13 bei Tisch sitzen – mehr braucht es kaum, wenn man seine Rolle als Triskaidekaphobiest gesellschaftlich verankern will.
Ein »must« also für alle, die eindrucksvoll leiden wollen und kein Blut sehen können!
Wer ständig bemüht ist, aus seinem Leben etwas Besonderes zu machen, wird sich diesen beiden Angeboten nicht entziehen können. Als Leser dieses Ratgebers haben Sie wieder einmal einen gewissen Vorsprung und können noch rechtzeitig einsteigen, ehe billige Imitationen aus Hongkong und Taiwan den Kurs verderben.

Noch viel schöner leben mit:

HEIM UND UMWELT

Was nützt ein Haus, wenn
du keinen erträglichen
Planeten hast, wo du es
hinstellen kannst.

Henry David Thoreau

Wohnqualität mit Wasserspülung

Die richtige Adresse gehört zum Highlife wie der Frack zum Pinguin. Und wonnigliches Wohnen ist eine Grundvoraussetzung für Lebensqualität. Das angenehmste auf diesem Gebiet ist noch immer ein Landhaus in der Toskana oder eine Villa an der Cote d'Azur. Leider aber müssen die meisten Menschen in einer Großstadt wohnen, weil sie nur dort das nötige Geld zum Erwerb eines Landhauses verdienen können.

Da die Größe der Stadt direkt mit der Größe der Verdienstmöglichkeiten zu tun hat, gilt New York immer noch als Topadresse. Zumindest teilweise. Eine Kellerwohnung in der South Bronx oder ein Hinterhaus in Harlem ist nichts, was man auf seiner Visitenkarte besonders hervorheben müßte. Ein Exzentriker darf sich zwar noch mit Greenwich Village oder Soho rühmen, aber altes Geld residiert am Gramercy Park und falsches in der Wall Street. Manhattan ist und bleibt der Mittelpunkt der Welt.

Damit ist geklärt, wo man wohnt, und nun stellt sich nur noch die Frage, wie man wohnt, wo man wohnt. Eine Zeitlang war es das Nonplusultra, in einem Loft zu wohnen. Aber das hat sich wieder gegeben, und heute muß es unbedingt ein Condominium sein. Das ist nichts Unschickliches, und jeder spricht mit Begeisterung darüber. Nur Ronald Reagan muß im Weißen Haus bleiben und wird sich nie ein Condominium kaufen, weil er bekanntlich zu fein ist, um das Wort Condom auszusprechen.

Dabei handelt es sich lediglich um ein Eigentumsapartment, wie es heute bei den *Dinks* — den kinderlosen Doppelverdienern — als besonderes Statussymbol gilt.

Solche Apartments werden in jeder Größe und Lage angeboten, aber bei der Auswahl muß man sehr vorsichtig sein, denn wie ein Inserat in »Members«, dem Fachblatt für internationales Highlife, verrät: »Von allen Luxusapartments, die in New York City zur Verfügung stehen, sind nur zwanzig Ihr Interesse wert. Und die sind alle im selben Gebäude.«

Das Gebäude nennt sich »The Claremont House« und steht in der 72nd Street bei der Park Avenue. Die neoklassizistische Lobby ist rund um die Uhr mit einem Portier besetzt, und ein computerisiertes Sicherheitssystem sorgt dafür, daß Ihnen niemand die Marmorwanne aus dem Badezimmer klaut. Eine Wohnung ist hier schon ab 830 000 Dollar zu haben.

Und das bedeutet wohl, daß es sich hier doch nicht um die erste Adresse handeln kann. Aber wer den Arme-Leute-Geruch von

Nachbarn, die für ein Apartment nicht mehr als 830 000 Dollar ausgeben können, aus der Nase kriegen will, hat ja noch eine Alternative. Eine »A«-Residenz im Trump Parc kostet zwischen zweieinhalb und vier Millionen Dollar — da ist man dann schon mehr unter sich.

Die Adresse 106 Central Park South ist somit wohl, weltweit gesehen, einer der geeignetsten Orte, um sein Highlife zu genießen. Donald Trump, der Immobilienkönig, der sich mit ähnlichen Projekten schon etwa 700 Millionen Dollar verdient hat, rät denn auch dringend zum Kauf. Die hier genannten Schleuderpreise konnte er ohnehin nur bis zum 31. Juli 1987 garantieren. Und mehr Komfort, als eine A-Residenz im Trump Parc bietet, ist auch schwer vorstellbar. Denn Trump garantiert eine Parklandschaft, die nie verschwinden kann, und »einen Ausblick, der mehr als ein Ausblick ist, denn der Central Park ist direkt vor Ihrer Türschwelle«.

Nun ist die Erhaltung dieses Parks sicher nicht das Verdienst des Baulöwen, sondern der New Yorker Steuerzahler, aber recht hat er trotzdem. Und wenn man auch in New York ständig davor gewarnt wird, den Central Park nach Einbruch der Dunkelheit ohne Leibwächter und schwere Haubitzen zu betreten — das hat man ja nicht mehr nötig, wenn einem der Park bis zur Haustür entgegenkommt.

Und überhaupt, wer will noch hinaus, wenn er es drinnen so wohnlich hat? Ein Condominium der Klasse »A« umfaßt auf etwa 300 Quadratmeter schließlich drei Schlafzimmer und vier Toiletten. Mehr kann der Mensch nicht vom Leben verlangen, nicht einmal vom Highlife.

Der Mitteleuropäer, und gar erst der Bewohner des angrenzenden Balkans, wird sich zwar auch weiterhin fragen, ob dreieinhalb Badezimmer wirklich unumgänglich notwendig sind, um seines Lebens einigermaßen schicklich zu frönen, aber vielleicht sind die Amerikaner von Natur aus besonders schmutzig und müssen auf dem Weg vom Wohnzimmer zur Küche mindestens einmal gebadet werden.

Selbst wenn man sich mit dieser Erklärung zufriedengibt, bleibt immer noch die Frage: Wozu vier Toiletten? Sind die Amerikaner vielleicht so undicht, daß alles in die Hose geht, wenn nicht an jeder Ecke ein WC herumlungert? Und wozu geben sie Millionen für zehn Fenster mit Parkblick aus, wenn sie am liebsten auf dem Örtchen hocken?

Gewiß, auch in anderen Ländern gibt es uralte Stammesbräuche und Rituale, die dem Forscher bizarr und wunderlich erscheinen. Aber ob eine Nation, die Erfolg, Prestige und Lebensqualität an der Zahl der erworbenen Klosettschüsseln mißt, schon reif ist, die Führung der Welt zu übernehmen, sollte vielleicht noch einmal gründlich überdacht werden.

Popost scriptum

Ein Kenner der New Yorker Szene hat inzwischen eine sensationelle Theorie betreffs der hygienischen Einrichtungen in der vorerwähnten Luxusherberge angeboten. Vielleicht handelt es sich dabei um private Münzklosetts, mit denen sich ihre Besitzer die teure Erhaltung ihrer Wohnung finanzieren! Mit den öffentlichen Bedürfnisanstalten in New York sieht es nämlich traurig aus. Von den 700 Toiletten in U-Bahn-Bereich sind nur 175 benützbar, und in den Parks und Grünanlagen der Stadt sind ständig mindestens 25 Prozent durch Vandalen außer Betrieb gesetzt.

Folglich mußte sich auch ein Viertel aller Besucher, die im Central Park ein menschliches Rühren überkam, seitwärts in die Büsche schlagen, wobei sie außer der Unbequemlichkeit auch noch eine Anzeige wegen öffentlichen Ärgerniserregens oder Exhibitionismus in Kauf nehmen mußten.

Vor allem, wenn das verschwiegene Plätzchen, das man endlich gefunden hat, sich dann als Türschwelle zum Trump-Gebäude entpuppt. Da ist es doch gescheiter, man geht gleich ein paar Stufen hinauf und klopft bei einer A-Residenz an, die ohnehin bedürfnismäßig nie voll ausgelastet ist. Und wenn die Dame des Hauses dafür ein kleines Benutzungsentgelt kassiert, wird niemand böse sein.

Gewiß, die Theorie scheint kühn und bizarr, wenn man bedenkt, welche Klassenmenschen im Trump Parc hausen. Aber justament deswegen nicht völlig aus der Luft gegriffen. Denn sogar im alten Rom hat ein Kaiser gesagt: Pecunia non olet!

Wie man das Jahr in Form bringt

Eine ganz romantische Anregung zur Verschönerung unseres Lebens gibt der Verein der österreichischen Zementfabriken: »Dem Frühling eine Form geben — Garten- und Grünflächengestaltung mit Beton.« Ein brillanter Hinweis für Naturfreunde, der freilich auch viele Fragen aufwirft.

Nämlich: Warum ist uns das nicht schon längst eingefallen? Wie konnten wir jahrhundertelang den Frühling völlig formlos über uns ergehen lassen? Und: Wird es uns, wenn wir erst den Frühling geschafft haben, auch gelingen, Sommer, Herbst und Winter in eine ansprechende Form zu bringen?

Es nützt doch wenig, im Frühling störendes Pflanzwerk wie Maiglöckchen, Krokusse und Grashalme auszureißen und durch Stil-Beton in warmen Grüntönen zu ersetzen, wenn man dann die übrigen Jahreszeiten wieder sich selbst überläßt. Die Natur kennt keine Bedenken, unsere Schwächen rücksichtslos auszunützen, und schießt üppig ins Kraut, wo immer die formende Hand des Betonmischers die Zügel schleifen läßt.

Deshalb muß es künftig heißen: Beton für jede Saison! Um dem Sommer eine Form zu geben, sollte man zumindest Flüsse, Wasserfälle und Meeresstrände mit Beton gestalten. Im Herbst kommen dann die Wälder und Auen dran. Schon aus Gründen der sozialen Gerechtigkeit, denn die ärmeren Bevölkerungsschichten, die sich keinen eigenen Garten oder Golfplatz leisten können und sich das bißchen Beton zur Gestaltung eines Blumentopfes vom Munde absparen müssen, können die Vorzüge dieses umweltformenden Werkstoffes doch nur genießen, wenn er in der öffentlich zugänglichen Natur in reichem Maße vertreten ist.

Na und für den Winter empfehlen sich natürlich großzügige Betonpisten im Gebirge, die dem Schilauf neue Impulse geben.

Natürlich kann man erst einmal klein anfangen und den eigenen Garten zubetonieren, um dem Frühling eine Form zu geben. Gerade der liederliche Lenz hat uns ja mit seiner Wachstumshysterie immer wieder einen Schock versetzt. Aber die Verantwortlichen in der Zementindustrie sollten darüber Sommer, Herbst und Winter nicht aus dem Auge verlieren!

Der Mensch braucht seine Kontinuität im Leben. Schließlich werden wir in einer Betonklinik geboren und in einer Betongruft beigesetzt — und wer will schon zwischen diesen beiden interessanten Ereignissen von der launischen Willkür ungehobelter Jahreszeiten belästigt werden!

Was kann man aus Tschernobyl lernen?

Lange hat man sich gefragt, ob möglicherweise auch Politiker etwas aus der Atomkatastrophe gelernt haben. Jetzt steht es fest: Zumindest in Europa wurden drastische Konsequenzen gezogen. Verstrahlte Menschen, verseuchte Lebensmittel, Furcht und Panik, diese Folgeerscheinungen eines Super-Gaus darf es nie wieder geben.

Um das ein für allemal sicherzustellen, hat die EG-Kommission in Brüssel auf Drängen von Frankreich beschlossen, die zulässigen Höchstwerte für Radioaktivität in Lebensmitteln energisch hinaufzusetzen. Bei Milchprodukten soll künftig eine Cäsiumbelastung von 1 000 Becquerel erlaubt sein statt wie bisher 370, bei verschiedenen anderen Lebensmitteln 1 250 Becquerel statt 600.

So zeigt uns die Führung der Europäischen Gemeinschaft, wie man sein Leben trotz Jod und Tod, trotz Cäsium und Plutonium wieder sicher und attraktiv machen kann. Jedesmal, wenn eine Überdosis von Schadstoffen in der Luft liegt, erhöhen wir einfach die Grenzwerte — und schon sind die bösen Strahlen unschädlich gemacht.

Dank dieses Systems können wir unbesorgt weitere Atomkraftwerke bauen und selbst im schlimmsten vorstellbaren Fall der Radioaktivität ein Schnippchen schlagen.

Diese Methode, auch in anderen Bereichen angewandt, könnte überhaupt dazu beitragen, vieles, was den Menschen heute bedroht, unschädlich zu machen. Wenn man beispielsweise die Promillegrenze auf 7,5 anheben würde, gäbe es bedeutend weniger besoffene Autofahrer. Wenn man das Tempolimit im Ortsbereich auf 350 Stundenkilometer hochschraubt, gäbe es kaum noch Geschwindigkeitsüberschreitungen. Und wenn man den Grenzwert für Mord, der heute mit einer Leiche extrem niedrig angesetzt ist, auf, sagen wir 44 Leichen pro Person und Jahr erhöht, dann gäbe es praktisch keine Mörder mehr in unseren Breiten und die alten Mütterchen könnten wieder unbesorgt nachts durch die Straßen schlendern.

Freilich, so weit wird man auch bei der EG-Kommission nicht gleich gehen. Dort hat man schließlich nichts mit den individuellen Volksschädigungen zu tun, sondern mit Politikern, die für ganze Nationen zuständig sind. Aber Hauptsache ist ja auch, das Cäsium hält sich jetzt daran, daß es infolge der neuen Verordnung selbst in größeren Mengen unschädlich ist.

Daß gerade Frankreich dieses sensationelle System zur Unschädlichmachung von Giftstoffen verlangt, darf nicht überraschen.
Die Grande Nation hat sich nie herkömmlicher Mittel bedient, sondern immer visionäre Maßnahmen gesetzt, um dem Feind die Eroberung zu vergällen: zum Beispiel die Maginot-Linie oder die Nouvelle cuisine. Heute versucht man nicht nur eine militärische Invasion zu verhindern, sondern auch eine touristische. Durch den Bau von Atomkraftwerken und ein Veto gegen die Katalysatorpflicht. Und gegen den Terror verteidigt sich Frankreich durch eine Visumpflicht für Österreicher. Denn obwohl Österreicher noch nie irgendwo einen Terroranschlag verübt haben, haben sie einmal Napoleon bei Aspern geschlagen, und solchen Leuten ist alles zuzutrauen.
Die unerbittlichen Maßnahmen gegen Ausländer sind also verständlich. Aber trifft die französische Regierung mit ihrer Atomstrategie nicht hauptsächlich das eigene Volk? Ja und nein! Es kommt eigentlich darauf an, in welche Richtung der Wind gerade weht. Denn das Kraftwerk Cattenom, wo aller Voraussicht nach die nächste Katastrophe stattfinden wird, hat man vorsichtshalber so nahe an die deutsche Grenze gestellt, daß bei günstigem Wind alles den »boches« auf den Kopf fällt. Mehr kann ein Patriot doch wirklich nicht tun!
Und wenn etwas passiert – was sehr wahrscheinlich ist, denn in Cattenom gab es die ersten Unfälle sogar schon vor der Inbetriebnahme –, dann setzt man eben die zulässigen Werte wieder hinauf!
Natürlich wird es ein paar übervorsichtige Franzosen geben, die dann keine Milch mehr trinken mögen. Aber das macht der Regierung die geringsten Sorgen — man weiß sowieso nicht wohin mit dem vielen Wein!
So sollten uns denn die französischen Politiker und alle, die sich ihrer Meinung angeschlossen haben, leuchtende Vorbilder sein. Und vielleicht sind sie es, im wahrsten Sinn des Wortes, nach dem nächsten Gau.

Wie wir die Kernenergie nützen können, um glücklich zu sein

Der Reaktorunfall von Tschernobyl, der in den Medien so oft verteufelt wurde, hat uns in Wirklichkeit bewiesen, daß die Kernenergie viel zu unserem Wohlbefinden beiträgt.
Und warum?

1. Wenn schon etwas explodiert, dann besser ein Kernkraftwerk als eine Atombombe. Kernkraftwerke können nicht gezielt abgeworfen werden.

2. Wir haben es überlebt! Zugegeben nicht alle. Aber die Zahl der Opfer war gering, schon weil sie durch spontane Hilfsmaßnahmen der Zensur in Grenzen gehalten wurde.
Außerdem sterben doch pausenlos irgendwo irgendwelche Leute an irgend etwas – da wäre es eher sonderbar, wenn bei einem Reaktorunfall niemand stirbt.

3. Über die Folgeschäden brauchen wir uns keine Sorgen zu machen. Das kann eine ganze Weile dauern, und wenn wir Glück haben, sind wir bis dahin schon an etwas anderem gestorben.

4. Wir dürften keinen Kohl essen. Wunderbar! Wer mag schon Kohl?

5. Wir konnten feststellen, daß der Mensch eine ganze Menge mehr Gift vertragen kann, als bisher von den Fachärzten verordnet wurde. Und daß auch die seltsamsten Strahlen weder dem Intellekt noch der Kreativität Abbruch tun können. Der Beweis? Achtzig neue Folgen der »Schwarzwaldklinik«!

6. Wir haben gelernt, Dinge, die uns bisher unheimlich und bedrohlich erschienen, als ganz normal und alltäglich zu betrachten. Jetzt werden endlich auch bald diese gewalttätigen Demonstrationen gegen Kernkraftwerke aufhören, bei denen so viele Menschen zu Schaden gekommen sind.

7. Wer neben einem AKW wohnt, hat weniger Angst vor Aids.

Die Liste ließe sich noch lange fortsetzen, aber ist das Wesentliche nicht schon bewiesen? Nämlich, daß die Kernenergie zu schade ist, um in einem dunklen Reaktor dahinzureagieren. Der Mensch braucht die direkte Berührung mit den geheimnisvollen

Kräften der Natur, nicht nur in der Ukraine, nein, überall auf der Welt. Ein Tschernobyl pro Jahr vielleicht, damit wir das Leben wieder als Herausforderung betrachten können. Beweisen können, daß wir der Zukunft genauso gewachsen sind wie der Gegenwart.

Keine Angst! Techniker und Wissenschaftler werden uns dabei helfen, daß das Leben nicht zu eintönig wird. Daß wir ständig etwas Neues entdecken können, in der Milch, in der Wurst, in der Lunge. Das dumpfe Dahinvegetieren der Menschheit ist vorbei. Wir werden mit aufgestellten Ohren den Nachrichten lauschen und in freudiger Erwartung fragen: Was bringt es uns diesmal? Pusteln, Pickel, Paranoia? Das Lotto ist ein Dreck dagegen.

Und wenn uns auch all diese komischen Sachen, die da in der Luft herumschwirren (hust! hust!), ein bißchen atemlos machen (keuch! keuch!) und so schwindlig (drrr! drrr!) und ein bißchen müde, schlapp und schlaff (gähn! gähn!), werden wir doch glücklich sein (smile! smile!), denn wir haben dann wenigstens nicht mehr die Kraft (ächz! ächz!), durch die herkömmlichen Fortpflanzungsmethoden (bums! bums!) kleine Kinder mit sechs Zehen und drei Ohren in die Welt zu setzen... (Punkt! Punkt!)

Wie man Ruinen ruiniert

Der Fremdenverkehr, der heute zwischen verschiedenen Nationen anstelle von Kriegen stattfindet, trägt mancherorten deutlich zur Landschaftsveredelung bei. So werden, nach Ansicht der Denkmalschützer, die häßlichen Ruinen, die seit dem Ausbruch des Vesuvs in Pompeji herumstehen, durch den Bau einer neuen Hochstraße bald der völligen Zerstörung anheimfallen.
Die Straße ist jedoch notwendig, damit 5 Millionen Besucher im Jahr schneller nach Pompeji kommen, um die Ruinen zu besichtigen.
Aus diesem Grund sollte man den Straßenbau mit allen Mitteln beschleunigen, denn nur wenn die Besucher ganz schnell hinkommen, können sie die Ruinen noch besichtigen, die dann zestört werden, damit sie schneller hinkommen.
Aber wozu die gnadenlose Hetzjagd?
Wenn die Ruinen von Pompeji erst so zerstört sind, daß niemand sie mehr sehen will, kann man das Areal zubetonieren und einen wunderbaren Parkplatz schaffen. Für die 5 Millionen Schaulustigen, die jährlich kommen werden, um die Ruinen der neuen Hochstraße zu besichtigen!

Noch viel schöner leben mit:

REICHTUM UND MACHT

Geld allein macht noch nicht glücklich. Aber solange es mich gibt, wird es nie allein sein.

Pierrot La Pointe

Über das Geld an sich

Das Geld hat seine Realität verloren. Der Wert steht nur noch auf dem Papier. Und Papier ist geduldig. Alle Währungssysteme und Zahlungssysteme sind nur noch Schwindel. Ein weltweit vereinbarter Schwindel allerdings. Mit ihrer Währung verkaufen die Staaten einander gegenseitig ihre Schulden. Der Umsatz ist zufriedenstellend.

Seit das Geld seine reale Bedeutung verloren hat, tut uns das Schuldenmachen nicht mehr so weh. Früher mußte man alles auf Heller und Pfennig berappen – das ging durch Mark und Bein, aber man verlor nicht so leicht die Übersicht.

Man drehte jeden Pfennig in der Tasche um – so lernte man den Wert begreifen, durch hautnahen Kontakt zu den Grenzen der eigenen Mittel. Und wußte: wenn man nichts mehr zum Drehen hat, dann war der Groschen gefallen!

Man prüfte den Klang des Geldes auf einer Tischplatte oder biß in eine Münze, um ihren Wert zu kontrollieren. Der Umgang mit dem Geld war etwas Sinnliches.

Der einzige Kapitalist, der heute noch ein sinnliches Vergnügen an seinem Vermögen hat, ist Dagobert Duck, wenn er in seinem Geldspeicher badet.

Manche Währungen erinnern noch an die einstige Größe des Geldes. Die Krone, der Gulden, das Pfund – aus den Namen spricht noch die Realität des Reichtums. Aber auch die Krone hat ihren Glanz verloren, der Gulden ist nicht mehr gülden, und das Pfund ward längst gewogen und zu leicht befunden.

Hinter allem steht nur noch Papier. Und als wäre das nicht schlimm genug, grassiert nun wie eine weltweite Seuche das Plastikgeld. Man braucht nur noch ein kleines Kärtchen zum Bezahlen. Oder besser gesagt, um Schulden zu machen.

Natürlich nennen die Erfinder das nicht »Schuldenkarte«, sondern Kreditkarte. Aber das sind nur verschiedene Wörter für dasselbe Schlamassel. Derzeit beträgt die Verschuldung der Amerikaner über Kreditkarten mehr als 150 Milliarden Dollar. Man lebt auf Pump. Und irgendwann ist Zahltag.

Nicht für alle. Amerikanische Kreditkartenorganisationen mußten bereits feststellen, daß Zigtausende ihrer Kunden nicht mehr in der Lage sind, die Schulden abzuzahlen. Kein Wunder, man gibt den Leuten ja nur Ratschläge, wie sie Geld ausgeben können – Tips für das Zurückzahlen kriegen sie keine. Oder zumindest erst, wenn sie in Konkurs gegangen sind. Auf die Pleitiers hat sich jetzt eine Gruppe von Psychiatern und Therapeuten spezialisiert. Sie geben den neuen Armen gute Ratschläge, wie sie wieder aus der Misere herauskommen können. Wichtigste Regel: »Zerreißen Sie alle Kreditkarten! Kaufen Sie nur, was Sie sich leisten können! Zahlen Sie bar!«

Solche Lebensweisheiten – und noch dazu gratis – hat früher schon unser Großmütterchen versprüht. Aber das war zu Zeiten, als die Bankdirektoren noch nicht die Kindererziehung übernommen hatten. Heute gibt es beispielsweise in Deutschland poppige Plakate für Kredite an junge Leute mit dem einprägsamen Slogan »Überziehen ist in«! Gewiß sollte man dem Erfinder dieser Lebensweisheit eins überziehen, aber wahrscheinlich hat er richtig spekuliert. Denn wenn man vergleicht, wie weit es das warnende Großmütterchen gebracht hat und wie weit der landläufige Bankier, dann merkt auch die heranwachsende Jugend, an wessen Ratschläge sie sich halten muß.

Natürlich sollte inzwischen jeder wissen, daß Geldinstitute keine karitativen Einrichtungen sind. Wer einem anderen eine größere Summe Bargeld vorstreckt, ohne größere Gewinne dabei zu erzielen, ist ein Idiot. Aber weil dieser Ausdruck nicht populär ist, nennt man einen solchen Menschen »Sparer«.

Der Sparer borgt seiner Sparkasse Geld und erhält dafür nicht einmal halb soviel Zinsen, wie die Sparkasse kriegt, wenn sie ihm Geld borgt.

Und jetzt dürfen alle dreimal raten, für wen das ein Geschäft ist.

Im Prinzip ist es also gar keine schlechte Idee, die Leute vom Sparen abzuhalten und zum Schuldenmachen anzuspornen. Nur leider kommt das dann noch teurer.

Wer vernünftig disponieren will, hat also nur eine Wahl: genausoviel Geld auszugeben, wie er einnimmt.

Kaufen Sie sich genausoviel, wie Sie sich leisten können. Nicht mehr und nicht weniger. Am besten natürlich irgendwelche Kleinigkeiten, an denen Sie Ihr Leben lang eine Freude haben. Zum Beispiel eine Bank!

Geld oder Plastik?

Eine Kreditkarte ist gut, wenn man sein Geld vergessen hat. Noch besser ist es freilich, Geld einzustecken und die Kreditkarte zu vergessen.

Erstens müssen Sie für Geld keine Einschreibgebühr und keinen Jahresbeitrag bezahlen.

Zweitens können Sie mit Geld nicht nur bei den 1,8 Millionen Vertragshändlern von American Express oder einer sonstigen Kreditkartenorganisation einkaufen, sondern auch in Geschäften, wo Sie gerade eine wirklich günstige Gelegenheit entdeckt haben. Auch die Verrechnung für ein Päckchen Zigaretten, eine Zeitung am Kiosk oder ein Eis am Strand macht keine Schwierigkeiten. Und sogar in diesem seltsamen Bistro in der Rue St-Denis können Sie noch ein kleines Helles oder eine kleine Brünette drüberstreuen, ohne im Computer registriert zu werden.

Drittens können Sie in einem Geschäft, das Kreditkarten akzeptiert, oft mit Geld billiger einkaufen. Geschäftsleute, die den Schreibkram scheuen, geben gern 5 Prozent Rabatt, wenn sie vor die Wahl gestellt werden, Karte oder Money zu nehmen. Die Drohung genügt.

Gut, Geld ist auch nicht mehr, was es einmal war.

Aber immerhin gilt noch das alte Sprichwort:

Bargeld lacht!

Plastik ist zum Weinen!

Aber die Entwicklung ist nicht aufzuhalten. Denn auch die Menschen haben den Bezug zur Realität verloren. Mit der Plastikkarte kann sich jeder als Millionär fühlen. Der Wahn ist kurz, die Reue lang, sagt Schiller, aber das war eben ein Konsummuffel. Und schon von Jugend an hat er gegen die Organisationen gehetzt, die sich selbstlos um unsere Finanzen kümmern. Schließlich hat er bereits 1781 »Die Räuber« geschrieben.

Wie legt man sein Vermögen an?

Als die ersten Goldstücke auf die Welt kamen, gab ihnen Gott Mammon seinen Segen und sprach: »Seiet fruchtbar und vermehret euch!«
Seither existiert ein Problem, das vielen Menschen die Freude am Highlife vergällt: Wie lege ich mein Geld bestmöglich an? Das kann einem schon den Schlaf und die Lebensfreude rauben, denn je mehr man hat, desto mehr muß man anlegen, damit es nicht weniger wird.
Natürlich kann man es auf die Bank bringen, aber wer genug Verstand hat, um Millionen zu machen, hat auch genug Verstand, um sie nicht aufs Sparbuch zu legen. Erstens halten die Zinsen nie mit der Teuerungsrate Schritt, und zweitens haben die Banken doch dasselbe Problem!
Auch sie müssen ihr Geld so anlegen, daß es sich vermehrt. Eine Zeitlang war das leicht: Man schickte es einfach in die dritte Welt und verlangte dafür horrende Zinsen. Das ist eine phantasievolle, aber unrealistische Methode. Auch in Entwicklungsländern wächst das Geld ja nicht auf Bäumen, in Wirklichkeit vermehrt es sich überhaupt nicht, also wie sollte jemand, der von Schulden leben muß, auch noch Zinsen bezahlen?
Aber so weit dachten die Banken nicht, denn bei der Mafia hatte das System ja auch immer funktioniert: Man gab Geld gegen hohe Zinsen, und wenn der Kunde nicht zahlen konnte, kamen zwei Herren mit einem Baseballschläger und klopften ihm so lange aufs Knie, bis er doch noch ein paar Dollar ausspuckte. Aber was sich auf individueller Basis bewährt hat, ist auf internationaler eher eine Utopie. Auch wenn manch rühriger Bankdirektor mit dem Baseballschläger ausgezogen ist – ganz Brasilien die Knie zu brechen bleibt doch ein Wunschtraum. So hat Raffgier und mangelnder Weitblick die größten Geldinstitute der Welt in ziemliche Schwierigkeiten gebracht, und der kluge Geschäftsmann wird solchen Managern nur ungern sein Geld anvertrauen.
Wenn man sein Vermögen schnell vermehren möchte, kann man natürlich auch wetten. Auf Rennpferde. Oder auf Schweinebäuche. Sogar auf Kakaobohnen. Bei den Bäuchen und den Bohnen macht es natürlich nicht soviel Spaß, weil man dazu nicht in Cut und Zylinder auf den Rennplatz geht. Man setzt einfach an der Börse darauf, ob die Produkte in ein paar Monaten teurer werden oder nicht. Auch auf Geld wird in dieser Form gewettet – steigt der Yen, hat man gewonnen.

Seltsamerweise gelten solche Wetten als hochseriöse Geschäftspraktiken und sind selbst in Kreisen erlaubt, die Spielkarten und Würfel für ein Werkzeug des Teufels halten.
Normale Börsengeschäfte sind meist nicht ganz so riskant wie Terminspekulationen, entwickeln sich aber auch immer mehr zum Glücksspiel. Und wenn die Computer einmal kurz durchdrehen – wie es schon geschehen ist –, dann merkt man erst so richtig, daß Hausse und Baisse von völlig irrationalen Faktoren ausgelöst werden.
Und wenn außer den Computern auch noch ein paar Börsenmakler hysterisch werden, dann können die Finanzmagnaten froh sein, wenn ihnen von ihrem ehemaligen Besitz wenigstens noch ein Fenster bleibt, aus dem sie springen können.
Deshalb spezialisieren sich die Fachleute auch immer mehr auf kurzfristige Aktiengewinne. Schnell investieren, schnell aussteigen = schneller Gewinn. Respektive schneller Verlust für irgend jemand anderen. Und natürlich auch der schnellste Weg zum endgültigen Börsenkrach.
Vielleicht sollte man also doch nicht sein ganzes Geld in Papiere stecken. Aber wohin sonst? Kunst und Antiquitäten sind eine verlockende Anlagemöglichkeit. Im Ernstfall freilich sind diese Objekte, deren Wert heute so erfreulich steigt, schwer an den Mann zu bringen. In Krisenzeiten, wo es um ein Kilo Schmalz und einen Zentner Kartoffeln geht, sinkt der Marktwert von Henry-Moore-Skulpturen und barocken Flügelaltären erstaunlich schnell.
Als solide Geldanlage galt alle Zeit der Grundbesitz, das Zinshaus oder zumindest die Eigentumswohnung. Die schönsten Fleckchen der Welt, im Zentrum von Manhattan oder Tokio, sind nur leider heute schon so teuer, daß sie spätestens vorgestern eine gute Geldanlage waren. Aber anderswo gibt es immer noch ganz tolle Sonderangebote.
Die *Sangre de Christo Ranches Inc.* bietet Europäern ein Stück Amerika. 2 Hektar in Colorado ab 4 500 Dollar, zahlbar in Monatsraten von 45 Dollar. Das ist fast geschenkt, und da als Verkäufer der berühmte Verlagsmillionär Forbes dahintersteht, dürfte es dabei sogar reell zugehen. Auch wenn das Kleingedruckte in der Annonce zur Kenntnis bringt: »Keine Bundesstelle hat den Wert oder die Vorzüge, sofern vorhanden, dieser Grundstücke überprüft.«
Auch ein Stück der Cayman-Inseln kann man noch im Sommerschlußverkauf erwerben. 1 000 Quadratmeter kostet zwar im-

merhin fast 30 000 Dollar, aber dafür sitzt man gleich am Kanal und kann seine Jacht direkt vor die Haustür steuern. Und das ist auch das einzige, was man in Grand Cayman mit Steuern zu tun hat, denn das Paradies ist steuerfrei.
Das billigste Angebot für den künftigen Landeigner freilich kommt aus Santa Cruz. 16 Hektar, inklusive Zinsen und Gebühren, für 2 400 Dollar, zahlbar in 24 Monatsraten. Reiches, fruchtbares Ackerland, auf dem sich die Sojabohne ebenso wohl fühlt wie der Knoblauch. Ein kleiner Haken ist natürlich an der Sache: Santa Cruz liegt in Bolivien, einem der ärmsten und unwirtlichsten Ländern der Erde, dessen endgültiger Zusammenbruch heute nur noch durch eine verstärkte Kokainproduktion hinausgezögert werden kann. Bohnen mit Knoblauch werden in dieser Gegend kein Highlife garantieren können.
Realitäten, ganz egal, wo sie liegen, haben allerdings in Krisenzeiten den Nachteil, daß man sie nicht mitnehmen kann. Wenn man mal wieder über Nacht den Rucksack packen muß, stellt sich überraschend heraus, daß auch die kleinste Insel nicht hineinpaßt. Und wer eine Ranch im Aktenkoffer in die Emigration schmuggeln will, kriegt todsicher Schwierigkeiten mit dem Zoll.
Außerdem ist nicht ganz sicher vorherzusagen, in welche Richtung man das nächste Mal wird emigrieren müssen – Realitätenbesitz macht sich also nur dann wirklich bezahlt, wenn man ihn über die ganze Welt verteilt hat und überall so viel vorfindet, wie man verlassen mußte.
Gold und Juwelen sind schon ein handlicheres Gepäck, und man sollte immer ein paar Kilo davon in Reserve haben. Freilich tragen sie keine Zinsen, und wenn man verkaufen muß, zahlen Pfandleiher und Hehler nur einen Bruchteil ihres Anschaffungswertes.
Immerhin werden sie nie ganz wertlos wie andere Luxusgüter. Teppiche, Pelzmäntel, Marmorbadewannen, elektronische Geräte oder Krokodillederschuhe sind schon im Preis gefallen, bevor man sie noch ausgepackt hat.
Es ist also nicht leicht, sein Geld richtig anzulegen, und viele Leute kommen nie zu einem Highlife, weil sie sich dauernd mit diesem Problem herumquälen. Ein Ratschlag wäre: stecken Sie das Geld in ein Projekt, das Ihnen Spaß macht. Rupert Murdoch hat sich die »Times« gekauft, der Sultan von Brunei das Dorchester-Hotel und Ronald Reagan den Panamakanal. Was davon ein gutes Geschäft war, stellt sich meist erst später heraus. Aber gerade das, was den größten Spaß macht, wirft oft am mei-

sten ab. An Zinsen oder Lebensqualität. Da sind die Geschmäkker natürlich verschieden.
Die Familie al-Fayed erfüllte sich ihren Lieblingswunsch und erstand Harrods, das berühmteste Kaufhaus der Welt. Die 658 Millionen Dollar dafür dürften gut angelegt sein.
Sir Hugh Fraser, dem Harrods früher gehörte, hingegen legte kurzfristig größere Summen in Chips an. Und verlor in sechs Monaten am Roulettisch fast zweieinhalb Millionen Dollar.
So grundverschieden die Methoden der beiden Warenhauskönige auch gewesen sein mögen – das Highlife wurde ihnen jedenfalls durch eine originelle Form der Geldanlage ermöglicht. Hauptsächlich dadurch, daß Tausende Kunden täglich ihr Geld im Warenhaus anlegen.
Denn das Highlife für jedermann steht und fällt nun einmal mit der alten Formel: Cogito ergo Konsum!

Die Reichen und die Superreichen

Tag für Tag nimmt die Zahl der Millionäre zu, und man kommt sich langsam schön blöd vor, wenn man nicht dazugehört.

Allerdings ist die Frage noch nicht ganz geklärt, wann man eigentlich in den Club aufgenommen wird: Wenn man eine Million im Jahr verdient? Wenn man eine Million auf der Bank hat? Oder eine Million Schulden?

Eines ist jedenfalls recht offensichtlich: zu den wirklich Reichen gehört man deswegen noch lange nicht. Und schon gar nicht zu den Superreichen.

Leider lernt man die Leute, die dazugehören, normalerweise nie im Leben kennen, so daß man nicht genau feststellen kann, was sie uns voraushaben.

Geld natürlich!

Und wer hat nun am meisten davon? Genau wird sich das nie feststellen lassen, denn die Supergoldys legen keinen Wert darauf, ihre Kontoauszüge in der Tagespresse zu veröffentlichen. Teils aus Bescheidenheit, teils der Steuer wegen, die sich gerne als stiller Teilhaber bei größeren Vermögen anmeldet. Profit und Besitz wird deshalb so trickreich und verschachtelt angelegt, daß vor lauter Trusts, Holdinggesellschaften und Strohmänner der Eigentümer oft selbst keinen hundertprozentigen Überblick mehr hat. Also weiß der reichste Mann der Welt vielleicht gar nicht, daß er es ist!

In Europa konzentrieren sich die großen Vermögen besonders in zarten Händen – unter den Superreichen ragen die Damen eindeutig hervor. Zu den reichsten Franzosen darf man getrost Madame sagen, denn es handelt sich dabei um Liliane Bettencourt, die unter anderem bei L'Oreal und Nestlé mitmischt, und Frau Dassault mit den berühmten Flugzeugwerken.

Nicht ganz so reich, aber doch noch zufriedenstellend versorgt ist Tina Onassis, die allzeit von Herzleid gepeinigte Tochter des großen Aristoteles. Aber alle werden natürlich von einer Dame übertroffen, deren Vermögen kaum noch schätzbar ist: Königinmutter Juliana von den Niederlanden. Einen Teil ihrer Guldensammlung hat sie jedenfalls ziemlich krisensicher in Aktien von Shell und KLM investiert.

Allerdings hat sie eine Rivalin, die ihr den absoluten Spitzenrang noch streitig machen könnte: die englische Queen. Aktien, Schlösser und Juwelen hat die nämlich auch und ist überdies die größte Grundbesitzerin in Manhattan.

Aber ob man nun eine Milliarde Dollar oder eine Milliarde und ein paar Zerquetschte im Sparschwein hat, spielt dann schon keine so große Rolle mehr. Hauptsache ist doch, daß auch Königinnen, die ja sozial sehr schwach abgesichert sind und auch keine starke gewerkschaftliche Unterstützung haben, im Alter nicht ganz blank dastehen.
Keinen Titel, aber viel Geld haben auch einige Frauen in Amerika – zum Beispiel Margaret Hunt Hill und Caroline Hunt Schoellkopf. Auch sie sind Mitglieder im Milliardärsklub. Lisa Marie Presley hat nur ein paar hundert Millionen, die sich allerdings noch vermehren können, wenn Papa Elvis weiter fleißig vermarktet wird – und für ein Kind ist die Summe ja gar nicht so schlecht.
Aber hier dominieren doch die Männer, und der reichste von allen ist derzeit Sam Moore Walton, der mit einer Kette von Supermärkten seine Milliarden gescheffelt hat. Aber was ist er gegen Shigero Kobayashi, der mit Bürogebäuden reich geworden ist? Der legt Herrn Walton mindestens noch eine Milliarde vor! Der Grundbesitzer Taikichiro Mori hat gar fast das Vierfache, aber beide zusammen nicht so viel wie Yoshiaki Tsutsumi, der nun vielleicht wirklich der reichste Mann der Welt ist.
Auch auf diesem Gebiet hat Japan also die USA überflügelt – die Kopie ist wieder einmal besser als das Original. Und schon hat die Serienproduktion begonnen: Japan liegt mit 22 Dollarmilliardären bereits vor Amerika mit 21.
Aber jetzt weiß man nicht – soll man das als ersten Mißerfolg des japanischen Erfindergeistes werten? Bisher ist es ihnen gelungen, alles, was sie produzieren, noch kleiner zu machen. Nur mit dem Reichtum scheint es nicht zu klappen!

Wege zum Reichtum

Von wißbegierigen Menschen, die einem Highlife nicht grundsätzlich abgeneigt sind, wird natürlich immer wieder die Frage an uns herangetragen: Und wie kommt man nun eigentlich zu ein paar Millionen?
Nun, man kann in der Garage beginnen, wie Hewlett & Packard oder Steve Jobs, und dort einen hübschen Computer bauen. Diese Branche hat die meisten Millionäre der letzten Zeit hervorgebracht. Aber es kann auch ein Supermarkt sein oder eine Teppichreinigungsfirma – wer eine Idee und das nötige Sendungsbewußtsein hat, kann seinen Mitmenschen praktisch alles unterjubeln, denn zu keiner Zeit bestand so ein dringender Bedarf an überflüssigen Gebrauchsgütern. Gelati mit Pommes-frites-Geschmack, Uhren, die man sich ans Ohr clipsen kann, Videorecorder, die ein Jahr vorprogrammierbar sind, Whiskey ohne Alkohol, Fernsehapparate fürs Handgelenk – so eine Idee kann schon die erste Million bedeuten.
Aber man muß nicht gleich ein Großunternehmer werden. Rechtsanwälte, die wirklich erfolgreiche Verbrecher verteidigen oder jene Verträge austüfteln, mit denen sich Großunternehmen gegenseitig den Hals abschneiden wollen, können sich eines gelinden Reichtums kaum erwehren. Immobilienmakler, Börsenspekulanten und Investmentberater können mit dem Geld ihrer Kunden einen soliden Grundstock zum eigenen Vermögen legen.
Freilich, wer auf geschäftlicher Basis Millionär werden will, muß früh beginnen. Viele Kinder haben ihr Leben heute bereits sorgfältig vorausgeplant und beginnen, kurz nachdem sie den Kreißsaal verlassen haben, mit der konsequenten Verwirklichung ihrer Zielvorstellung: Bis siebzehn wird hart gearbeitet, dann setzt man sich zur Ruhe und läßt nur noch sein Geld arbeiten.
Ihre Ferien verbringen die lieben Kleinen im Alter von 10 bis 15 Jahren in einem Sommerlager, das sich Dollars & Sense nennt, oder bei der Konkurrenz im Money Management Camp im sonnigen Palm Beach. Dort lernen sie nicht nur, wie man das Wall Street Journal abonniert, Aktien kauft und Kredite ablehnt, sondern auch wie man auf dem Tanzparkett bei Nobelbällen glänzt. Das ist sehr wichtig, denn vielleicht erweist es sich später einmal als die allerbeste Geschäftsidee, die Tochter des Chefs zu becircen.

Obwohl heute auch ein einfacher Angestellter nicht mehr derart deprimierende Maßnahmen ergreifen muß, um jährlich ein paar Millionen zu machen. Lee Iaccoca von Chrysler ist ein Beispiel dafür, und ein noch besseres ist Victor Posner, Vorstandsvorsitzender der DWG Corporation – mit 12,7 Millionen Dollar Amerikas höchstbezahlter Angestellter.

Freilich nicht mehr lange, denn der Chef von Warner Communications, Steven Ross, hat seiner Firma jetzt einen 10-Jahres-Vertrag abgetrotzt, der ihm ein durchschnittliches Einkommen von 14 Millionen jährlich sichern könnte.

Das ist auch im Land der unbegrenzten Möglichkeiten nicht gerade ein Bettel. Schließlich verdient der gesamte Senat der Vereinigten Staaten im Jahr nicht mehr als 9 Millionen.

Natürlich ist so ein Mann vielen ungerechten Anfeindungen ausgesetzt – auch von Kleinaktionären seiner Firma. Aber irgendwie wird er das überwinden, ermutigt durch eine alte Lebensweisheit, die das Sofakissen in seinem Wohnzimmer verziert: »Ein gutes Leben ist die beste Revanche.«

Ob man selbständig oder unselbständig tätig ist, spielt also nicht die entscheidende Rolle: so oder so ist der Weg zur Spitze mit Millionen gepflastert. Aber es gibt eine noch bessere Methode zur Vermögensbildung: erben!

Einfach, weil man sich durch diese Abkürzung des Erfolgsweges viel Zeit erspart, die man schon ins Highlife investieren kann, während andere noch der ersten Million hinterherhächeln.

Allerdings, ein reines Honiglecken ist diese Methode auch nicht unbedingt. Bevor man ein größeres Erbe antritt, sollte man sich erst einmal überzeugen, ob man dem überhaupt gewachsen ist. Immer wieder hört man von Millionärskindern, die unter der Last ihres Vermögens zusammenbrechen. Manche versuchen durch eine Überdosis Kaviar aus dem Leben zu scheiden, andere begehen im Zustand geistiger Verwirrung gräßliche Taten: Manche sammeln Pop-Art, andere kaufen sich politische Posten und ziehen als US-Botschafter in europäische Zwergstaaten, und dieser oder jener komponiert sinfonische Musik.

Irgendwie ist es typisch für unsere Zeit, daß man dieses Problem völlig vernachlässigt hat. Jeder organisiert Hilfszüge nach Indien oder Äthiopien, jeder spricht von den Armen in Südafrika und Bangladesh, aber wenn einer neben uns in seine Zobeldecke weint, schaut man gleichgültig weg und läßt den Nachbarn in seinem Penthouse kaltblütig vor die Hunde gehen. Selbst die gesetzlichen Strafen für unterlassene Hilfeleistung wir-

ken da nicht. Und so sind jeden Morgen die Rinnsteine internationaler Prachtstraßen, vom Rodeo Drive bis zur Champs-Élysées, erneut verstopft von den Leichen reicher Erben, die an ihrem Vermögen zerbrochen sind.
Zum Glück ist die Lage nicht hoffnungslos, denn zumindest in San Francisco hat man jetzt begonnen, Seminare abzuhalten, in denen reichen Erbinnen beigebracht wird, wie sie die Bürde ihres Reichtums leichter durchs Leben tragen können.
Falls noch Helfer mit kräftigen Schultern gebraucht werden, würde der Autor interessierten Erbinnen gerne eine Namensliste aus seinem karitativ gesinnten Freundeskreis übermitteln.

Abschreck und Vorbild

Möglicherweise gibt es in Schottland besonders viele Millionäre. Man erkennt sie nur nicht gleich, weil sie mit der Straßenbahn fahren und von all den feinen Whiskey-Sorten nur den geschnorrten trinken.
Geld ist auf den ersten Blick nicht immer sichtbar, und außerdem sind nicht alle alten Reichen darauf aus, schon morgen wieder zu den neuen Armen zu gehören. Einige haben das geschafft. Rafaat El-Sayed, der reichste Mann des Jahres in Schweden – wenige Monate später schon von den Gläubigern gejagt. Auch die schöne Schauspielerin Ornella Muti kann ihre Steuerschulden nicht bezahlen. Nach Zeitungsberichten haust sie bargeldlos in einer kleinen Hütte. Und selbst von Herrn Kashoggi hat man in letzter Zeit nicht viel Erfreuliches gehört.
Die neue Armut ist eine der ansteckendsten Krankheiten unserer Zeit, und leider grassiert sie nicht nur in den unteren Schichten, wo sie hingehört, sondern pfuscht auch den besseren Leuten oft ganz schön ins Highlife. Und da geht es natürlich gleich um ganz andere Beträge.
Wenn die Durchschnittshausfrau über Preissteigerungen jammert, dann geht es um ein Kilo Mehl oder ein Pfund Zucker. Daß sie ihren Kindern keine Butter mehr kaufen kann, weil das Brot so teuer ist, gut, das hat es immer schon gegeben. Über diesen kleinkarierten Sorgen sollte man wirklich nicht vergessen, daß die Reichen von der neuen Armut viel stärker betroffen sind. Denn sie konnten sich früher alles leisten, während sie es sich heute schon zweimal überlegen müssen, einen anständigen

Bentley zu erwerben. Der kostet nämlich fast fünfundzwanzigmal soviel wie vor 50 Jahren. Bei Steinway-Flügeln ist die Entwicklung kaum günstiger verlaufen, und wer sich einen hübschen Kabinenkreuzer anschaffen wollte, kam 1937 noch mit 35 000 Dollar aus. Heute müßte er dafür über 400 000 Dollar hinlegen! Wer beim Frühstück sein »Fortune«-Magazin aufschlägt und solche Zahlen liest, dem vergeht schon beinahe die Lust, überhaupt noch reich zu sein.
Viele Millionäre leben denn auch vorsichtshalber gleich so, als müßten sie mit einer Arbeitslosenunterstützung durchkommen. Der eine kutschiert mit einem 20 Jahre alten Kleinlaster herum, und der andere betrachtet es als Highlife, hin und wieder im Hinterhof Würstchen zu grillen.
Hiroshi Yamauchi hat zwar 475 Millionen Dollar gemacht, aber dafür keinen Urlaub. Und ein absoluter Krösus wie der alte Getty sparte nicht nur drastisch an den Heizkosten seines Londoner Hauses, sondern ließ auch, um die Telefonrechnung niedrig zu halten, in der Hall einen Münzapparat installieren.
Bei solchen Leuten wirkt anscheinend besonders stark, was der Laie als »Dagobert-Duck-Syndrom« bezeichnet und von der Wissenschaft mit dem Terminus »Knausrigkeit« umschrieben wird.
Ein Vorbild für ansprechende Lebensführung können uns solche Menschen freilich nicht sein. Da muß man sich schon an Millionäre halten, die ihr Geld auch hin und wieder unters Volk streuen. Gunther Sachs gibt diese aufregenden Partys, Barbara Cartland gibt ihrem Pudel Gelée royale, und June-Collier Mason gab ihrer Tochter eine Hochzeitsfeier für eine halbe Million Dollar.
Richard Branson, der mit seiner Schallplattenfirma »Virgin« die Nummer neun in der Hitparade der reichsten Engländer wurde, tut alles, was ihm Spaß macht. Er läuft in Jeans herum, initiierte eine Kampagne zur Säuberung Britanniens und versuchte im Heißluftballon den Atlantik zu überqueren. Das ging ganz knapp daneben, daber immerhin hält er noch den Weltrekord für eine Atlantiküberquerung mit seiner Yacht Challenger II.
Richard Branson ist alles, was man von einem Goldy erwarten darf: ein lockerer Held, ein Liebling der Massen, ein einfallsreicher Geschäftsmann – ein Bilderbuchkapitalist, wie handgeschnitzt von Maggie Thatcher.
Auch der Verleger Malcolm Forbes weiß, wie man das Leben genießt – auf seiner Ranch, seiner Yacht, seinem Schloß in

Frankreich. Als weltberühmter Kunstsammler oder im Sattel eines schweren Motorrades. Immer im Mittelpunkt der High-Society, und irgendwie bringt das alles noch mehr Geld ein, als er dafür ausgibt.
Mit diesen wenigen Beispielen ist eines hinlänglich belegt: zum Highlife braucht man nicht nur das Geld, sondern auch die Fähigkeit.
Manche lernen's nie – und andere können's schon, noch ehe sie es sich leisten können.
Der Anfänger muß auf jeden Fall erst einmal eine positive Einstellung zu Luxus und Genuß erarbeiten. Dazu gehört eine eiserne Willenskraft, denn wer von uns würde nicht lieber als Erntehelfer nach Nikaragua gehen, als mit Joan Collins auf den Bermudas herumzualbern? Wer würde nicht lieber auf dem luftigen Fahrrad sitzen als hinter den dunkel getönten Scheiben eines gepanzerten Mercedes? Wer möchte sich nicht lieber einmal im Jahr in ein gutes Buch vertiefen, als dauernd bei Van Cleef und Arpels nach lupenreinen Mehrkarätern zu suchen?
Aber wenn man erst einmal den inneren Schweinehund überwunden hat, gewöhnt man sich ziemlich schnell daran. Zum Glück sind die Medien voll auf das Luxusbedürfnis unserer Epoche eingestiegen und geben dem Anfänger jede Menge Ratschläge, was er tun und haben muß.
Die Zeitschrift »W« zum Beispiel verrät, was man brauchen kann, um sich in der High-Society zu etablieren, und was es kostet.
Ein Anzug von H. Huntsman and Sons, Ltd., ist um 1 566 Dollar erhältlich. Man muß nur fünf Monate darauf warten – am besten in der Imperial Suite des Pariser Ritz. Da kostet die Nächtigung 8 166 Dollar, aber vielleicht gibt's für Dauergäste sogar Rabatt. Damit einem nicht langweilig wird, könnte man tagsüber ein wenig im Bois de Boulogne ausreiten – ein wirklich bequemer Krokodilledersattel ist bei Hermes schon um 10 000 Dollar zu haben. Und abends setzt man sich eben mit einem Fläschchen Rotwein vor den Fernseher. Empfehlenswert ist der Chateau Lafite 1900 zu 1 680 Dollar.
Und da man ja vier- oder fünfmal zur Anprobe nach London muß, empfiehlt sich die Anschaffung eines Gulfstream-IV-Jets. Im Preis von 15 Millionen Dollar ist allerdings die Innendekoration nicht inbegriffen.
Es ist ganz offensichtlich: Alles was der Mensch zum Leben braucht, wird heute hergestellt und angeboten. Und natürlich

auch gekauft, denn die Krokokoffer um 75 000 in Beverly Hills oder Halsband und Ohrringe in Smaragden und Diamanten – schon gesehen für eine halbe Million bei Harry Winston – sind schließlich keine Schaufensterdekoration.
Die Zeiten können also gar nicht so schlecht sein, wie uns linke Chaoten und Berufsrevolutionäre immer weismachen wollen. Wer angesichts eines solchen Angebots stur in Hunger und Elend verharrt, ist ja wohl selber schuld. Das sind die Unbelehrbaren, denen jeder Sinn für die Realität abgeht.
Zum Glück werden diese Ewiggestrigen ja eines Tages von selber aussterben, und die nachkommende Generation orientiert sich, wie aus den neuesten Untersuchungen hervorgeht, wieder an echten Idealen: Kapital, Karriere und Kaviar.
Highlife für jedermann ist zweifellos das humanitäre, philosophische und politische Konzept für die kommenden Jahre. Pakken wir's gemeinsam an!

Noch viel schöner leben mit:

GLAS UND BECHER

Ein Leben ohne Lachen
ist wie eine lange Reise
ohne Wirtshaus.

Demokritos

Glück und Glas

Die Kunst des Genießens, die dieses schöne Buch wieder ins rechte Licht rücken will, hat vielerlei Facetten, und selbst Menschen, die sich ihr Leben lang damit beschäftigen, bedenken oft nicht, was man dabei alles bedenken muß.
Ein einfacher Vorgang, wie beispielsweise das Trinken, geht erst dann über die bloße Flüssigkeitszufuhr, wie sie auch beim Vieh beobachtet wird, hinaus, wenn man dabei ständig nach höchster Vollendung strebt.
Zum Abstinenzler taugt bald einer, aber wer in der Gesellschaft als gehobener Trinker anerkannt werden und nicht sein Leben als anonymer Alkoholiker vergeuden möchte, muß sich schon intensivst mit flüssigen Substanzen auseinandersetzen.
Nun darf man annehmen, daß ein Mensch, der dem Highlife frönt, die eigene Badewanne nicht zur Gin-Destillation mißbraucht, sondern sich Markenware zweifelsfreien Ursprungs einverleibt. Klangvolle Namen bürgen für den angestrebten Genuß, und schon die edle Aufmachung verrät dem Kenner manches über Wert und Preis des Produktes. Dabei wird die aufwendige Verpackung edler Getränke wahrscheinlich in Zukunft noch gewaltig verfeinert werden. Durch die Fusion der französischen Spitzenfirma Louis Vuitton und Moët-Hennessy ergibt sich eine völlig neue Konstellation – wahrscheinlich wird der Cognac jetzt kofferweise verkauft!
Auf jeden Fall ist der Alkohol in seiner Originalpackung gut aufgehoben. Die Sünden wider den Weingeist beginnen erst, wenn er zum Verzehr freigesetzt wird. Da zeigt sich nun, ob der Trinker Lebensart hat oder doch nur das Zeug zum landläufigen Saufbruder.
Champagner aus Wehrmachtsstiefeln zu trinken und Calvados Hors Age aus Zahnputzgläsern ist ganz schlechter Stil! Auch wenn dabei ganz interessante Aromakombinationen entstehen können, wird der Geschmacksfachmann derlei Perversionen entschieden von sich weisen.
Cola und Kaffee aus Pappbechern zu schlürfen, wie das bei amerikanischen Gourmets oder auf den pittoresken Bahnhöfen des Balkans Sitte ist, mag noch angehen, da weder der Inhalt noch das Gefäß über einen erwähnenswerten Eigengeschmack verfügt. Die Blume des Weines aber und der Duft edler Brände werden sich in dieser Umgebung nicht entfalten.
Wer also ein Feinschmecker werden will, dem muß man die

Grundregel des Genießens unbarmherzig einhämmern, die da lautet: Jedes Getränk verlangt das richtige Gefäß!
Niemand weiß das besser als der international renommierte Glaserzeuger Riedel, der etwa mit seiner Serie »Sommeliers« wunderbare Hilfsmittel zur Gurgelbefeuchtung geschaffen hat. Jedes Getränk verlangt also sein eigenes Glas, und wehe, wenn es das nicht kriegt! Der junge Weißwein zum Beispiel verlangt von Herrn Riedel das Glas »Junger Weißwein« 400/1. Und warum, wird uns in einem Zeitungsinserat verraten: »Aus diesem Glas saugend, springt der Wein sofort auf die Kohlendioxid wahrnehmende Zungenspitze und kommt dann auf Zungenmitte und Zungenende.«
Wenn Sie das bisher nicht wußten, dann haben Sie jetzt wieder etwas dazugelernt, was unmittelbar zur Verbesserung Ihrer Lebensqualität beiträgt. Man stelle sich nur einmal vor, was passieren könnte, wenn man dem jungen Weißwein ein falsches Glas anböte! Womöglich springt der übermütige Bursche dann vom Zungenende auf die Zungenmitte und weiter zur Zungenspitze und – platsch, hat man die ganze Bescherung auf dem Spannteppich. Zum Kotzen!
Also folgen Sie dem Ratschlag der Firma Riedel, und lassen Sie Ihren Weißwein hin und wieder am richtigen Glas saugen. Damit zeichnet sich Ihr Wein als Kenner aus und kann sich in der feinsten Gesellschaft sehen lassen.
Und falls Sie selbst einmal das Bedürfnis haben, am Wein zu saugen, nehmen Sie einfach einen Schluck aus der Flasche. Auch wenn sich der junge Weißwein dann für Sie in Grund und Boden schämt. Hauptsache: Prost!

Barauslagen tragen Zinsen

Fast alles, was der liebe Gott für Menschen geschaffen hat, die sich besonders wohl fühlen wollen, beginnt mit B, zum Beispiel die Bahamas, die Badewanne und die Bar.
Es gibt auch Ausnahmen wie Bonn und Bunker, aber mit den perversen Auswüchsen der Zivilisation wollen wir uns an dieser Stelle nicht beschäftigen.
Wollte man eine Wertskala des Wohlempfindens aufstellen, so übertrifft die Bar wahrscheinlich auch noch die Bahamas. Denn erstens kann eine Bar überall liegen, nicht nur mitten im Meer, was besonders von Nichtschwimmern sehr begrüßt wird, und zweitens trifft man in einer Bar nur selten auf Sonne, Sand und frische Luft – Naturerscheinungen, die ja heutzutage einen mehr als zweifelhaften Ruf haben.
Ganz sicher rangiert die Bar auch vor der Badewanne, der ja bei allen Vorzügen doch immer das etwas peinliche Odium der Hygiene anhaftet. Und der Versuch, dem Körper die nötige Flüssigkeitsmenge rein äußerlich zuzuführen, kann auf keinen Fall mit der verinnerlichten Erquickung an der Theke konkurrieren.
Die Bar hat auch jedem anderen Lokaltyp manches voraus. Zum Beispiel trifft man dort keine Jugendlichen. Die ganz jungen Nachtschwärmer bevorzugen natürlich Discotheken, wo sie sich durch eine geschickte Therapie mit Lärm und Licht in kürzester Zeit die dauerhaftesten Leiden zuziehen können. Mit Taubheit und Blindheit geschlagen, überspringen sie dann so ekelhafte Stationen des menschlichen Reifeprozesses wie Militärdienst oder Berufsleben und können gleich nach dem Schulabschluß ihre Invalidenrente beziehen.
Das Fehlen der Jugend ist für ältere Barbesucher natürlich ein besonderer Anreiz, denn mangels Vergleichsmöglichkeiten können sie sich bei gnädig gedämpftem Licht einen Abend lang vormachen, daß sie sich eigentlich tadellos gehalten haben. Und spätestens nach dem siebenten Chivas Regal schwört ein IBM-Topmanager, daß er schon '68 beinahe einmal eine Protestbewegung gemacht hätte, und überhaupt!
Der Mensch ist eben so jung, wie er sich füllt!
In einer Bar gibt es auch keine umfangreiche Speisekarte. Das erleichtert die Auswahl. Und erspart einem überdies, zuzusehen, wie sich eine Bande erstklassiger Kapitalisten mit Händen und Füßen an unschuldigen Hummern vergeht.
Für ältere Herren ist es auch besser, wenn sie ihre minderjähri-

gen Begleiterinnen nicht so gut füttern, daß diese die neugewonnene Energie bei jedem Annäherungsversuch in Karateschläge umsetzen. Lieber ein paar Portionen Kir royale oder Grand Marnier – das hilft der spröden Tugend in die Daunen.
Grundsätzlich aber ist die Bar ein Refugium für Genießer aller Jahrgänge. Da wird gelacht und geweint, geplaudert und geflirtet, getrunken und geprahlt. Die Bar ist eine Insel im Alltag, behütet von einem Barkeeper, der im Idealfall eine Mischung aus Rudi Carrell und Florence Nightingale darstellt.
Gewiß, gute Bar ist rar. Schon weil auch die wirklichen Genießer, die chronischen Barhocker, abgenommen haben. Zum Glück betreibt noch fast jedes bessere Hotel eine Bar, die auch den Vorteil hat, daß dort die normalen Alkoholiker von der Straße kaum hinfinden, sondern nur die erfahrenen Säufer aus dem Haus.
Die Hotelbar ist eine letzte Zuflucht der Seele. Nirgendwo kommen Menschen sich selbst und anderen so schnell nahe wie im Kampf gegen die drohende Sperrstunde. Die Bar ist wie ein Friedhof mit Alkoholausschank: voll echter Einsamkeit und echter Lebensfreude – man ist nur Gast auf Zeit in dieser Welt.
So intensiv wie hier kann man nirgends allein sein oder Kontakte knüpfen – und alles beenden durch eine überstürzte Abreise.
Und in der nächsten Stadt gibt's wieder eine Bar. Hoffentlich.
Kurzum: Barinvestitionen lohnen sich.

Wie erkennt man eine Bar?

In jedem Ort, der etwas auf sich hält, gibt es heute neben der einklassigen Volksschule und der Bushaltestelle mindestens sieben In-Lokale. Da ist es gar nicht leicht, das passende herauszufinden, und besonders Menschen, die eine Bar suchen, wußten oft nicht: Handelt es sich nun bei dieser um eine solche? In vielen Ländern der Welt konnte man dieser Frage noch immer nicht Herr werden, aber zumindest in Österreich ist dieses brennende Problem gelöst, denn der Verwaltungsgerichtshof hat den gastronomischen Begriff Bar glasklar definiert:
»Die Beurteilung, ob Flächen eines Bauwerkes Gastraumflächen einer Bar sind, ist nach der Gesamtheit objektiv feststellba-

rer Merkmale wie etwa Einrichtung, Ausstattung, die tatsächliche Verwendung und die topographische Lage zu unbestrittenermaßen als Bar gewidmeten Gastraumfläche sowie die Verbindung zu diesen oder die Trennung von diesen, etwa durch Absperrungen, die die Benützung durch Barbesucher verhindert, vorzunehmen.«

Wer vor dem Besuch eines Lokals nach diesen Kriterien überprüfen will, ob er tatsächlich eine Bar vorfindet, sollte seinen nächtlichen Bummel mit Winkelmaß und Wasserwaage vorsichtshalber schon mittags beginnen. Und da in letzter Zeit immer mehr Verdurstete vor den Türen einschlägiger Etablissements vorgefunden wurden, empfiehlt die Konsumenteninformation hartnäckigen Barbesuchern, künftig nicht nur die Erläuterungen des Verwaltungsgerichtshofes, sondern auch einen gut gefüllten Flachmann einzustecken!

Wie viele Semester Disco braucht der Mensch?

Die Hoffnung, China könnte langsam auf den Kurs der westlichen Zivilisation einschwenken, hat sich nicht erfüllt. Durch einen Bericht der »Canton Evening Post« wurden kürzlich neue barbarische Maßnahmen zur Unterdrückung der Kultur bekannt. Demnach haben die Bildungsbehörden von Kanton den Studenten der Stadt jeglichen Disco-Besuch verboten, weil ihr akademischer Leistungsdurchschnitt tief gefallen ist. Discotheken und Hotels werden mit Strafen belegt, wenn sie den akademischen Nachwuchs auf ihrem Territorium das Tanzbein schwingen lassen.

Da kann der westliche Beobachter freilich nur ein höhnisches Lachen anstimmen. Diese Chinesen! Jetzt haben sie so einen langen Marsch hinter sich und sind noch immer auf dem Holzweg!

Haben wir ihnen nicht längst vorexerziert, wohin hemmungsloses Studium führen kann? Aber sie haben es nicht begriffen!

Wenn sie ihre Jugend zum Studium zwingen, dann gibt es in ein paar Jahren in China genauso eine Akademikerschwemme wie bei uns. Lauter arbeitslose Soziologen, Politologen, Psychologen, Ornithologen, Feminologen, Astrologen und Logologen. Menschen, die trotz ihres Titels von den Logenplätzen des Lebens für immer ausgeschlossen sein werden.

Bei uns haben diese Typen ja wenigstens noch die Chance, reich und berühmt zu werden, wenn sie die ganze Logelei vergessen und einen Job als Discjockey annehmen.
Aber wer braucht in China Discjockeys, wenn die Discos sperren müssen, weil die Studenten dauernd auf der Uni sind?
Auf diese Art züchtet man lediglich ein neues akademisches Proletariat. Und wie man die Chinesen kennt, geht das gleich wieder in die Millionen!
Zugegeben, das Reich der Mitte war für uns immer unergründlich. Aber wer hätte ausgerechnet von der Mitte erwartet, daß sie bis zum Äußersten geht? Und die chinesische Tropfen-Folter in eine Tropf-Folter umfunktioniert?
Es sollte niemanden, vor allem nicht die Führung in Peking, überraschen, wenn akademische Kreise in aller Welt aus Protest gegen diese barbarischen Maßnahmen und im Geiste internationaler Solidarität demnächst ihre Ming-Vasen zerschlagen und ihren Tee wieder aus Rosenthal-Porzellan trinken statt aus China-Kannen. Hat nicht Konfuzius seinen Landsleuten schon gelehrt, man dürfe das Ping nicht mit dem Pong ausschütten?

Wem nützt es, wenn wir nüchtern sind?

In trunkenem Zustand ein Kraftfahrzeug zu pilotieren gilt seit eh und je als Kavaliersdelikt. Für Leute, die so blau sind, daß sie nicht mehr gehen können, ist es geradezu eine Notwendigkeit, und für jene, die nur so viel getrunken haben, daß sie nicht mehr fahren können, ist es zumindest ein Heldenspaß.
Allerdings gibt es Spaßverderber, die die Promillegrenze immer tiefer ansetzen wollen. In Ostblockländern ist man diesbezüglich sogar schon bei Null angelangt, und viel tiefer geht es ja wirklich nicht mehr.
Allerdings fällt das für uns nicht sehr ins Gewicht, denn wer fährt schon, um Highlife zu machen, hinter den Eisernen Vorhang?
Erstens gibt es dort kaum Straßen, wo man so richtig dahinzischen kann, zweitens gibt es dort kaum Nachtlokale, wo man sich so richtig genüßlich vollsaufen kann, und drittens sind die Leute, die man dort so überfährt, ja auch meist ziemlich popelig.
Freilich ist man heute auch in zivilisierten Ländern vor der Ma-

fia der Promillekiller nicht mehr gefeit. So muß man künftighin Schweden wohl von der Liste der Länder streichen, wo man noch so richtig einen draufmachen kann, bevor man sich ans Steuer setzt. In Schweden soll nämlich – Auswuchs höchster Perfidie – betrunkenen Autofahrern künftig nicht nur der Schein, sondern auch das Auto entzogen werden.
Das ist eine Entziehungskur, die den Staat wenigstens nichts kostet. Im Gegenteil! Da der Staat die Autos ja nicht unbegrenzt horten kann, sondern schon aus Parkplatzmangel möglichst rasch wieder verkaufen muß, verdient er auch noch dran!
Selbst wenn man diese Maßnahme vom moralischen Standpunkt her verurteilt, muß man ihr doch, unternehmerisch gesehen, höchsten Respekt zollen. Die schwedische Regierung könnte auf diese Weise über Nacht zum größten Gebrauchtwagenhändler der Welt werden!
Diese Zukunftsvision steht schon ganz plastisch vor unseren Augen. In einer eigenen Abteilung, den »Staatlig Forsleppningsbüro for alkoholiserade Vehikler«, werden die enteigneten Automobile dann an den Mann gebracht. Wobei man in diesem Amt besonders stolz darauf ist, alle Kundenwünsche prompt zu erfüllen. Der Käufer schildert in der Zentrale sein Verlangen und dann ruft der Chef im Lager an:
»Niels, haben wir einen Volvo Superstar, viereinhalb Liter, blau-metallic mit Weißwandreifen da?... Nein, nicht braun, blau!... Kirchenrat Olson braucht einen, der zur Farbe seines Handtäschchens paßt!... Nichts zu machen? Dann müssen wir eben einen besorgen! Schau mal in der Kartei nach, wer so eine Karre fährt!... Ingenieur Möllerson? Wie viele Kilometer?... Fein, das paßt! Schick ihm gleich unser Lockangebot: Zehn Frei-Drinks in der Lux-Bar! Wenn er dort rauskommt, nimmst du ihm die Schlüssel ab und schickst ihn auf Entziehung. Übliche Prozedur... Aber es muß noch in dieser Woche sein. Montag heiratet Kirchenrat Olson den jungen Mölny – Hoflieferant für feine Leibwäsche – und ohne Auto keine Hochzeitsreise. Verstanden?... Dann klemm dich dahinter! Tak so mykket!«

Noch viel schöner leben mit:

SICHERHEIT UND LEBENSFREUDE

Die Gewalttäter sind in letzter Zeit nicht übler geworden – nur üblicher.

N. C. Dehlendorff

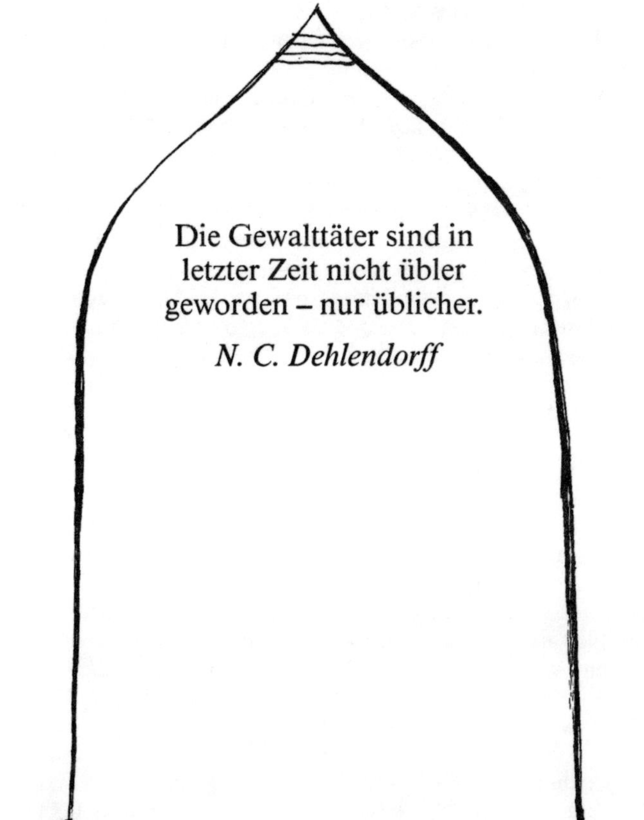

Sicherheitsfragen

Viele Menschen unserer Zeit leiden darunter, daß sie sich ständig bedroht fühlen. Und diese Gefühle trügen leider nicht ganz, denn die Kriminalstatistik ist eine wenig erfreuliche Lektüre. Außer natürlich für Rechtsanwälte, die sich ihren Wappenspruch »Verbrechen lohnt sich doch« jetzt täglich frisch vergolden lassen können.

Selbst in Skandinavien, wo man noch vor kurzem die Kuh alleine vor die Haustür und die Frau zur Arbeit schicken konnte, ohne sich um den weiteren Verbleib derselben sorgen zu müssen, ist es so schlimm geworden, daß eine Kopenhagener Zeitung bange fragt: »Ist Dänemark das Land der Langfinger?«

Nun, im internationalen Vergleich stehen die dänischen Langfinger wohl noch auf recht kurzen Beinen. In Italien beispielsweise wird mit viel mehr Liebe zur Sache geklaut. Allerdings hat man dort auch die Chance, seine Wertgegenstände schnell wieder zurückzubekommen. Selbstverständlich nicht von der Polizei, denn je südlicher ein Land, desto eher halten Polizisten ein bedauerndes Achselzucken für ihre eigentliche Detektivarbeit.

Deshalb tut der Bestohlene besser daran, ins nächste Espresso zu gehen und an der Theke lauthals zu verkünden, daß er gerade seine Kamera oder die goldene Uhr verloren hat. Wenn er dann noch spontan einen interessanten Finderlohn aussetzt, kann es passieren, daß schon eine halbe Stunde später der ehrliche Finder strahlend mit der Beute anrückt. Und falls das mal nicht funktioniert, muß man sein Eigentum eben auf dem nächsten Flohmarkt zurückkaufen. Wobei Ihnen der Verkäufer unter Tränen versichern wird, daß er Ihnen trotz seiner sechs hungrigen Kinder einen Sonderpreis macht und bei dem Geschäft noch aus der eigenen Tasche etwas draufzahlt.

Auch in Südfrankreich ist das Touristenplündern inzwischen eine vielbeachtete Wachstumsbranche. Allerdings verlangen die Franzosen bekanntlich noch ein bißchen mehr vom Leben als die Italiener, und so werden die Beraubten dort gern noch ein wenig verprügelt oder geschändet.

Aber was ist Europa im Vergleich zu anderen Kontinenten? In Rio hat man nach Aussage von Fachleuten zwei Möglichkeiten: Man trägt seine Wertsachen bei sich und läßt sie sich unterwegs stehlen, oder man macht sich erst gar nicht die Mühe, alles mitzuschleppen, sondern beansprucht im Hotel das Zimmerservice der städtischen Einbrechergilde. Gewitzte Sonnenanbeterinnen an der Copacabana tragen deshalb auch so winzige Tangas, daß jeder Dieb sehen muß: Hier kann kein Wertgegenstand mehr verborgen sein, der nicht direkt zur Abrundung der Persönlichkeit gehört. Und selbst darauf müssen die Mädchen noch höllisch aufpassen!

In manchen Erholungsgebieten Nordamerikas ist es nicht besser – etwa in Harlem oder im Central Park. Da soll schon mancher Jogger von seinem Morgenlauf ohne Schuhe nach Hause gekommen sein. Manche werden von den an jeder Straßenecke lauernden Muggern total ausgeraubt, andere kommen wenigstens noch mit einer Kleinigkeit heim. Statt mit ihrer wohlgefüllten Brieftasche beispielsweise mit einem hübschen Stilett. Im Rücken!

Verschiedene exotische Länder aus dem arabischen und asiatischen Raum wollen wir hier gar nicht erwähnen, schließlich soll das ja keine Horror-Story werden. Hingegen muß als rühmliche Ausnahme China zitiert werden. Diebe werden dort drastisch bestraft, wenn sie sich Wertgegenstände wie Eßstäbchen oder Fahrradklingeln unter den Nagel reißen. Und das Eigentum von Touristen ist schon deshalb sicher, weil ein Chinese mit einer neuen Leica, einer Cartier-Uhr oder einem silbergrauen Königspudel an der Leine bei der Maiandacht doch zu sehr auffällt. Aber der Mensch kann doch nicht gleich nach Yü-Nan reisen, wenn er mal seine Juwelen gleißen lassen will!

Und außerdem, man muß ja nicht gerade beraubt werden. Man kann auch erschlagen, vergiftet, gevierteilt oder am Halse aufgehängt werden, bis daß der Tod eintritt. Die Unsicherheit herrscht immer und überall, und viele Menschen haben eine solche Angst vor dem Tod, daß sie schon bei Lebzeiten daran sterben. Völlig zu Recht, denn totale Sicherheit gibt es nirgends. Im Schoße der Familie werden mehr Menschen umgebracht als auf den Schlachtfeldern, und Terroristen sprengen mal ein paar Menschen auf einem Flugplatz in Wien, mal in einem Bistro in Paris, nur um auf eindrucksvolle Weise in aller Welt für den Islam zu werben.

Selbst die ganz Großen dieser Welt kommen aus dem Zittern nicht mehr heraus. Wenn Queen Elizabeth sich im Buckingham-Palast zur Ruhe begibt, weiß sie nie, wer ihr des Nachts begegnet. Manchmal ist es nur das alte Schloßgespenst, aber zwischendurch kommt auch dann und wann ein Betrunkener durchs Fenster, der noch einen Schluck auf das Wohl Ihrer Majestät nehmen möchte. Selbst die königliche Garde und ein Hau-

fen zeitgemäßer Sicherheitsvorkehrungen konnten diese kleinen Zwischenfälle nicht verhindern.
Und nicht einmal im Kreml kann man mehr ruhig schlafen! Seit der neunzehnjährige Hamburger Matthias Rust mit einem Sportflugzeug ungehindert von Helsinki bis Moskau flog – just als die Sowjets den Tag der Grenzabwehrtruppe feierten – und fröhlich an der Bushaltestelle auf dem Roten Platz landete, weiß man, daß es auf der Welt kein Sicherheitssystem gibt, das einem unternehmungslustigen Teenager Widerstand leisten könnte.
Das Leben ist also tatsächlich lebensgefährlich. So etwas ist störend, besonders für den Genießer, der viel zu verlieren hat.
Nur wer arm, krank und verzweifelt ist – oder höllisch bigott –, hat auf Erden nichts mehr zu befürchten. Wenn Sie sich mit diesem Zustand anfreunden können, haben Sie bereits die erste Schlacht gegen die Angst gewonnen und können Ihr Elend in vollen Zügen genießen!

Wie man der Angst ein Schnippchen schlägt

Natürlich gibt es noch andere Methoden, um das Sicherheitsbedürfnis der Menschen zu erfüllen, ohne ihnen das Leben so zu vergällen, daß sie alles andere vorziehen. Ein Musterbeispiel in dieser Richtung wurde uns gerade aus Dänemark gemeldet. Noch mehr als die Angst des Tormanns vor dem Elfmeter grassiert dort die Angst des Briefträgers vor dem Riesenschnauzer. Postmeister Leo Petersen aus Viborg ist denn auch mehr als einverstanden, daß in seinem Amtsbereich ein Pilotprojekt durchgeführt wird mit dem Ziel, die braven Briefzusteller künftighin vor Hundebissen zu bewahren.
Zu diesem Zweck wurde der Hundepsychologe Roger Abrantes engagiert – freilich nicht, um den beißenden Vierbeinern ein besseres Benehmen beizubringen, sondern um die Postbeamten zu erziehen: Das wandelnde Hundefutter soll sich in Zukunft so benehmen, daß Bello, dem Bullterrier, von vornherein der Geschmack daran vergeht!
Gewiß, damit kann nur ein kleines Problem gelöst werden, aber die Methode eröffnet ungeahnte Perspektiven. Könnte man nicht vielleicht Kriminalität und Gewalttätigkeit aus der Welt schaffen, wenn man einmal von der Annahme ausgeht, daß nicht der Täter etwas falsch macht, sondern das Opfer?

Ganz fremd ist der Justiz dieser Gedanke ja ohnehin nicht. Der humane Strafvollzug unserer Tage will ja seit langem schon verhindern, daß man einen Verbrecher zum Verbrecher stempelt, bloß weil er einer ist. Und wenn wirklich mal einer verknackt werden muß, dann sollte das nicht als Strafe gesehen werden, sondern vielmehr als Resozialisierungshilfe.
Schöngeistige Kreise verlangen außerdem, daß man sich nicht soviel Mühe machen sollte, die Missetäter zu verfolgen, sondern lieber die Ursachen des Verbrechens beseitigen sollte. Das bleibt aber eine Theorie, da seit der Abschaffung der Todesstrafe auch jene Menschen, die sich als Ursache zahlreicher Verbrechen bewährt haben, nicht mehr beseitigt werden dürfen.
Auch einige andere Ursachen lassen sich nicht so einfach aus der Welt schaffen. Das Geld zum Beispiel, das in den meisten Verbrechen die Hauptrolle spielt, wird uns zwar vom Finanzministerium in großen Mengen entzogen, aber ganz will man es ja doch nicht aus dem Umlauf ziehen.
Alle schönen Frauen zu beseitigen würde auch keinen besonderen Anklang finden, obwohl sie nachgewiesenermaßen allerlei Gesetzesübertretungen, vom einfachen Sexualdelikt bis zum infamen Doppelmord, im Gefolge haben. Auch das Auto, das bei vielen Autodiebstählen eine Rolle spielt, oder das Flugzeug, das zu rund 100 Prozent die Ursache aller Flugzeugentführungen darstellt, kann nicht so einfach beseitigt werden.
Die Ursachen des Verbrechens zu beseitigen ist also, gelinde gesagt, eine Schnapsidee. Sie stammt aus einer Epoche des beginnenden Humanismus, als echter Hunger, idiotische Moralvorstellungen oder die brutale Willkür der Mächtigen tatsächlich viele Menschen auf die schiefe Bahn trieben.
Nun sind wir auch heute noch ein ganzes Stück vom Paradies entfernt, aber unsere Zuhälter, Immobilienmakler oder Rauschgiftdealer sind nicht aus Hunger zu ihrem Beruf gekommen. Terroristen, die Banken überfallen, und Politiker, die Schmiergelder einstecken, tun das nicht, weil sie wegen eines unehelichen Kindes mittellos auf die Straße gesetzt wurden. Und selbst Fußballfans, die, vom Sportgeist beseelt, den nächsten Passanten massakrieren, tun das nicht aus Protest gegen Staat und Gesellschaft, sondern aus Spaß.
Mit der Beseitigung der Ursachen ist es also Essig!
Man kann die Gier nicht beseitigen, auch nicht die Dummheit, die Gewalttätigkeit, den Sexualtrieb, den Egoismus, die Faulheit oder die Gemeinheit.

Und man kann Oma nicht beseitigen, obwohl sie ein Handtäschchen trägt und damit diese ganze Handtäschchenräuberei verursacht!
Aber wie gesagt, es gibt einen Lichtblick. Unser Verlangen nach Sicherheit kann erfüllt werden, wenn wir endlich das neueste Rezept befolgen: Nicht dem Hund das Beißen abgewöhnen, sondern dem Briefträger das Gebissen-Werden! Eine strenge Erziehung der Opfer kann Wunder wirken.
Und es ist ganz einfach: man muß nur die Kriminalität als gottgewollt hinnehmen. Wenn man von einem Schurken bedroht wird, muß man sich nur ins Gedächtnis rufen: Er kann nicht anders – ich jedoch kann. Und schon sieht alles viel rosiger aus.
Die Befolgung einiger einfacher Regeln kann Ihnen den Umgang mit Gesetzesbrechern sehr erleichtern:

1. Tragen Sie bei Ihrem Abendspaziergang immer eine Menge Bargeld und Juwelen bei sich – sonst fühlt sich ein Räuber eventuell genasführt und wird zu Recht unangenehm.

2. Finden Sie auch in schwierigen Situationen für Ihre Mitmenschen stets ein freundliches Wort. Etwa: »Sie schneiden ja besser als Christiaan Barnard!« Oder: »Sie schießen aber wirklich gut – ahhhhh . . .«

3. Wenn von Ihnen in einer dunklen Seitengasse jemand die klassische Entscheidung verlangt: »Geld oder Leben!«, fangen Sie nicht blöde zu kichern an, sondern antworten Sie mit dem ebenso klassischen Slogan Ihres Wursthändlers: »Darf's ein bißchen mehr sein?«

Erst wenn sich die Menschen einmal daran gewöhnt haben, sich bereitwillig und mit fröhlichem Sinn von ihrem Besitztum oder ihrem Leben zu trennen, wird dieses ewige Gefühl der Unsicherheit und Angst verschwinden. Selbst globale Geplänkel verlieren ihren Schrecken, wenn sich die Opfer endlich darauf einstellen, daß der Angreifer im Recht ist. Wozu soll uns denn der böse Wolf noch beißen, wenn wir ihm schwanzwedelnd entgegenkommen? Man muß nur rechtzeitig eine Friedensbewegung machen, dann ist alles in Ordnung.
Gut, das Rotkäppchen hat der Wolf trotzdem gefressen. Aber das ist auch ein Märchen! In der Realität sieht eben alles anders aus. Wenn sich der Briefträger genauso benimmt, wie es sich der Bluthund vorstellt, kommt er vielleicht ungebissen davon.

Und was für die Post gut ist, kann auch anderswo Segen bringen. Die Umerziehung wird natürlich nicht leicht sein, schon weil sich die Mehrheit der anständigen Menschen trotzig fragen wird, warum sie sich der Minderheit von Wegelagerern anpassen soll.
Aber Lebensqualität gibt es eben nur, wenn man sich sicher fühlen kann. Und wenn der Hund sich nicht erziehen läßt, muß sich eben der Briefträger erziehen lassen!
Diese Maxime gilt natürlich für uns alle. Und sollte Ihre Lebensqualität zu sehr darunter leiden, daß das Opfer kuschen muß und nicht der Hund, dann gibt es natürlich noch einen anderen Weg, seine Angst zu besiegen.
Studieren Sie bei den nächsten Vergewaltigungen, Raubüberfällen und Meuchelmordversuchen Ihren Gegner ganz genau. Bis Sie herausbekommen, weshalb ein Verbrecher einfach nicht anders kann. Wenn Sie ihm das abgeschaut haben, treten Sie der Unterwelt bei und nehmen sich einen guten Rechtsanwalt, der unserer Justiz erklärt, daß die sensiblen Verbrechernaturen nur deshalb so unbeliebt sind, weil sie dauernd auf falsch erzogene Opfer stoßen.
Das bringt jede Menge Sympathie und ein echtes Gefühl der Sicherheit. Jetzt können Sie sich wieder beruhigt beim nächtlichen Bummel die Kronjuwelen umhängen. Oder haben Sie schon einmal gehört, daß man einem richtigen Gangster auf der Reeperbahn sein goldenes Fußkettchen geklaut hätte?

Wie man Leben verlängern kann

Wie erst kürzlich festgestellt wurde, gibt es ein unfehlbares Rezept, Frauen länger am Leben zu erhalten. Wer immer diesen Gedanken ernsthaft in Erwägung zieht, muß sich lediglich der Erkenntnisse von Herrn Professor Flach bedienen. Als Mitglied der New Yorker Cornell-Universität hat er sich just mit diesem brisanten Gegenwartsproblem auseinandergesetzt und ist zu dem überraschenden Schluß gekommen: Klatsch ist gesund! Frauen, die sich dieser Beschäftigung gewissenhaft hingeben, ersparen sich allerlei Leiden und einen frühen Tod.

Somit ist auch geklärt, weshalb das schönere Geschlecht noch immer eine um etwa sieben Jahre höhere Lebenserwartung hat als der Durchschnittsmann: Die Damen werden einfach nicht früher mit dem Reden fertig! Und nicht einmal vom Sensenmann läßt man sich so ohne weiteres ins Wort fallen, ehe man die letzte Krampfadernverödung, den Niedergang des langbeinigen Dystichons in der ostfriesischen Gegenwartslyrik und die Schlampe von nebenan erschöpfend durchgehechelt hat.

Wer die Frauen liebt, wird ihnen also nie den Mund verbieten, sondern ihnen reichlich Gelegenheit geben, durch Klatsch und Tratsch ihr Leben zu verlängern.

Allerdings, nur ein ausgesprochen schofler Typ schickt eine schöne Frau zur Verbreitung übler Nachrede und anderer klagbarer Tatsachenberichte ins Treppenhaus oder zur Gemüsefrau um die Ecke. Das mindeste, was man einer Frau bieten muß, die durch ein befreiendes Schwätzchen ihr Highlife verlängern will, ist das Ambiente eines Frisiersalons.

Aber auch das ist sozusagen nur die Ausgangsposition, die Startrampe zum Abschuß ins All. Hier wird nur die Rakete gezündet, die dann ihre Kreise zieht. Auf Cocktailpartys, in Festspielpausen, beim Five-o-clock und im Cercle privée, in Gstaad, in Marbella und in Marthas Vineyard. Die Themen bleiben zwar dieselben wie im Treppenhaus – aber man steht dabei auf einer höheren Stufe.

Daß Männer früher versterben, weil sie nicht klatschen, ist derzeit noch nicht ausreichend bewiesen. Viele verglühen wahrscheinlich schon deswegen in der Blüte ihrer Jahre, weil die Redseligkeit ihrer Frau das Bedürfnis übermächtig werden ließ, endlich einmal in Frieden zu ruhen. Für diese edlen Naturen gibt es ohnehin keine Hilfe.

Aber jene neidischen Egozentriker, die nicht einmal der eigenen Gattin gönnen, daß sie als reiche Witwe weiterhin das große

Wort führt, haben eine echte Chance. Denn Professor Flach empfiehlt aufgrund seiner aktuellen Erkenntnisse: »Auch Männer sollten klatschen!«
Zumindest Beifall für den Professor! Da gibt ein Wissenschaftler endlich einmal vorurteilsfrei zu, daß man einem menschlichen Wesen, bloß weil es nicht die Hosen anhat, nicht auch noch den Mund verbieten darf. Einen Maulkorberlaß für ein ganzes Geschlecht – darf es so etwas geben? Warum soll ein Mann immer nur den Mund halten und nie eine Rede?
Zumal es doch – wenn auch noch nicht von führenden Universitäten wissenschaftlich untermauert – auf empirischem Wege längst erwiesen ist, daß der Mann auch auf diesem Gebiet die meisten anderen Geschlechter mühelos überflügelt!
Wenn ein Mann einmal klatscht, dann kann das Weib, der Mohn und was sonst noch alles mit Klatsch assoziiert wird, nur respektvoll den Hut ziehen!
Warum tut er es also nicht? Warum kürzt er freiwillig seinen Lebensfaden um etliche Ellen?
Ein Grund dafür ist gewiß, daß er, von Natur aus zu Unterordnung, Verzicht und Enthaltsamkeit bestimmt, schon die wenigen Jahre des Highlifes, die ihm gegönnt sind, dankbar als Geschenk akzeptiert und gar nicht auf die Idee kommt, mit frevler Stirn vom Schicksal mehr zu fordern, als ihm teilhaftig ward.
Ein anderer Grund mag sein, daß er neben der Lektüre von Sitzungsprotokollen und Börsenkursen einfach keine Zeit mehr fand, sich über die letzten Errungenschaften medizinischer Forschung zu informieren.
Aber einen Leser dieses Buches wird man hoffentlich schon bei der nächsten Party von Gunther Sachs erkennen können! Das ist der nette Witwer mit den blaugetönten Haaren, der Sie in die Ecke drängt und ganz harmlos fragt: »Wissen Sie eigentlich, woran man Audrey Landers von ihrer Mutter unterscheiden kann? Na gut, das interessiert wirklich niemanden, aber haben Sie sich schon einmal gefragt, wem Gunilla von Bismarck im Marbella-Club ihren Nabel gezeigt hat? Allen? Oh, ich sehe, Sie gehören zu den Insidern! Aber glauben Sie bloß nicht alles, was Don Jaime Ihnen so alles erzählt! Ich könnte Ihnen da ein paar Dinge verraten, über die Schlampe von nebenan, mein Gott, man will ja nicht klatschen, aber wenn ich Ihnen sage ...«
Und glauben Sie ja nicht, daß Sie den Typ schnell wieder loswerden. Nach den vorliegenden wissenschaftlichen Erkenntnissen müßte er 105 Jahre alt werden!

Noch schöner leben mit:

SPRACHE UND KOMMUNIKATION

Worte sind da, um
Gedanken auszusprechen
– kein Wunder, daß die
Sprache langsam verfällt.

Annette Rabes

Spricht uns die Sprache noch an?

Die Sprache, früher ein beliebtes Mittel zur Kommunikation, ist in den letzten Jahren etwas aus der Mode gekommen. Und wozu sollte man sie auch konservieren? Für die Schulkinder bedeutet sie eine unzumutbare Belastung mit totem Wissen, denn was ihnen im Unterricht eingetrichtert wird, kann im späteren Leben nirgendwo nutzbringend angewendet werden. Bei Wörtern wie »sintemal«, »nichtsdestotrotz« und »Donaudampfschiffahrtskapitänspatentsanwärterschulungskurs« bekommt selbst der bildungshungrigste Computer einen Chip-Infarkt. Und Menschen reden sowieso nicht mehr miteinander.

Ernsthafte Gespräche gibt es kaum, Dialoge nur noch am Theater, und die Unterhaltung im Familienkreis wird vom Sky-Channel bestritten. Politiker kommen ein Leben lang mit wenigen, aber brillanten Phrasen aus. Besonders beliebt sind:

»In erster Linie geht es um die Sicherung der Arbeitsplätze.«

»Unsere Partei vertritt alle Bürger dieses Staates.«

»Unter dieser Regierung wird es keine neuen Steuern geben. Die vom Staat erwarteten Mehreinnahmen von 14 Milliarden werden zur Gänze durch Abgaben und Gebühren aufgebracht, die jedem einzelnen Staatsbürger eine spürbare Erleichterung bringen werden.«

»Im Augenblick bin ich unabkömmlich – meine Frau ist mit meinem Dienstwagen unterwegs!«

»Daran kann ich mich wirklich nicht erinnern!«

Auf Partys kommt man ebenfalls mit einem kleinen Vorrat fein gedrechselter Phrasen durch. Empfehlenswert sind:

»Heiß hier!«

»Sind wir uns nicht schon irgendwo begegnet?«

»Wirklich, Gnädigste, das Kleid steht Ihnen heute noch besser als vor zwei Jahren!«

»Haben Sie Feuer?«

»Isch möschte noch ein Glasch Schekt!«

»Gehen wir woanders hin?«

Wie man hört, die hochgestellten Persönlichkeiten unserer Epoche sind sparsam im Gebrauch der Muttersprache. Fernseh-Entertainer dürfen laut Vertrag ohnehin den Wortschatz eines Cro-Magnon-Menschen nicht überschreiten, und eine Generation, die meist schon mit Stereo-Empfang und Disco-Sound großgezogen wurde, braucht keine besondere Ansprache, weil sie sowieso nichts hört.

Wozu also unnötigen Ballast herumschleppen? In Großbritannien hat man, wie die »News on Sunday« berichten, bereits die ersten Konsequenzen gezogen. Denn die »einfache Sprache entwickelt sich zu einer Wachstumsindustrie«, berichtet das Blatt. Und die Meldung stammt gewiß aus gutunterrichteten Kreisen, denn gerade die Zeitungen sind ja in den letzten Jahren immer deutlicher zu engagierten Vorkämpfern einer simplen Ausdrucksweise geworden.

Jedenfalls hat die Campaign for Plain English mit ihrem Zentralbüro in Whaley Bridge alle Hände voll zu tun, um zählebigen Sprachrelikten wie »notwithstanding«, »hereinafter« und »ipso facto« den Garaus zu machen. Daß die Campaign eine Chemiefirma namens ICI, die Midland-Bank und die Provincial-Versicherung zu ihren Kunden zählt, liegt da eigentlich auf der Hand.

Auch in anderen Staaten sind natürlich Bestrebungen im Gange, die vielköpfige Hydra der Muttersprache auf ein erträgliches Maß zurechtzustutzen. Eine Entwicklung, die unserem Bedürfnis, schöner zu leben, sehr entgegenkommt. Je weniger geredet wird, desto weniger Verständigungsschwierigkeiten kann es geben. Außerdem braucht sich niemand mehr benachteiligt zu fühlen. Heute ist es doch so, daß nicht einmal 20 Prozent der Zuschauer verstehen, was in den Abendnachrichten des Fernsehens gesagt wird. Diese Menschen müssen sich mit einem krassen Informationsmangel durchs Leben schlagen. Würde man aber statt der üblichen Berichte einen kurzen Zeichentrick bringen – etwa: Ein Ayatollah haut Ronald Reagan auf die Nase »Boing!«, Ronnie fällt um »Plumps!« –, dann hätte wirklich jeder einen Eindruck vom aktuellen Zeitgeschehen.

Auch die vielen Studenten, die jetzt auf die Universität kommen, werden, bloß weil sie das Abc nicht beherrschen, von verbohrten Professoren oft wie Analphabeten behandelt. Durch eine radikale Simplifizierung der Sprache ließen sich auch solche Diskriminierungen ausmerzen.

Überhaupt, wenn das Reden, Schreiben und Lesen auf ein Minimum reduziert wird, haben wir alle mehr Freizeit! Und die notwendigen menschlichen Kontakte könnten auch durch die Körpersprache aufrechterhalten werden. Ein Kuß oder ein gutgezielter Fußtritt sagt mehr als tausend Worte!

Allerdings hat die Sprache auch eine wichtige Funktion, die man nicht leichtsinnig über Bord werfen sollte: sie trennt seit jeher in vorbildlicher Weise Völker und Klassen. In höfischen

Zeiten beispielsweise sprach die vornehme Gesellschaft Europas französisch, um sich vom Pöbel abzuheben.
Die Franzosen tun das heute noch! Nur im Sommer '86 waren so wenige Amerikaner und Deutsche in Paris, daß die Einheimischen sich selbst beschimpfen mußten – Taxifahrer und Kellner haben diese Frustration bis heute nicht ganz überwunden.
Auch wenn man die Sprache vereinfacht, muß also dafür gesorgt werden, daß sie unverständlich bleibt. Daß gewisse Gruppen und Klassen von Außenstehenden nicht verstanden werden können. Daß nicht einfach jeder überall mitreden kann.
Aber wir sind auf dem richtigen Weg. Die schweigende Mehrheit hat sowieso nichts zu sagen, und die Minderheiten grenzen sich ab. In den untersten Schichten haben die Jazzmusiker und die Drogensüchtigen ihre eigenen Idiome, in der Mittelschicht können sich die Geistlichen ins Latein und die Räuber ins Rotwelsch zurückziehen, und in der Oberschicht hat jede Branche ihre eigene Ausdrucksweise. Werbeleute reden Unsinn, Filmproduzenten sprechen jiddisch, Lords durch die Nase und Bankiers lassen Zahlen sprechen.
Täglich werden neue Ausdrücke geboren, die nur von Eingeweihten dechiffriert werden können, und was an altmodischen Ausdrücken verlorengeht, kann durch reizvolle Neuschöpfungen leicht ersetzt werden. Die Sprache wird also auch in Zukunft das geeignetste Mittel sein, um zu verhindern, daß die Menschen ihre Gedanken und Empfindungen auf einen gemeinsamen Nenner bringen.

Die Sprache der Manager

Warme Fuzzies: Lob vom Chef.

Valium-Picknick: Ein flauer Tag an der Börse.

Scoodling: Unerlaubtes Überspielen von Schallplatten.

Goldener Fallschirm: Ein Vertrag, der dem Manager eine hohe Abfindung garantiert. Wenn es ihm gelingt, dreimal gefeuert zu werden, braucht er sein Leben lang nicht mehr zu arbeiten.

Mickey Mouse: Eine große Anstrengung, die nichts einbringt.

Amtsdeutsch (BRD)

Starkregenereignis: Wolkenbruch.

Begleitgrün: Alles, was den Mut hat, neben einer Straße zu wachsen.

Fußläufigkeit: Etwas, was überprüft werden muß, bevor man einen Gehweg seiner Bestimmung übergeben kann.

Amtsdeutsch (DDR)

Erdmöbel: Sarg

Weichcontainer: Sack

Flexibler, transportabler Schüttgutbehälter: ein reiselustiger Sack

Geflügelte Jahresendzeitfigur: Weihnachtsengel

Durch die Nase gesprochen

Jeder hat schon einmal von Chanel Nr. 5 gehört oder von 4711. Aber kaum jemand weiß, was sich wirklich dahinter verbirgt. Ist das die Hausnummer eines Nobelpuffs oder das Ergebnis der letzten Volkszählung? Wer ist Madame Rochas, und wer ist Antaeus? Die Puffmutter? Der Volkszähler? Natürlich nicht. In Wirklichkeit sind es die Namen von international renommierten Duftwässern. Davon gibt es jede Menge, und manche heißen sogar noch schöner, als sie riechen.
Aber was bedeuten ihre Namen eigentlich, was wollen sie uns damit sagen? Manchmal verraten es die Anzeigen der Parfumhersteller in einem signifikanten Nebensatz. Aber wem fällt schon immer der passende Nebensatz ein, wenn er einer gutriechenden Flasche begegnet?
Da ein Highlife ohne Nasenwürze nur halb so reizvoll wäre, sind wir auch auf diesem Gebiet tätig geworden. Das Ergebnis ist eine eindrucksvolle Liste wichtiger Geruchsprodukte, erstmals mit der offiziellen Erklärung, was ihre Namen uns eigentlich sagen wollen.

Kleines Wörterbuch der Parfumsprache

Antaeus = Die Kraft, zu provozieren.
Femme = Eine anhaltende Spur von Emotion.
Tuscanny = Aus dem Land, wo der Mann geboren wurde.
Diva = Ein unfairer Vorteil in einer Welt der Verführung.
Gianfranco Ferrè = Ein unsichtbares, duftendes Kleid aus Italien.
Jean-Louis Scherrer = Das ewig Weibliche. Die Leidenschaft eines Augenblicks.
KL Homme = Für den Mann, der an der Kippe lebt.
Quorum = Ein Cologne für Männer. Weil es Frauen gibt.
Krizia Uomo = Das Gefühl des Körpers.
Kouros = Die Geste der Eroberer.
Aramis = Tradition mit einer Prise des Unerwarteten.
Drakkar = Feel the power.
Bijan = Eine Legende in amerikanischer Exzellenz.
Lauder = Die Zuversicht hinter dem Image.

Diese Liste könnte man natürlich noch beliebig erweitern, aber viele Leser werden sich schon jetzt fragen: Und wozu soll das gut sein? Nun, mit einer solchen Einstellung könnte man ja das Studium aller Fremdsprachen in Frage stellen.
Wozu lernt denn der Mensch Englisch, wenn er dann nach Amerika auswandert, wo man sich damit kaum verständigen kann? Wozu trichtert man schon unmündigen Gymnasiasten größere Mengen lateinischer Vokabeln ein, wenn sie ohnehin nie im Leben nach Latein kommen?
Nein, so kleinlich darf man nicht denken! Immerhin: Wissen ist Macht, und Macht wiederum gilt neben dem Geld als stärkstes Aphrodisiakum, das derzeit im Handel ist. Mächtige Männer waren immer von schönen Frauen umschwärmt. John F. Kennedy eroberte Marilyn Monroe, Henry Kissinger entflammte Jill St. John, und mit den Amouren anderer Politiker könnte man ein ganzes Buch füllen, wenn sie nicht so verdammt pitzlige Rechtsanwälte hätten, die gleich mit Beschlagnahme drohen. Jedenfalls gibt es für Klassefrauen kaum etwas Schöneres, als mit einem Mächtigen zu nächtigen, der in Augenblicken höchster Ekstase sein Wissen über die Marktordnung der EG oder die Reorganisation der Parteistruktur preisgibt.
Warum sollte man also nicht seine Allgemeinbildung noch durch die Kenntnis der Parfumsprache abrunden? Zumal diese auch einen sehr praktischen Nutzen hat. Wenn man beispielsweise zu einem Dirty Weekend nach London fliegt und von dort seiner Gattin ein nettes Telegramm schicken möchte, dann kostet das. Aber nicht einmal halb soviel, wenn man die Parfumsprache benützt, wie nachfolgendes Mustertelegramm beweist:

Liebe Hildegard.
London hat ARAMIS. Gerade richtig für KL HOMME. Mrs. Thatcher hat sowohl ANTAEUS als auch GIANFRANCO FERRE. DRAKKAR! Das ist doch DIVA.

Es grüßt mit KOUROS
Dein Lumpihund.

Wann verwendet man das Wort »A . . .«?

Niemals! Der niveauvolle Mensch wird das Wort »A . . .« in keinem wie immer gearteten Fall verwenden.
Was immer auch geschehen mag, es gibt lediglich zwei Ausnahmesituationen, in denen der zeitlich begrenzte Gebrauch des Wortes »A . . .« toleriert werden kann:

1. Wenn es sich bei dem erwähnten Arschloch tatsächlich um ein solches handelt.

2. Wenn man nach reiflicher Erwägung zu dem Schluß kommt, daß es eigentlich noch das Beste ist, was man über die betreffende Person sagen kann.

Noch viel schöner leben mit:

VOLANT UND PFERDESTÄRKEN

Der Mensch ist doch ein seltsames Wesen. Erst schafft er die Todesstrafe ab und dann erlaubt er das Autofahren.

Jan Hagel

Auto e mobile ...

Das Auto ist mehr als ein Transportmittel für Mensch und Materie. Es ist ein Symbol. Für Freiheit und Unabhängigkeit. Für Männlichkeit und Mut. Für Geschmack und Wohlstand. Für Wirtschaftswachstum und Konjunktur.
Es ist so sehr zum Symbol geworden, daß man seine eigentliche Aufgabe – eine Fuhre Kuhmist oder Touristen von A nach B zu bewegen – fast ganz vergessen hat. Und das ist gut so, denn niemand würde sich nur zu Transportzwecken ein Auto kaufen. Die Bahn und andere öffentliche Verkehrsmittel erfüllen diese Aufgaben im Grunde wesentlich preisgünstiger.
Man kauft das Symbol. Davon leben die Automobilkonzerne, die Ölmultis, der Fremdenverkehr, die Versicherungsanstalten, die Straßenbaufirmen, die Leichenbestatter – kurzum, die wichtigsten Wirtschaftszweige. Ein durchaus vernünftiger Gedanke wie die Abschaffung des Autos würde also schlagartig zum totalen Zusammenbruch unserer Zivilisation führen!
Wer möchte das schon gerne verantworten? Fast niemand! Und deshalb wird keinem anderen Gebrauchsgegenstand soviel göttliche Verehrung zuteil wie dem Automobil.
Ob dadurch nur unsere Energievorräte zum Teufel gehen oder vielleicht auch noch die Luft, der Wald und die Menschheit, ist doch wirklich zweitrangig. Lieber mit einem Fuß auf dem Gaspedal als mit beiden Beinen auf der Erde!
Besser die Welt auf vier Rädern zu verlassen, als niemals so richtig gehupt zu haben!
Deshalb werden auch alle Einschränkungen des Straßenverkehrs von der Mehrheit der Bevölkerung abgelehnt. Und verantwortungsvolle Politiker, die ja nichts so gerne hören wie die Stimme des Volkes, geißeln selbst ein simples Tempolimit als »Eingriff in die persönliche Intimsphäre des mündigen Bürgers«. Ein Zitat, das sich nicht nur auf der Zunge von Politikern, sondern auch auf Grabsteinen sehr gut ausnimmt.
Daß das Auto ein Symbol für Kraft und Männlichkeit ist, weiß man schon lange. Und man darf sich nicht dadurch irritieren lassen, daß heute immer mehr Frauen ihre knalligen Flitzer auf die Highways katapultieren – die Frauen müssen ja auch irgendeine Möglichkeit haben, sich ihre Männlichkeit zu beweisen.
Als Symbol für den Wohlstand ist das Auto ebenso unbestritten. Was sollte der Mensch sonst vor der Haustür parken? Sein Prämiensparbuch? Und als Ausdruck der großen Freiheit gibt es

überhaupt nichts Vergleichbares. Jeden Sommer machen sich Millionen Menschen zu Ferienbeginn auf, um das unter Beweis zu stellen.
Gut, man braucht dann für die Strecke München–Salzburg zehn Stunden Fahrzeit und ist manchmal ein wenig frustriert, wenn wieder einer mit seinem Tretroller an der Kolonne vorüberzischt.
Aber man weiß doch, daß man sich dank des Autos seine Sehnsucht nach dem Süden jederzeit erfüllen kann.
Und im nächsten Jahr, wenn man nur noch mit guten Beziehungen oder roher Gewalt sein Auto in den Stau zwischen Nordsee und Neapel einreihen kann, werden auch diejenigen, die ihren Urlaub ganz hinten in der Kolonne, irgendwo in der Gegend von Wolfsburg verbracht haben, ihren Entschluß nicht bereuen. Schließlich weiß man, daß der erste in der Schlange schon seine Vorderreifen im Golf von Neapel kühlen kann – und über Millionen Stoßstangen mit ihm verbunden, nimmt man doch irgendwie an diesem glückhaften Erlebnis teil.
Das ist mehr als Urlaub, mehr als Erholung. Das ist schon die Erfüllung einer übermächtigen Sehnsucht nach Abenteuer, Romantik und Freiheit.

Tankeschön

Wie man gerade am Urlaubsverkehr feststellen kann, ist es für ein Auto nicht so wichtig, daß es fährt. Wichtig ist, daß es gekauft wird. Deshalb läßt sich die Autoindustrie auch immer mehr Extras einfallen, die die diversen Blechkisten voneinander unterscheiden.
Wegen der Straßenlage und anderer technischer Voraussetzungen, auf die der Kavalier am Steuer nicht verzichten will, sind die Möglichkeiten allerdings beschränkt. Eine echte Galionsfigur oder ein Helikopterlandeplatz läßt sich auf einem Mittelklassewagen nur schwer anbringen. Um wenigstens irgendwelche schnuckeligen Accessoires anbieten zu können, sind die Autohersteller dazu übergegangen, auch das, was früher in der Grundausstattung inbegriffen war, als Extras anzubieten. Also den Motor, die Windschutzscheibe oder die Räder. Aber daß ein Auto, komplett mit Kupplung und Getriebe, im Endeffekt etwas teurer kommt, als der Listenpreis vorsichtig andeutet, überrascht heute niemanden mehr.

Freilich lassen sich die Produzenten darüber hinaus noch allerlei einfallen, was dem Komfort und der Sicherheit dient. Jede Menge Leder, Chrom und Talmi. Fenster, die sich auf Knopfdruck schließen – auch wenn der Kopf Ihres Kindes noch draußen ist. Echte Perser als Fußmatten. Eine Multiplex-Digital-Cassetten-Verstärkeranlage, die garantiert den Todesschrei aller Fußgänger übertönt.
Und wer die Stille liebt, kann sich in den Fiat Croma zurückziehen. Der macht, laut Aussage seiner Werbeabteilung, nur noch Geräusche, die an den Nachgeschmack von uraltem Chianti classico erinnern. Wenn man da noch den Duft einer Rock-Gruppe unterbringen könnte, wäre der Luxusschlitten nahezu vollendet.
Aber die Techniker sind ohnehin ständig am Werk. Im Battelle Memorial Institute arbeiten sie gerade an einem ganz gefinkelten Sicherheitssystem, das den Autofahrer beispielsweise rechtzeitig warnt, wenn ihm ein Elch entgegenkommt.
Und das ist dringend notwendig, denn das Geräusch, das der Fiat Croma beim Überfahren eines Elches macht, erinnerte bisher doch zu stark an den Nachgeschmack von reifem, altem Camembert.
Der Preis für originelle Extras wird jedenfalls die Käufer nicht abschrecken. Wie »Newsweek« berichtet, sind die Luxusautos auf der Überholspur. Bis 1991 sollen sie 17 Prozent mehr Marktanteil erreichen.
Alle Welt hat sich auf den Trend eingestellt, die USA bauen wieder größere und schönere Autos, Japan setzt voll auf den Luxusboom, und auch die BRD, die bisher einen guten Teil der Nobelkutschen für den internationalen Bedarf produziert hat, will sich nicht abhängen lassen. Die »Bild-Zeitung« fragt denn auch schon hoffnungsvoll: »Porsche für alle?« Könnte sein. Denn mit seinen 140 PS ist der Kleine, Feine aus dem Renommierstall ja gerade das richtige, wenn man mal schnell um die Ecke zum Bierholen muß. Vor allem aber soll er »wieder jugendliche Käufer begeistern«. Und deshalb nur 30 000 Mark kosten. Viel mehr können Studenten und Arbeitslose ja auch kaum hinblättern, ohne sich bei den notwendigen Ausgaben für Zahnpasta und Teebeutel drastisch einzuschränken.
Für die Kunden wird also auch in Zukunft gesorgt sein. Ein Auto muß aber noch mehr können, als gekauft zu werden. Es muß auch Treibstoff verbrauchen. Und gerade weil es das so gut kann, ist jede vorschnelle Kritik unangebracht. Haben Sie sich

eigentlich einmal in Ruhe überlegt, daß es in einer Welt ohne Autos auch kein elektrisches Licht gäbe? Das ganze schmierige Zeug, das da unter der Erde und am Meeresboden liegt, muß doch irgendwie weg. Und hätte man nicht zum Glück den Verbrennungsmotor erfunden, in dem sich Erdölprodukte relativ leicht beseitigen lassen, müßten wir heute noch mit Petroleumlampen herumsitzen, um Exxon und Shell vor dem Konkurs zu bewahren. Es gäbe keine OPEC, und die Straße von Hormuz wäre eine windige Sackgasse. Kleine Wüstenscheichs würden mit einem Kanister Rohöl von Tür zu Tür ziehen, um uns das Lämpchen aufzufüllen, und bedeutende Nationen müßten ihren Kampf um den Persischen Golf wieder mit Steinschleudern und Krummsäbeln austragen, weil sie sich nicht einmal die preiswertesten Exocet-Raketen leisten könnten. Aber möglicherweise kämen heilige Kriege ganz aus der Mode, wenn man mit den Erdölfeldern doch nichts anfangen könnte.

Das Auto und der Benzinverbrauch sind also die wichtigen Faktoren für den Fortbestand unserer Zivilisation. Und ebenso leichtsinnig wie die immer heftigere Werbung für das Fahrrad ist auch das ständige Gerede über alternative Kraftstoffe. Natürlich könnte das Wasserstoffauto längst in Betrieb gehen. Aber Wasser ist eben nicht der Stoff, aus dem die Träume sind. Und den Motor mit Biosprit zu betreiben kann auch nicht der Weisheit letzter Schluß sein. Es genügt doch vollauf, daß bei uns die meisten Lenker mit Alkohol betrieben werden.

Aber manche Leute lassen sich von solch gefährlichen Ideen nicht abhalten. Noch schlimmer: Der australische Ingenieur Jack Cox hat jetzt angeblich einen Kleinwagen erfunden, der mit Erdnußbutter oder Sojaöl betrieben werden kann. Mit dem täglichen Bedarf eines China-Restaurants könnte man eine ganze Taxiflotte betreiben. Man braucht nur zwei Liter auf 100 Kilometer, und der Wagen fährt 100 000 Kilometer wartungsfrei. Erst dann hört man im Motor ein leises Klopfen, das an den Nachgeschmack von aufgewärmtem Chop-Suey erinnert. Zwei Millionen dieser Chinamobile soll es bis 1990 geben, und dann wird vielleicht unter dem drohenden Konkurrenzdruck auch Chrysler einen »Peanut« und Mercedes die »Frühlingsrolle« auf den Markt werfen müssen.

Geht die Welt dann endgültig unter? Nein! Denn wenn man die Geschichte verfolgt, wird man irgendwie die Hoffnung nicht los, daß die großen humanitären Gesellschaften dieser Welt uns nicht im Stich lassen werden. Voraussichtlich haben Texaco,

Shell, Exxon und BP bis zu diesem Zeitpunkt auch jene Ölfelder unter ihre Kontrolle gebracht, auf denen Erdnüsse und Sojabohnen wachsen.

Highlife am Volant

Amerikaner mit BMW haben eine bessere Schulbildung als Mercedes-Fahrer. Aber ein niedrigeres Einkommen. Dafür sind sie um 18 Prozent weniger verheiratet. So hat jede Marke ihre Vorteile, und wer sich ein Prestigemobil kaufen will, muß sorgfältig wählen.

Ein billiges Auto kann man heute kaum noch als Statussymbol verwenden. Früher gab es winzige Italiener und Engländer, die unverkennbar Stil hatten. Heute sieht man auf den Straßen nur noch zwei Typen, die ihrem Besitzer einen Hauch von Individualität und Savoir vivre verleihen: den »Käfer« und die »Ente« – aber beide werden nicht mehr erzeugt.

Billigprodukte aus Korea oder Jugoslawien machen – bestenfalls – gar keinen Eindruck. Ein Gentleman würde damit nicht einmal den Gartenschlauch transportieren.

In der Mittelklasse gibt es Autos jeder Menge, aber die sind eben für die Mittelklasse bestimmt und brauchen deshalb hier nur ganz kurz gestreift zu werden. Es hat ja auch gar keinen Zweck, sich die ganzen japanischen Namen zu merken! Andere übrigens auch nicht. Vier Räder und ein Dach haben ja fast alle, und das muß für die breite Masse genügen.

Natürlich ist es ein erfreuliches Zeichen, daß sich jetzt auch schon die Mittelklasse ein oder zwei Autos leisten kann. Wie sollten sonst diese ganzen Auffahrunfälle zustande kommen?

Aber die meisten Mitglieder der High-Society möchten nicht einmal tot im Kofferraum eines Opel gesehen werden, und so wollen wir solchen Fahrzeugen hier nicht allzuviel Platz einräumen.

Das Highlife für den Kavalier am Steuer beginnt erst in wesentlich höheren Regionen. Gut, der wahre Connaisseur geht überhaupt zu Fuß, seit der Jensen Interceptor nicht mehr hergestellt wird, aber auch das, was noch auf dem Markt ist, reicht aus, um die meisten Goldys und Trendsetter mit standesgemäßen Beförderungsmitteln zu versorgen. Die erste Frage, die man sich beim Autokauf stellen muß, ist immer: Soll der Wagen nur einen

enormen Treibstoffverbrauch haben, oder soll er zusätzlich noch besonders schnell sein?
Nun, den Treibstoffverbrauch kann man bei jedem Auto steigern, indem man einfach sinnlos in der Gegend herumfährt. Nachdem man vor kurzem beschlossen hat, sich von der Begrenztheit der Erdölreserven nicht länger terrorisieren zu lassen, weil uns ja egal sein kann, womit die Kinder der Ölscheichs einmal ihren Harem bezahlen werden, ist die Welt wieder in Ordnung. Fahren statt sparen, heißt die Devise.
BMW macht in Amerika durch riesige Anzeigen auf diese Methode der Energieverschwendung aufmerksam. Den Manager, der nach Dienstschluß in seinen 520i klettert: »Warum nicht einen kleinen Umweg machen? Schnelle 20 Kilometer durch die beruhigende Stille der ländlichen Umgebung.«
Wenn das erst alle machen, wird die Stille zwar ein wenig leiden. Aber bis dahin ist die ländliche Umgebung ohnehin durch Schadstoffe so kaputt, daß sie für einen BMW-Fahrer keinen Umweg mehr wert ist. Dann sollen gefälligst die Ladas und Wartburgs einen Umweg machen. Immerhin hat diese Anzeige einmal einen originellen Gedanken, ansonsten wird ja meist nur mit der Geschwindigkeit geworben.
Geschwindigkeit ist die neue Droge der Wohlstandsgesellschaft. Medizinisch gesehen, erzeugt das Tempo tatsächlich eine Art Rauschzustand – die Hormone spielen verrückt, und man schwebt plötzlich zwischen Himmel und Erde. Meist schon dem Himmel etwas näher! Tempo ersetzt dem Mann von Welt die Morphiumspritze. Und immer größer wird die Zahl der Tempoabhängigen. Obwohl man ja die meisten Autoraser, auch wenn sie sich fleißig zu Tode fahren, nicht gleich zu dieser Elite zählen darf.
Geschwindigkeit beginnt für den Genießer ja erst bei etwa 200 Stundenkilometer. Die meisten amerikanischen und japanischen Autos stoßen kaum in diese Klasse vor. Vor allem Italiener und Deutsche diktieren das Highlife-Tempo.
Der niedliche Treser-Roadster, der jetzt mit öffentlicher Unterstützung in Berlin gebaut wird, gehört mit seinen 210 Spitze gerade noch dazu, da kann man schon von einem förderungswürdigen Objekt sprechen.
Mercedes, BMW und Porsche setzen seit Jahren ihre eigenen Maßstäbe, Ferrari und Maserati, ebenso wie die Japaner, liefern ihnen ein Kopf-an-Kopf-Rennen. Und dann kann man die Straßenjets ja noch verbessern, und es kommt ein Porsche 959 her-

aus, der für läppische 420 000 Mark 315 Stundenkilometer liefert. Ob das stimmt, wissen aber nur Leute, die sich damit eine Stunde lang auf der Straße halten können.
Und wer dem Porsche davonziehen möchte, kann sich beim Autobearbeiter Koenig Specials einen leicht modifizierten Ferrari Testarossa bestellen, der schafft 339 Stundenkilometer. Für den Herrenfahrer sind da ein paar hunderttausend Mark durchaus eine gute Investition. Allein wenn man bedenkt, was man an Strafzetteln spart – denn wie sollte sich ein Polizist bei diesem Tempo noch die Nummer notieren?
Gewiß, allzu schnelles Fahren ist nicht selten gesetzlich verboten. Aber wir leben schließlich nicht in Saudi-Arabien, wo man die Gesetze wörtlich nimmt und auch dann und wann den Raser in der Wüste mit 25 Peitschenhieben bestraft. In Mitteleuropa ist Schnellfahren ebenso wie Alkohol am Steuer ein Kavaliersdelikt. Und hat einen wesentlichen Anteil am Highlife, auch wenn es dieses in zahlreichen Fällen abrupt verkürzt. Daß diese Entwicklung durch große Konzerne und ihre positive Einstellung zum Gewinn ebenso gefördert wurde wie durch das flexible Verantwortungsgefühl führender Politiker, ist klar.
Aber sie allein hätten es nicht geschafft, wenn nicht das Volk geschlossen hinter ihnen stünde, in einer endlosen Kolonne von der Nordsee bis Neapel. Und einem, der links überholt.

Noch viel schöner leben mit:

TOD UND BEGRÄBNIS

Ich habe keine Angst vor
dem Sterben. Ich möchte
nur nicht dabeisein,
wenn's passiert.

Woody Allen

Liegt die Würze in der Kürze?

Zu den wichtigsten Bestandteilen des Lebens zählt nach wie vor der Tod. Jahrhundertelang haben sich die Experten bereits mit diesem Problemkreis befaßt, herausgekommen ist dabei allerdings nicht viel, denn die beiden klassischen Schulen, die eine völlig gegensätzliche Auffassung über den Wert menschlichen Lebens haben, sind einander ziemlich ebenbürtig.

Sowohl die Verlängerer als auch die Verkürzer können auf schöne Erfolge hinweisen. Eine leichte Feldüberlegenheit der einen oder anderen Mannschaft war meist nur von der jeweiligen Tagesform abhängig, einzelne Treffer konnten keine Entscheidung bringen, so daß der Ausgang der Partie nach wie vor offen ist.

Die Verlängerer konnten eine Menge Ruhm an ihre Fahnen heften. Es ist ihnen gelungen, das Kindbettfieber auszumerzen, Pest und Cholera einzudämmen, Herzen zu verpflanzen – und dem Schnupfen sind sie auch schon dicht auf den Fersen!

Die Wissenschaft hat solche Fortschritte gemacht, daß man heute mit modernsten technischen Geräten auch in den aussichtslosesten Fällen dem Sensenmann noch eine Gnadenfrist abringen kann. Freilich verschlingt die Anschaffung dieser Geräte astronomische Summen, und da die Chefärzte auch nicht gerade billiger geworden sind, wird in absehbarer Zukunft wohl die gesamte herkömmliche Krankenversorgung zusammenbrechen. Nur die Allerreichsten werden sich noch behandeln lassen können – aber die praktisch gegen alles!

Aber das sind Fragen der Organisation, um nicht zu sagen der Politik, und spielen hier keine Rolle. Tatsache ist, daß es den Verlängerern geglückt ist, die Lebenserwartung des Menschen drastisch zu erhöhen und den altersbedingten Verfall immer weiter hinauszuzögern.

Und fast täglich kommt eine neue Erfolgsmeldung aus den Forschungsstätten und Labors. So hat neulich der englische Altersforscher Hall bei Tests an 247 Patienten festgestellt, daß Procain sich angenehm auf das Gedächtnis auswirkt und dadurch Menschen zwischen fünfzig und fünfundachtzig helfen kann, ihr Kreuzworträtsel schneller zu lösen.

Wozu das gut sein soll, bleibt zwar ein Rätsel, denn wenn die Senioren ihre Rente in Procainpräparate investieren, bleibt ihnen kein Geld mehr für Kreuzworträtselhefte, aber irgendwie ist es doch wieder ein Meilenstein auf dem Weg zum ewigen Leben.

Gerechterweise muß man nun aber bemerken, daß auch die Verkürzer nicht geschlafen haben. Für so ziemlich alle Errungenschaften der Verlängerer gibt es bereits ein Gegengift. So wird die Injektionsnadel heute fast ebenso häufig für Heroin verwendet wie für Penicillin. Und was die Züchtung von Bakterien und Viren betrifft, sind die militärischen Laboratorien den medizinischen zumindest ebenbürtig.
Notwendige Eingriffe in den menschlichen Körper werden nicht nur im Krankenhaus, sondern auch im Zuge politischer und geheimdienstlicher Operationen vorgenommen, wobei die Methoden vom bewährten Tritt in den Unterleib bis zu hochinteressanten Experimenten mit Elektrizität und Psychopharmaka reichen.
Die von Amnesty International erstellte Liste von Staaten, die sich mit der Lebensverkürzung durch angewandte Menschenversuche befassen, wird von Jahr zu Jahr länger und kann demnächst vielleicht schon als Weltatlas erscheinen.
Freilich ist das Foltern immer nur in einem bescheidenen Rahmen möglich. Es fehlt an geeigneten Kellerräumen und geschultem Personal, um jene Breitenwirkung zu erzielen, der etwa einen Sieg über den Typhus oder die Schlafkrankheit ausgleichen könnte. Letztendlich muß dann doch wieder das Militär einspringen – aber dazu hält man sich ja eines. Und zum Beispiel der Golfkrieg mit über einer Million Toten ist schon ein akzeptables Verkürzungsprogramm, das selbst einen medizinischen Triumph wie die Beseitigung des Tempolimits beim Kreuzworträtsellösen wettmachen kann.
In den wenigen Staaten, die sich derzeit keinen Krieg leisten, kommen die Verkürzer natürlich nicht voll zum Durchbruch, sind aber auch im zivilen Bereich nicht ganz zur Untätigkeit verdammt. Immerhin bleiben ihnen da noch die chemische Industrie, die friedliche Nutzung der Kernkraft und der Straßenverkehr.
Man darf also befriedigt feststellen: Wenn es um Tod oder Leben geht, sind die Chancen ziemlich gleichmäßig verteilt. Derzeit läuft die Partie zwischen Verlängerern und Verkürzern noch unentschieden, aber sobald das Endergebnis da ist, werden Sie darüber eingehend informiert.
Falls Sie dann noch da sind.

Happy Exitus

Gibt es ein Highlife nach dem Tode? Die Meinungen darüber gehen auseinander. Aber zumindest eines kann der aufgeklärte Mensch nicht leugnen: Mit einem schönen Leben allein ist es noch lange nicht getan – auch der Tod braucht Lifestyle!
Wenn ein Großer zur Ruhe gebettet wurde, so war das allemal ein Schauspiel, an dem sich das Volk nicht satt sehen konnte. Und auch die Grabstätten waren oft nicht zu verachten: Manche Pharaonen wohnten nachher schöner als vorher. An so einer Pyramide arbeiteten 100 000 Maurer und Klempner länger, als damals ein durchschnittliches Menschenleben dauerte, und sie hatten Glück, daß sie noch vor der Erfindung der Gewerkschaft die Dachgleiche feiern konnten, sonst wären sie heute noch nicht fertig. Und da es den Ägyptern mit ihrem heutigen Know-how überhaupt unmöglich wäre, eine Pyramide zu bauen, müßten die ohne Zusatz chemischer Konservierungsstoffe haltbar gemachten Pharaonen noch bis zu ihrem Ablaufdatum ruhelos in der Welt umherirren. Bis auf die paar Mumien, die im Britischen Museum – von den dortigen Angestellten oft kaum zu unterscheiden – ein ruhiges Ausweichquartier gefunden haben.
Was die ägyptischen Königsgräber für Forscher und Entdecker so besonders interessant machte, war vor allem der Umstand, daß die Ägypter ihren verblichenen Herrschern Wertgegenstände in Hülle und Fülle mitzugeben pflegten. Man nahm an, daß ein standesgemäßes Highlife auch im Jenseits seinen Preis hätte, und da es damals noch keine Kreditkarten gab, die man dem König unter die Mullbinden stecken konnte, mußte so ein eingeweckter Ägypter eben alle möglichen Schätze mit sich herumschleppen.
Eine weise Vorsichtsmaßnahme. Denn als die Gräber von europäischen Altertumsforschern und Glücksrittern endlich geöffnet wurden, waren die Schatztruhen bereits leer. Was doch eindeutig beweist, daß man im Pharaonenhimmel tatsächlich mit größeren Ausgaben rechnen mußte.
Grabbeigaben waren übrigens auch bei anderen Völkern Sitte. Chinesischen Kaisern wurden beispielsweise Hunderte lebensgroße Tonfiguren mitgegeben, die ihren gefürchtetsten Kriegern nachgebildet waren. Für die Mitwelt wäre es vielleicht besser gewesen, man hätte die echten Krieger eingegraben, aber für die Nachwelt genügt es, daß wenigstens der gute Ton gewahrt wurde.

Heute findet man solche Bräuche ja kaum noch. In Kalifornien wird vielleicht noch dann und wann ein Zuhälter in seinem geliebten Cadillac beerdigt, und bei Seebegräbnissen an der Küste von New Jersey bekommen die Verstorbenen bisweilen von ihren Freunden noch einen künstlerisch gestalteten Betonsockel unter die Füße. An den Glanz früherer Zeiten erinnert aber höchstens noch, wenn beim Begräbnis eines populären Rhythmus-Gitarristen eine Handvoll Groupies über seinen Sarg verstreut wird, doch von echten Schätzen wie bei Cheops und Tutenchamun kann auch da keine Rede sein.
Wer der Mitwelt also mit seinem Tod etwas bieten will, sollte sich rechtzeitig darum kümmern. Bei einigen Prominenten aus Politik und Wirtschaft dürfte es, um den Beifall ihrer Zeitgenossen zu erringen, schon genügen, wenn sie einfach sterben.
Andere müssen sich mehr einfallen lassen. Auch um ihrer selbst willen, denn die Ewigkeit ist lang, und so sollte der Mensch eigentlich seine letzte Ruhestätte von vornherein als Hauptwohnsitz ansehen.
Wer auf den Heldenfriedhof in Arlington kommen möchte, muß schon etwas Kühnes für die Nation getan haben. Ein Viersternegeneral, der in der Bleistiftspitzmaschine einen Finger fürs Vaterland geopfert hat, ist noch nicht unbedingt ein Anwärter für eine Heldenbestattung, aber wenn einer beim Aktenvernichten im Pentagon in den Reißwolf fällt, könnte er – zumindest teilweise – in Arlington begraben werden.
Wer auf dem weltberühmten Père-Lachaise in Paris ruhen möchte, muß erst einen anderen bitten, aufzustehen, denn der Friedhof ist schon seit langem überfüllt. Auch auf dem romantischen Friedhof St. Peter in Salzburg wird kaum ein Platz zu ergattern sein – schon gar nicht während der Osterfestspiele. Wer auf eine schöne Aussicht besteht, sollte es am ehesten noch an der Côte d'Azur versuchen. Dort ist zwar auch nichts mehr frei, aber ein gutes Trinkgeld hilft immer, auch wenn der Portier dann einen anderen Ruhesuchenden an die Luft setzen muß. Außerdem ist man dort, vor allem in der Hochsaison, an Doppelbuchungen gewöhnt.
Aber nicht nur Lage, Umfang und Ausstattung des letzten Eigenheims sind zu beachten. Man muß sich schließlich auch erkundigen, in wessen Gesellschaft man da gerät. Als Habsburger kommt man in die Kapuzinergruft, da bleibt man unter sich wie auch in anderen hochwohlgeborenen Familien. Was aber auch seine Nachteile hat, denn seine Groupies und Messaliancen kann man natürlich in die Familiengruft nicht mitnehmen.

Andere Menschen wissen dafür nie, wer sich nach dem Tod neben ihnen breitmacht, und leider gibt es darüber auch nur wenig verläßliche Informationen. Selbst wir können dazu nur einige kleine Anregungen bieten. Wer sich beispielsweise im Tod wie im Leben mit den klangvollsten Namen aus Wirtschaft und Industrie umgeben will, soll sich auf einem Autofriedhof zur Ruhe legen. Gibt es eine bessere Gesellschaft als Ford, Opel, Porsche und Ferrari? Nur ganz links außen, dieser Herr Wartburg – der hat doch sonst nicht in unseren Kreisen verkehrt!
Nun ja, kein Friedhof ist vollkommen!
Wer aber ganz sichergehen will, von der besseren Gesellschaft in eine gute überzuwechseln, dem bleibt nur das Begräbnis auf hoher See. Und wenn man dann noch im Testament verfügt, daß die Erben nur dann in den Genuß des hinterlassenen Vermögens kommen, wenn sie an dieser Stelle einen hübschen Grabstein errichten und ihn zweimal monatlich mit weißem Flieder schmücken, hat man eigentlich einen ganz guten Abgang gehabt.

Wie wird man unsterblich?

Das Sterben ist leider ein viel zu verbreiteter Brauch, als daß die Restbevölkerung jeden einzelnen nur für diese Leistung in den Himmel heben würde.
Ganz besonders betroffen davon sind die Schauspieler, denn ihnen gegenüber kann man sich jederzeit auf das klassische Zitat berufen: »Dem Mimen flicht die Nachwelt keine Kränze.«
Aber sogar Militärs, Politiker, Banker und Juristen, die halt im Leuteschinden doch nur guter Durchschnitt waren, sind oft schnell vergessen. Dschingis-Khan, Napoleon, Hitler, Stalin, Dagobert Duck und Mike Hammer – das sind Ausnahmeerscheinungen. Aber ein gewöhnlicher Prominenter muß, um für die Nachwelt weiterzuleben, schon rechtzeitig auf seinen Tod hinarbeiten. Was jetzt nicht unbedingt heißen soll, daß er täglich eine Prise Strychnin zu sich nimmt oder so lange mit dem Kopf gegen seine Safetür rennt, bis er den Geist aufgibt. Die Selbstentleibung kann zwar den Namen unsterblich machen, wie beim jungen Werther oder bei Marilyn Monroe, aber man kann auch Pech haben wie die Unbekannte aus der Seine, die noch heute unbekannt ist, oder gar der unbekannte Soldat, der nicht einmal

freiwillig Selbstmord begangen hat und sich dafür noch bei Kranzniederlegungen von zynischen Staatenlenkern an seine hilflose Dummheit erinnern lassen muß.

So angebracht uns also in bestimmten Fällen der Selbstmord erschiene, kann man ihn doch nicht als Allheilmittel für unsere kranke Gesellschaft akzeptieren. Was hier als »Hinarbeiten auf den eigenen Tod« empfohlen wird, hat nichts mit Harakirimessern, Hanfseilen, Alkoholmißbrauch oder überaktiven Blondinen zu tun.

Es geht um eine geistige Vorbereitung!

Wie man weiß, dient dem Pöbel als Gedächtnisstütze nichts so sehr als ein treffendes Wort, das ein Prominenter auf dem Sterbebett geäußert hat. Sogar wenn er nicht im Bett gestorben ist, geht das von Mund zu Mund. Für den kleinen Mann gilt einfach die Faustregel: Bei den großen Tieren sind die letzten Worte immer die besten!

Goethe zum Beispiel sagte in seiner Sterbestunde »Mehr Licht!«, und wer zitiert das nicht gerne einmal, wenn es einen Kurzschluß gibt?

Galileo Galilei behauptete: »Und sie bewegt sich doch!« Aber das war eigentlich ein Mißverständnis. Der bekannte Astronom war bei einer Touristin am Strande von Ostia bezüglich eines unverbindlichen Geschlechtsverkehrs anheischig geworden. Als ihn die Carabinieri über einer reglosen Frauengestalt ertappt und wegen »nekrophiler Umtriebe« festgenommen hatten, rief er verzweifelt: »Und sie bewegt sich doch!« Als die Leiche dann vor Gericht aussagte, daß sie so lebendig sei, wie eine normal empfindende, weiße, protestantische Lehrerin aus Philadelphia nur sein könne, wurde Galileo natürlich freigesprochen. Aber der Schock saß tief, und als dann auch noch der Papst wissen wollte, was das Sexualverhalten der Amerikanerinnen mit der Umdrehung der Planeten zu tun hätte, widerrief er einfach alles und sprach nie wieder eine Touristin an.

Erst auf dem Sterbebett öffnete er noch einmal den Mund und sagte: »Ätsch!«

Aber das wollte natürlich keiner gehört haben, und so wurde eben ein alter Ausspruch von ihm zweckentfremdet, um die Schulbücher der Unterstufe zu füllen.

Historische Abschweifungen dieser Art, so überflüssig sie auch sein mögen, unterstreichen jedenfalls nur die Notwendigkeit, rechtzeitig etwas Bedeutendes zu sagen. Manche Menschen schieben das abergläubisch bis zu ihrer Todesstunde hinaus. Da man aber nie weiß, wann einem diese schlägt, sind sie oft schon kalt, bevor ihnen noch etwas Gescheites eingefallen ist. Dagegen wappnet man sich am besten, indem man jenen Talkmastern und Kabarettisten nacheifert, die im Fernsehen und auf der Bühne so brillant improvisieren. Da kommt jedes Bonmot, das sie jahrelang vor dem Spiegel eingeübt haben, so spontan heraus, als wäre es ihnen gerade in diesem Augenblick eingefallen. Ohne fremde Hilfe – einfach ein Blitz – ein Gedanke – Bon – mot!

Ein Prominenter also, der sein Hinscheiden gedenkenswürdig gestalten möchte, sollte sich gleich nach dem Abgang von der Volksschule ans Überlegen machen. Bis zu seinem unerwarteten Tod im sechsundachtzigsten Lebensjahr hat er dann vielleicht für jede Gelegenheit etwas Passendes gefunden. Ganz egal, ob er im Bett dahingeht, in der Schlacht oder bei der Royal Performance des siebenten Remakes des vierten James-Bond-Films, es wird nicht ungehört verhallen.

Zumindest wenn sein PR-Agent noch bis zum Ende des Monats bezahlt ist.

Berühmte letzte Worte

Ich habe getrunken, ich habe gespielt, und dann muß da noch etwas gewesen sein ... *Casanova*

Gerade jetzt, wo meine Preise steigen! *van Gogh*

Den Lastwagen überhole ich spielend! *Holger Müller, Familienvater*

Ich glaub, der Tod klopft an. Gut, daß ich nix hör! *Beethoven*

We are not amused! *Queen Victoria*

Warum soll eine schöne Frau nicht mal den Kopf verlieren? *Marie Antoinette*

Eigentum ist Diebstahl! *Groucho Marx*

Ich habe nur meine Pflicht getan! *Adolf Hitler*

Und hier ist unser neuer Liiiiiiift ... *A. E. Newman*

Es lebe der Tod!

Kann der Mensch auch nach dem Tod noch am Highlife teilnehmen? Einfach verneinen läßt sich diese Frage nicht.
Ob es dem australischen Ex-Politiker Sir Billy Snedden, der vor einiger Zeit, nur mit einem Kondom bekleidet, tot im Motel gefunden wurde, gelungen ist, scheint zweifelhaft. Wahrscheinlich war doch mit dem Tode auch sein Sex-Life zu Ende.
Graf Dracula hingegen rührt sich heute noch kräftig, und die lebenden Toten, die sogenannten Zombies, machen auch immer wieder von sich reden. In Lateinamerika sind sie sehr verbreitet, man findet sie aber auch in Hollywood-Studios und vor allem auf Cocktailempfängen der Förderer und Freunde klassischer Musik sowie im Zentralkomitee der Kommunistischen Partei Chinas.
Das prominenteste Beispiel aus der Geschichte ist vielleicht Philipp der Schöne. Zwar wurde er aus lauter Liebe von seiner Frau Johanna, später als »die Wahnsinnige« bekannt, vergiftet. Aber später tat es ihr doch leid, daß sie sein Highlife auf dem spanischen Thron so verkürzt hatte. Sie ließ ihn wieder ausgraben, und 14 Jahre lang führte sie ihn zu Hause und auf Reisen ständig mit sich, so daß er doch noch ein bißchen in der Welt herumkam.
Aber auch Leute ohne Rang und Titel können nach dem Tode noch ein sehr extravagantes Leben führen. Der durch seine Verfilmung berühmt gewordene »Elefantenmensch« wird derzeit von der High-Society heftig umworben. Die englische Universität will seine Überreste zwar nicht herausrücken, aber wer weiß, wie lange sie noch trotzen kann. Schließlich hat der Hitparadenstürmer Michael Jackson bereits eine Million geboten, und seine Sangeskollegin Lisa Lisa will gar anderthalb Millionen dafür auf den Tisch blättern.
Möglicherweise wird der zu Lebzeiten verfemte und gemiedene Elefantenmensch also noch zur großen Party-Attraktion für die Crème de la crème des modernen Liedgesangs. Eine durchaus positive Entwicklung, die vielen Verstorbenen wieder neuen Lebensmut geben könnte!
Ein gewisses Recycling der lieben Verstorbenen ist seit einiger Zeit auch auf den Philippinen üblich. In Manila ist nämlich das Kartenspielen in Lokalen und Privathäusern gesetzlich untersagt. Lediglich bei der traditionellen Totenwache, die oft vierundzwanzig Stunden dauert, ist es den Anwesenden gestattet,

sich die Zeit mittels Spielkarten zu verkürzen. Zum Tarockieren braucht man dort also fünf Personen – und eine davon muß tot sein. Wer eine Kartenpartie plant, holt sich gegen eine geschmalzene Leihgebühr aus Spitälern oder Bestattungsinstituten einen stummen Kiebitz. Das ist vielleicht nicht ganz legal, aber der Verblichene kommt auf diese Art doch noch ein bißchen herum und findet Zutritt zu den feinsten Häusern.
Ein bißchen Highlife ist also in bestimmten Fällen auch nach dem Ableben noch durchaus möglich. Da der Verstorbene die Initiative aber nicht mehr an sich reißen kann, muß man die Auswertung seiner schlummernden Fähigkeit den Hinterbliebenen überlassen.
Deshalb unser Rat: Trennen Sie sich nicht vorschnell von Ihren Freunden und Angehörigen! Natürlich kann man nicht alle aufheben, aber eine kleine Reserve ist schon ganz praktisch. Vielleicht kann einer Ihrer Bekannten Ihnen doch noch einmal eine kleine Gefälligkeit erweisen. Und das fällt ihm sicher leichter, wenn er schon seinen Geist aufgegeben hat.

Highlife in alle Ewigkeit

Es ist kaum zu glauben, aber wahr: Unser Highlife kann nach dem Tode sogar noch einen neuen Höhepunkt erreichen. Selbst Menschen, die aufgrund ihrer irdischen Meriten nicht unbedingt damit rechnen können, direkt in den Himmel aufzufahren, erhalten nun eine echte Chance. Die Firma Space Services Inc. in Houston hat sich unter der Leitung des Astronauten Donald Slayton dieser Problemfälle angenommen und eine akzeptable Lösung gefunden. Für den Preis von etwa 4 000 Dollar (einfacher Flug, erste Klasse) wird die Asche des Verstorbenen ins All gebracht. Verpackt in einer vergoldeten Magnesiumkapsel, beschriftet mit Namen, Versicherungsnummer und natürlich der Religionszugehörigkeit, damit sie da oben nicht an die falsche Adresse gerät – schließlich weiß niemand so genau, wo das Nirwana aufhört und das Paradies anfängt.
In luftiger Höhe werden die Kapseln dann ausgepackt und umkreisen in einer Entfernung von 1 900 Meilen die Erde. Etwa 63 Millionen Jahre lang – aber das kann die Firma nicht garantieren, denn man weiß ja nicht, wie lange die Erde noch hält.
Früher mußten gerade die Reichen und Mächtigen aufgrund eines altmodischen Wertungssystems ihre letzte Reise ja meist in die Gegenrichtung antreten – jetzt kommen sie direkt in den Himmel!
Spätere Generationen werden dann immer wieder zu ihnen emporblicken und am Firmament nach ihren Idolen suchen. In klaren Augustnächten können sie vielleicht sogar den Dichter Orthofer erblicken – das ist der dunkle Punkt da oben, zwischen der Venus und Sat 1.

Noch viel schöner leben mit:

GLÜCK UND GLANZ

Glücklich sein heißt, so zu
leben, als wäre man es.

Ying Fu

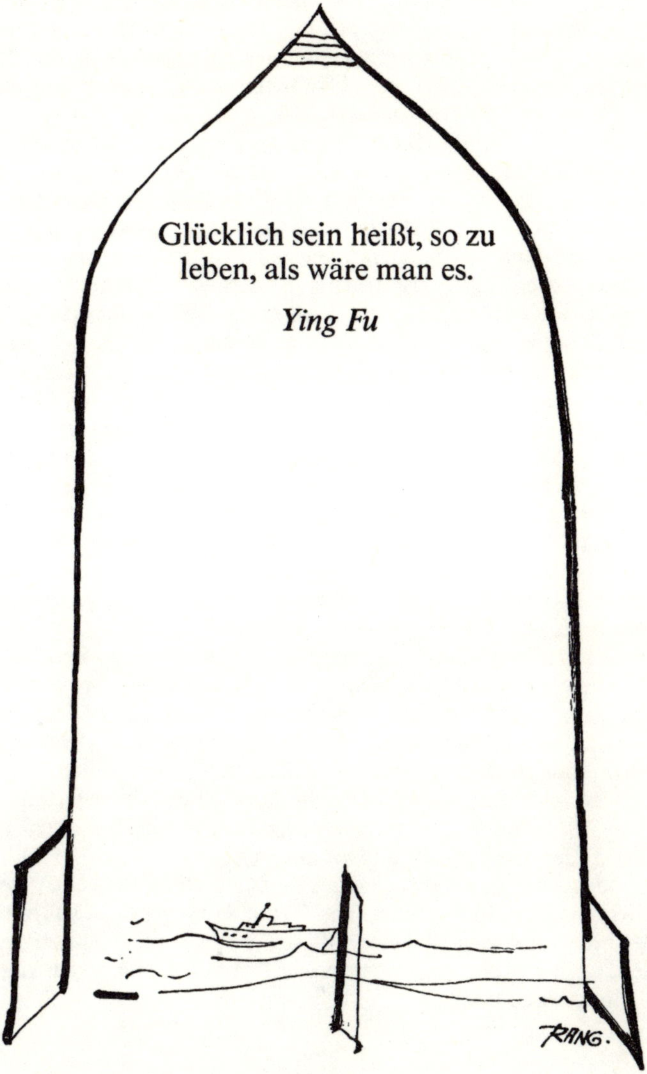

Wie wird man glücklich?

Zuerst sollte man sich einmal die Frage stellen, ob man das überhaupt will. Glück ist schließlich auch nicht mehr, was es einmal war. Oder war es das vielleicht nie? Nehmen wir doch einmal die Klassiker zur Hand. Bei Strauß beispielsweise heißt es: »Glücklich ist, wer vergißt.« Das läßt sich durch Arterienverkalkung relativ einfach erreichen. Noch wirksamer ist die Alzheimer-Krankheit, die so vergeßlich macht, daß man nicht einmal mehr weiß, daß man sie hat.
Ein anderes Dichterwort trägt auch nicht viel zur Imageverbesserung des Glücks bei: »Glück hat auf die Dauer nur der Tüchtige!« Ja zum Teufel, wer braucht denn noch Glück, wenn er ohnehin tüchtig ist? Das ist doch ungefähr so, als würde man sagen: »Geld hat auf die Dauer nur der Reiche.« Aber solche Binsenweisheiten haben die Dichter ja ständig verbreitet, und unschuldige Kinder müssen sie dann in der Schule auswendig lernen. Da sind uns die alten Volksweisheiten schon lieber: »Der Dumme hat das Glück« oder frei übersetzt: »Die dümmsten Bauern haben die größten Kartoffeln« – da liegt doch für uns alle ein Quentchen Hoffnung drin, daß sich Fortuna nicht ausgerechnet von den Tüchtigen blenden läßt, sondern sich der Bedürftigen annimmt.
Intellektuelle freilich wollen sich auf diese profane Art nicht beglücken lassen, lieber überhaupt nicht, denn ihnen sitzt überdies noch der Geheimrat Goethe in den Knochen, der das Glücklichsein so richtig mies gemacht hat: »Nichts ist schwerer zu ertragen als eine Reihe von schönen Tagen!«
Aber selbst wir, die Goethe nur durch sein anderes berühmtes Zitat kennen, finden auf Schritt und Tritt Warnungen vor dem sogenannten Glück. Zum Beispiel, was früher einmal in jedem Poesiealbum stand und heute noch nach einer feuchtfröhlichen Partnertauschparty gern ins Gästebuch geschrieben wird: »Glück und Glas, wie leicht bricht das!« Ist das für den progressiven Zeitgenossen nicht ein guter Grund, sich endlich mit Elend und Tupperware anzufreunden?
Diese Auswahl an schwachsinnigen Zitaten muß für den Augenblick genügen. Immerhin ist das Glück damit schon etwas näher definiert, und wer jetzt noch darauf besteht, glücklich zu werden, weiß wenigstens, daß man wirklich von Glück reden kann, wenn man Glück hat.

Das Glück liegt in den Sternen

Um Glück zu haben, braucht man nicht nur ein gerüttelt Maß an Glück, sondern manchmal auch ein wenig Hilfe von unbekannter Seite. Diese Seite kann man leicht in einer Illustrierten oder einem Kriminalmagazin aufschlagen, und da steht dann – wenn man Glück hat:

»Weltberühmter Astrologe und Hellseher
zeigt Ihnen den Weg zum Glück in Ihrem
GRATIS-HOROSKOP.«

Nun gibt es mißtrauische Naturen, die nicht einmal bei dem Zauberwort »gratis« sofort überzeugt sind. Gebrannte Kinder vielleicht, die festgestellt haben, daß einen die meisten Dinge im Leben, die gratis sind, teuer zu stehen kommen.
Aber wer könnte noch zögern, wenn er auf Roland van Wezer stößt? Laut Selbstanzeige »einer der berühmtesten Astro-Hellseher und eine anerkannte Kapazität«.
Ein Mann also, der in jeder Hinsicht doppelt abgesichert ist. Nicht nur berühmt, sondern auch eine Kapazität. Nicht nur Hellseher, sondern auch Astro! Für den Laien ist das fast schon ein bißchen zuviel. Da die Sterne dem Astrologen ohnehin alles Wissenswerte geradezu aufdrängen, muß einer nicht nebenbei noch Hellseher sein, um über unser Schicksal Bescheid zu wissen. Aber soll man jemandem Vorwürfe machen, bloß weil er eine Doppelbegabung hat? Nimmer! Denn gerade: »Deshalb können Sie sich auf seine Schicksalsprognosen ebenso verlassen wie die vielen Prominenten, die diesem Mann Sympathie und volles Vertrauen schenken:

11 Regierungschefs	43 Film- und TV-Stars
29 Staatsminister	35 Wirtschaftsmanager.«

Mit 118 Kunden müßte der Mann eigentlich voll ausgelastet sein, aber er nimmt sich auch noch Zeit für Pöbel wie unsereinen. Ein Hellseher ist eben nicht einer, der nur sein kleines Helles sieht. Er blickt weiter und macht sich gratis Sorgen um unser Schicksal – über »Liebeserlebnisse, Erbschaften, Höchstleistungen, Auszeichnungen, Liebeserfüllung« und vieles mehr. Natürlich, wenn ihm noch ein zwölfter Regierungschef zuläuft – und von Kohl bis Reagan sehen sie alle so aus, als hätten sie Beratung nötig –, dann muß er vielleicht einen Aufnahmestopp verfügen. Drum spute sich, wer an den geheimnisvollen Kräften des Herrn van Wezer teilhaben will. Der Versuch lohnt sich gewiß, wie aus »begeisterten Dankschreiben« hervorgeht.

Etwa von Dr. P. Heide: »Endlich habe ich die große Liebe und den idealen Partner gefunden. Vielen Dank, daß Sie mir Selbstvertrauen geschenkt haben.«
Und das muß eine gehörige Portion gewesen sein, denn Dr. Heide hat nicht nur die große Liebe, sondern auch den idealen Partner gefunden. Hoffentlich verstehen sich die beiden. Aber im Wald und auf der Heide ist ja alles möglich.
Oder Hans Peter Millig: »Ihr Horoskop hat recht behalten: gestern wurde ich tatsächlich aus dem Krankenhaus entlassen, obwohl ich als hoffnungsloser Fall galt.«
Gut, das ist nichts Besonderes. Solche Krankenhäuser kennt man. Das sind eben die Schattenseiten im Wohlfahrtsstaat.
Restlos bezaubert aber hat uns Sylvia Grundig: »Ich weiß, daß ich das Wunder der Geburt meines Sohnes Ihnen zu verdanken habe. Ohne Sie wäre ich kinderlos geblieben.«
Herzliche Gratulation! Solchen Einsatz hätte man von einem Hellseher gar nicht erwartet. Meistens schauen die bloß!
Wer jetzt noch nicht überzeugt ist, hat es sich selbst zuzuschreiben. Wer aber sein Glück am Schopf packen will, kann es bei Roland van Wezer, Zweierstraße 139, CH-8003 Zürich.
Eine gute Adresse. In Zürich kann man am besten anlegen, was man mit Gratishoroskopen verdient. Blödsinn, dabei kann man ja nichts verdienen! Aber vielleicht fährt Herr van Wezer nebenbei Taxi, damit er sich den Luxus leisten kann, Ihnen gratis die ganze Zukunft zu deuten.
Über Ihre Zukunft wissen wir ja nicht Bescheid, aber über die Zukunft von Astrologen, Hellsehern, Wahrsagern, Hexen und Traumdeutern brauchen wir uns keine Sorgen zu machen. Die ganze Branche ist in einem Höhenflug begriffen. Die Menschheit ist verunsichert wie nie, und immer mehr Intellektuelle lassen sich von einer vertrauenswürdigen Zigeunerin aus den Sternen, den Karten oder dem Kaffee weissagen, was sie in entscheidenden Situationen ihres Lebens tun sollen: Kommt der Minirock im nächsten Sommer wieder? Kommt überhaupt noch einmal ein Sommer? Soll man das Bügeleisen ausschalten, bevor man auf Urlaub fährt? Muß man sich wirklich die Füße waschen, oder genügt es, wenn man Schuhe anzieht?
Es gibt so viele Fragen auf der Welt. Ohne Hellseher wird man sie nicht beantworten können. Ohne Kristallkugeln, Horoskope, Tarotkarten, Pendel, Runen und Teeblätter wären wir hilflos den Launen des Schicksals ausgeliefert.
Aber zum Glück gibt es sie.

Glück im Kreuz

Wer das Glück nicht in den Sternen suchen möchte, nicht einmal mit Hilfe eines berühmten Astropsychologen, der muß auch gar nicht so weit schweifen. Man kann das Glück auch in Händen halten, für 39 Mark in bar oder zuzüglich 6,95 DM per Nachnahme! Dafür bekommt man nämlich das große Kreuz von Agades – und noch mehr. Denn wie die Kreuzelschreiber in ihrer Annonce verraten: »Dieses Kreuz hat es verdient, von würdigen Menschen getragen zu werden, die Glück, Liebe und Erfolg verdient haben. Deshalb verlosen wir für die ersten 100 Besteller je 20 Schweizer Damen- und Herrenarmbanduhren.«
Ist das nicht schön? Das Kreuz verdient, die würdigen Menschen verdienen, wer weiß, wer sonst noch alles daran verdient. Nur der Glücksbote selbst wahrscheinlich nicht, denn der legt auch noch eine vergoldete Halskette gratis bei!
Und das, obwohl schon dem *Agades-Kreuz* allein eine ungeheure Macht zugesprochen wird! Wie muß es erst zusammen mit einer Damenarmbanduhr wirken! Deshalb: »Stellen Sie sich ihrem Glück, zögern Sie jetzt nicht, nutzen Sie Ihr Recht, *das große Kreuz von Agades* zum Vorzugspreis von nur DM 39,– kennenzulernen!«
Natürlich wird es immer wieder Zweifler geben, die ihr Glück gar nicht fassen können. Die sich fragen, ob das altägyptische Amulett, von dem sie vorher noch nie etwas gehört haben, noch immer seine magische Kraft besitzt oder wieder so ein billiger Dreck ist, mit dem sie von anderen Bauernfängern hineingelegt wurden. Aber solche Zweifel beseitigt die Annonce mit einem Satz: »Denn es ist gelungen, *500 Original-Agades-Kreuze* zu entdecken: 500 Kreuze, die mit der uralten Macht der Magie ausgestattet sind, 500 wirksame Symbole für Leben, Gesundheit, Sonne und Glück!«
Und wo wurden diese altägyptischen Kostbarkeiten entdeckt? Natürlich in der Zweierstraße 139 in Zürich! Dort befindet sich nicht nur der beliebte Gratis-Astrologe van Wezer, sondern auch der C.O.D.-Versand, der sein Füllhorn von Agades-Kreuzen über uns verstreuen möchte. Fast so gratis, wie in Zürich die Astropsychologen arbeiten. Denn wenn man bedenkt: die ganzseitige Annonce in einem Romanheft, die Schweizer Uhren, die vergoldeten Halsketten – da kann bei 500 Kreuzen zu 39 Mark ja nicht viel übrigbleiben. Und die Ausgabe ist so streng limitiert, daß an jede Familie nur ein Kreuz geliefert werden kann!

Aber Glück kann man eben nicht kaufen, das ereilt einen irgendwie, und wir sind dankbar, daß wir unsere Leser auf diese Möglichkeit aufmerksam machen können. Anfangs konnten wir ja auch nicht daran glauben, daß es soviel Glück auf einem Fleck geben kann. Aber inzwischen haben wir doch ein bißchen weiter gedacht und sind zu dem Schluß gekommen: Vielleicht sind das alles gar nicht Namen und Firmen im eigentlichen Sinn. Vielleicht ist die Zweierstraße 139 nichts anderes als eine Deckadresse für die Glücksgöttin Fortuna selbst, die da in ihrer grenzenlosen Güte zu den Menschen herabgestiegen ist und eine Filiale ihres Füllhorns in Zürich errichtet hat.
Sollte also an dieser Adresse wieder ein Glücksbringer auftauchen – seien es ein Splitter vom Kreuz Christi, 500 Locken vom Kopf Buddhas oder ein Hexenhammer aus echtem Edelstahl –, dann wissen Sie, was Sie davon zu halten haben. Greifen Sie rasch zu, denn wahrscheinlich ist die Auflage limitiert. Und wenn man Glück auch bisweilen in der Liebe oder im Spiel haben kann, wie selten kommt es doch per Nachnahme!

Spiel mir das Lied von Roquefort

Im Schimmel des Roquefort sind Stoffe enthalten, die den Menschen glücklich machen – das haben französische Wissenschaftler entdeckt. Wahrscheinlich in der Mittagspause.
Jedenfalls ist uns damit ein relativ preiswertes Mittel in die Hand gegeben, um die Menschheit von Ungemach und Depressionen zu befreien. Wenn Ihre Geliebte Tränen vergießt, weil sie ohne einen neuen Nerz, eine Flugreise in die Karibik und diese entzückenden Nachmittags-Diademchen von Cartier nicht glücklich sein kann, spendieren Sie ihr eine Portion Roquefort!
Je nach der Tiefe des Schmerzes kann es manchmal länger dauern, bis sich das ersehnte Glücksgefühl einstellt. Sogar eine mehrwöchige Kur kann notwendig werden, und es kommt natürlich bisweilen vor, daß einem in dieser kritischen Phase die Geliebte grußlos davonläuft.
Das macht nichts! Denn Sie werden auch in dieser Situation immer ein glücklich lächelndes Gesicht vor sich sehen.
Das Ihres Käsehändlers.

Daumenlutschen ist schöner als Liebe

Daumenlutschen macht glücklich! US-Psychologen haben festgestellt, daß durch das Saugen am Daumen sogenannte Endorphine im Körper freigesetzt werden, die Befriedigung und Entspannung verschaffen und jede Streßsituation entschärfen. Deshalb sind Menschen mit dieser Gewohnheit selten übermäßige Trinker oder Raucher und können dem Daumenlutschen manchmal sogar mehr abgewinnen als der Liebe.
Das ist wirklich ein Sonderangebot. Bei mäßigem Lutschen hält ein anständiger Daumen bis zu 90 Jahre. Bei exzessivem vielleicht nicht ganz so lang, aber man hat ja meist noch einen in Reserve.
Auf die Dauer der Garantiezeit umgerechnet, erspart einem der Daumen ein Vermögen. Mindestens eine Tonne Valium und anderer Tranquilizer, einen Hektoliter Calvados, 1 111 111 Zigaretten, aber auch den Erwerb einer Bettgespielin.
Das so ersparte Geld geben Sie am besten für Handschuhe aus. Das sind praktische Behälter aus Wolle oder Acryl, in die man die Daumen hineinstecken kann, damit man sie nicht verliert. Auf diese Art bleiben die Daumen auch immer wohltemperiert und sind ständig gebrauchsbereit.
Die Zukunft gehört dem Dauerlutscher!

Sag zum Abschied leise »Highlife« ...

Wer dieses Buch aufmerksam studiert hat, dürfte keine größeren Schwierigkeiten mehr haben, aus seinem Leben ein Highlife zu machen. Natürlich wird man nicht auf Anhieb ein Profi, der nur noch unter dem Mikroskop von Baron Thyssen, Malcolm Forbes oder der Begum zu unterscheiden ist.

Vor allem ehrlichen Menschen, die dieses Buch käuflich erworben haben, fehlen aufgrund dieser notwendigen Investition jetzt vielleicht die Mittel, um gleich eine Villa an der Riviera zu beziehen oder auf Grand Cayman mit der Seele zu baumeln.

Aber für die Übergangszeit gibt es ein einfaches Rezept: Bluffen Sie sich einfach durch! Sie ahnen gar nicht, wie viele Mitglieder der High-Society das seit Jahren erfolgreich betreiben! Gewisse Kreise kann man natürlich mit billigen Tricks nicht hinters Licht führen. Die alten Geschlechter – europäischer Hochadel und amerikanische Hochfinanz, deren Vorfahren als Raubritter, Sklavenhalter und Spekulanten zu ihrem Reichtum kamen – haben ein angeborenes Mißtrauen gegen Menschen, die keinen einzigen Ausbeuter und Leuteschinder im Stammbaum haben. Aber die Randschichten der besseren Gesellschaft, die Bonzen aus Politik und Gebrauchtwagenhandel, die Waffenschieber und Popsänger, Friseure und Frauenärzte, die Gewerkschaftsbosse und Bordellbesitzer, die Bestsellerautoren und Fernsehintendanten – kurzum alle, die zuviel Geld und zuwenig Phantasie haben, werden Ihnen jeden Bluff dankbar abnehmen.

Einige kleine Anregungen steuern wir für den Anfang gerne bei. Hier ein kurzer Auszug aus Peter Orthofers ...

Guide Bluff

Maitresse: Wenn Sie sich keine richtige Geliebte leisten können, kaufen Sie Ihrer Frau Kontaktlinsen und eine blonde Perücke und führen sie in ein Nachtlokal. Wichtig ist, daß Sie dabei einen schuldbewußten Gesichtsausdruck tragen.

Kaviar: Kaviar läßt sich leicht simulieren, indem man Brombeermarmelade mit Lebertran versetzt. Die Marmelade hält sich durch die Behandlung mit Lebertran auch länger, weil viele Leute keinen Kaviar mögen.

Orientexpreß: Sie können von der Reise auch erzählen, ohne zu fahren. Lernen Sie die Strecke auswendig, und untermauern Sie den Bericht mit Souvenirs wie Schlüsselanhängern aus dem Expreß, die billig zu haben sind.

Lacoste: Wenn man Sie rügt, weil sich auf Ihrem Polohemd kein Krokodil tummelt, lächeln Sie nur verächtlich und behaupten Sie, das wäre eine Erstausgabe des kommenden Modells: Da hat der Kasperl schon das Krokodil erschlagen!

Autos: Sagen Sie nie, daß Sie ein altes Auto haben – sprechen Sie nur von einem Oldtimer!

Titel: Falls Sie effektiv zu bescheuert sind, um einen akademischen Grad zu erwerben, suchen Sie sich wenigstens die richtigen Vornamen aus. Dragomir Philipp Woppelmann klingt zwar nicht sehr einschmeichelnd, aber Ihre Visitenkarte gewinnt gleich Format, wenn Sie die abgekürzte Form verwenden: Dr. Phil. Woppelmann.

Kunst: Erwerben Sie von einem Hobbymaler am Markusplatz die Abbildung eines kleinen Kanals. Dann dürfen Sie behaupten, Sie hätten aus Venedig einen echten Canaletto mitgebracht.

Schmuck: Kaufen Sie sich im Kaffeegeschäft ein vergoldetes Halskettchen, dazu kaufen Sie goldene Buchstabenanhänger, und zwar exakt sieben Stück. In der richtigen Reihenfolge angebracht, ergeben sie das Wort BULGARI – und höchstens Analphabeten werden jetzt noch fragen, bei welchem weltberühmten Juwelier Sie Ihr elegantes Collier erworben haben.

Feuerzeug: Wenn Sie Ihrem Wegwerffeuerzeug den richtigen Nimbus geben wollen, sagen Sie locker, Sie hätten es bei Chartier in Paris entdeckt. (Chartier ist ein billiges Speisehaus in der Rue Faubourg St-Montmartre, wo ich voriges Jahr mein Feuerzeug liegen ließ – warum sollten Sie es nicht gefunden haben?)

Globetrotter: Wenn Sie den Eindruck eines Weltenbummlers erwecken wollen, werfen Sie Ihren Koffer aus dem 8. Stock, lassen Sie eine Straßenbahn drüberfahren und ihn von einer Rockerbande mit Stahlketten peitschen – dann glaubt jeder, Sie kämen damit gerade von einer Flugreise.

glodytes schweinfurthi anschaffen. Dieses Tier ist der nächste Verwandte des Menschen, und man sollte doch allmählich wissen, was man von der Mischpoche zu erwarten hat.

Imelda: Marcos, ein Vorbild für alle Damen, die sich dem Highlife widmen wollen. Aber in ihre Schuhe hineinzuwachsen könnte sich zur Lebensaufgabe entwickeln: Sie hatte immerhin 3 000 Paar!

Jagd: Das Töten von Tieren war immer eine vornehme Liebhaberei der Oberschicht. Leider gibt es heute nicht mehr soviel edles Wild, so daß die Freunde des Halali schon froh sein müssen, wenn sie einen ganz gemeinen Treiber vor die Büchse kriegen. Und außerdem müssen sie's vorher noch mit der Treiberin treiben, damit der Bursche wenigstens ein hübsches Geweih hat, das man über den Kamin hängen kann.

Krokodilsteaks: Sie sind der letzte Schrei in Australiens Schlemmerlokalen. Gegen geringen Aufpreis werden sie auch ins Haus geliefert – in der praktischen Kroko-Tragetasche.

Lagerfeld: Das ist kein Campingplatz, sondern einer unserer wichtigsten Modeschöpfer.

Mittelstürmer: Ein sehr einträglicher Beruf. Ein Fußballer ist aber auch ein gutes Anlageobjekt – er gilt nicht als Sklave, sondern als Sportler und kann daher jederzeit am freien Markt verkauft werden. Derzeit kann man absolute Spitzenpreise erzielen. Obwohl, ehrlich gesagt, ein Fußballer um 20 Millionen meist auch nicht viel besser spielt als einer um 19.

Notdurft: Selbst die High-Society ist manchmal einem inneren Drang – le must de pipi – ausgeliefert. Wer in dieser Situation nicht allzutief hinabsteigen will, besucht ausschließlich das neurenovierte Jugendstil-WC am Graben in Wien. Ein Schmuckkästchen der Belle Epoque, entworfen von Adolf Loos. Die Klofrau spricht natürlich deutsch, englisch, französisch und arabisch.

Orthofer: Peter, führender Vertreter der Highlife-Psychologie. Plant derzeit eine Aktion, um durchzusetzen, daß von dem vielen Geld, das in die Krebsforschung fließt, auch ein wenig für Hummer abgezweigt wird.

Politiker: Menschen, die hauptberuflich tätig sind, um ihren Untertanen ein besseres Leben zu ermöglichen. Wie das gute Leben aussieht, zeigen sie durch ihr persönliches Beispiel. Sie sind die Vertreter des Volkes in der High-Society. Auch wenn sie nicht vom Volk gewählt sind. Es genügt, wenn sie, wie General Pinochet, »von Gott in ihr Amt eingesetzt sind«.

Quiz: Eine Fernsehveranstaltung, bei der Leute mit ihrer Intelligenz brillieren, die zu dumm waren, um Gebrauchtwagenhändler zu werden.

Rolls-Royce: Noch immer das Fortbewegungsmittel der Elite. Aber man darf bei den Accessoires nicht sparen. Elton John fährt jetzt einen Rolls mit eingebautem Whirlpool.

Squash: Squash war früher eine Limonade. Heute ist es ein Sport. Wer dabei einen Ball mit voller Wucht ins Auge bekommt, wünscht sich, es wäre noch früher.

Tennis: Tennis war immer ein Lieblingssport der besseren Gesellschaft. Und ist es auch geblieben. Der wichtigste Begriff im Tennissport unserer Tage ist Cash.

Umsatz: Der einzige Satz, den ein Geschäftsmann braucht, um der Mittelpunkt jeder gepflegten Party-Konversation zu sein.

Vegetarische Ernährung: Kann tatsächlich ein längeres Leben garantieren. Vor allem Hühnern und Schweinen.

Workoholic: Jemand, der an der Arbeit soviel Spaß hat wie Dean Martin am Trinken. Für das Highlife völlig ungeeignet.

X-Haken: Die sonderbare Tatsache, daß Banken nur demjenigen Geld geben, der nachweisen kann, daß er welches hat.

Yacht: Ein unbedingt notwendiges Requisit für das Highlife. Die Königin der Meere gehört entweder der Queen oder König Ibn Saud, da sind sich die Gelehrten noch nicht so ganz einig. Aber auch bürgerliche Goldys kommen ohne ein paar hochseetüchtige Yachten nicht aus. Wo soll man sonst seinen Matisse hinhängen und seinen Helikopter abstellen, wenn man mal Lust hat, übers Wasser zu wandeln!

Zigarette: Ein unentbehrliches Genußmittel für den Mann von Welt, das immer heftiger diskriminiert wird. Im amerikanischen Verteidigungsministerium ist das Rauchen schon verboten. Der ertappte Sünder bekommt einen schwarzen Punkt, bei mehrmaliger Wiederholung fliegt er. Wer schenkt Caspar Weinberger eine Stange Marlboro?

Peter Orthofer

Wer ist who in Österreich?

Für alle, die an ihrer eigenen Neugierde auf Prominente leiden; für alle, die mit schlechtem Gewissen die Tratschkolumnen verschlingen; für alle, die sich über die Prominenten lustig machen und doch einmal gern so wären wie sie; und vor allem für die, welche gerne lachen, hat Peter Orthofer sein Buch »Wer ist who in Österreich?« geschrieben.

Außerdem bei Ueberreuter erschienen:

Peter Orthofers
Universal-Parteibuch
für jede Überzeugung!

Ueberreuter